Tillmann Bendikowski
Der Tag, an dem Deutschland entstand

Tillmann Bendikowski

Der Tag, an dem Deutschland entstand

Die Geschichte der Varusschlacht

C. Bertelsmann

Verlagsgruppe Random House FSC-DEU-0100
Das für dieses Buch verwendete FSC-zertifizierte
Papier *Munken Premium* liefert
Arctic Paper Munkedals AB, Schweden.

1. Auflage
Copyright © 2008 by C. Bertelsmann Verlag, München,
in der Verlagsgruppe Random House GmbH
Umschlaggestaltung:
R·M·E Roland Eschlbeck und Rosemarie Kreuzer
Fotoredaktion: Birgit Plinke
Karten: Ralf Bitter
Satz: Uhl + Massopust, Aalen
Druck und Bindung: GGP Media GmbH, Pößneck
Printed in Germany
ISBN 978-3-570-01097-6

www.cbertelsmannverlag.de

Inhalt

Vorwort: »Die Unglücksstätte, grässlich anzusehen...« 7

Teil I
Die Schlacht ...

Durch Germanien 13
Varus und Arminius 41
Römer gegen Germanen 62
Die Tage des Kampfes 87
Nach Sieg und Niederlage 113

Teil II
... und was daraus wurde

Hermann wird erfunden 129
Der Held auf der Bühne 142
Ein Denkmal 156
Wieder in die Kriege 183
Deutsch-deutscher Arminius 204
Orte der Varusschlacht 218

Dank	235
Anmerkungen	237
Literatur	253
Personenregister	261
Orts- und Sachregister	264
Abbildungsnachweis	271

Vorwort
»Die Unglücksstätte, grässlich anzusehen...«

Es war beileibe kein schöner Anblick, der sich den römischen Legionären da bot. Nach heutiger Zeitrechnung war es das Jahr 15 n. Chr., irgendwo in Nordwestdeutschland, das damals selbstverständlich noch nicht so hieß – die Römer nannten dieses Gebiet eher allgemein »Germania«. Sechs Jahre nach einer für die römische Armee verheerenden Schlacht, von der in der Zwischenzeit die ganze damalige Welt erfahren hatte, kehrten erstmals wieder römische Soldaten an den Ort des Kampfes zurück. Wie gesagt – den Legionären bot sich kein schöner Anblick: »Mitten in dem freien Feld lagen die bleichenden Gebeine zerstreut oder in Haufen, je nachdem die Leute geflohen waren oder Widerstand geleistet hatten. Dabei lagen Bruchstücke von Waffen und Pferdegerippe, zugleich fanden sich an Baumstämmen angenagelte Köpfe. In den benachbarten Hainen standen die Altäre der Barbaren, an denen sie die Tribunen und die Zenturionen der ersten Rangstufe geschlachtet hatten.«[1]

So notierte es der römische Geschichtsschreiber Publius Cornelius Tacitus. Er war zwar nie in Germanien gewesen und wurde erst fast 50 Jahre nach der Schlacht geboren, war aber einer der glänzendsten Geschichtenerzähler im alten Rom, und was er an Informationen über die Geschehnisse in Erfahrung bringen konnte, wusste er in farbige und packende Schilderungen umzusetzen. Und das galt eben auch für diesen Moment im Jahr 15 n. Chr., als römische Legionäre erneut das erwähnte Schlachtfeld im fernen Germanien betraten – und damit den Ort der Varusschlacht, die in Deutschland lange auch als »Hermannsschlacht« oder »Schlacht im Teutoburger Wald« bezeichnet wurde. Im Jahr 9 n. Chr. waren hier unter ihrem Heerführer Publius Quinctilius Varus drei Legionen der stolzen und mächtigen römischen Armee untergegangen – überfallen und vernichtet von mehr oder weniger bekannten Germanenstämmen, angeführt von einem Cherusker namens Arminius.

Die nach Tausenden zählenden gefallenen römischen Soldaten dieser furchtbaren Schlacht blieben unbestattet zurück – für Rom zu jener Zeit ein schier unerträglicher Zustand. Als sechs Jahre nach der Katastrophe wieder Legionäre an diesen Ort kamen, waren nach den Schilderungen des Tacitus auch einige wenige Überlebende dabei, die ihren Kameraden angesichts der vorgefundenen Überreste von dem dramatischen Geschehen berichteten – ehe sie schließlich darangingen, die »bleichenden Gebeine« endlich zu bestatten.

Und nun setzte das hier befindliche römische Heer, sechs Jahre nach der Niederlage, die Gebeine von drei Legionen bei, in trauriger Stimmung und zugleich in wachsendem Zorn auf den Feind, ohne dass jemand erkannte, ob er die Überreste von Fremden oder von seinen eigenen Angehörigen in der Erde barg.
Tacitus über die Beisetzungen am Ort der Varusschlacht[2]

Eine dramatische Geschichte wird erkennbar – von einer Schlacht, einer kaum vorstellbaren römischen Niederlage und einem letzten, traurigen Dienst römischer Legionäre an ihren getöteten Kameraden. Aber hat es sich wirklich so zugetragen? Können wir uns auf einen Autor wie Tacitus verlassen, wenn es um die »historische Wahrheit« geht? Und dies auch noch bei einem Ereignis, das 2000 Jahre zurückliegt? Sicherlich dürfen wir antike Autoren nicht so wörtlich nehmen, wie wir es gerne täten oder wünschen. Schließlich war keiner von ihnen Zeuge der Ereignisse (wie erwähnt, war Tacitus etwa noch gar nicht geboren). Was wir heute in den Händen halten, sind Schilderungen, die diese gelehrten Geschichtsschreiber nachträglich aus höchst unterschiedlichen Quellen zusammengetragen und zu einer neuen »Geschichte« geformt haben. Von germanischer Seite besitzen wir noch weniger Aufzeichnungen – nämlich gar keine: Bei den Germanen waren schriftliche Aufzeichnungen noch längst nicht üblich. Von ihrem großen Sieg über die Römer dürften sie daheim vermutlich noch recht lange und mit großer Genugtuung erzählt haben – schriftliche Erinnerungen sind aber nicht überliefert.

Doch auch ohne solche unmittelbaren oder zeitnahen Berichte sind das Schlachtgeschehen des Jahres 9 n. Chr., seine Vorgeschichte und seine Auswirkungen durchaus nachvollziehbar. Aufgrund anderer antiker Quellen, althistorischer Untersuchungen und archäologischer Forschungen lässt sich Auskunft geben über die Zahl und die Ausrüstung der Kämpfenden, über ihre Waffen und auch ihre Strategie bei solchen Waffengängen. Wir können über ihre Anführer ebenso berichten wie über den vermutlichen Verlauf der mehrtägigen Schlacht.

Doch dies alles ist nur der eine, der erste Teil der Geschichte von der Varusschlacht. Dieser liegt 2000 Jahre zurück. Der andere Teil begann, nachdem die Schlacht geschlagen war und die Nachgeborenen darangingen, »ihre« Geschichte von diesem Ereignis zu erzählen. Ihnen ging es dabei höchst selten um die »historische Wahrheit« – im Nachhinein hat man oft genug den Eindruck, daran sei ihnen sogar am allerwenigsten gelegen gewesen. Gerade in Deutschland entwickelten sich über Jahrhunderte hinweg verschiedene und weit verzweigte Erzählungen von den Geschehnissen im Jahr 9 n. Chr.: Aus der antiken Schlacht wurde nichts weniger als der Mythos von der deutschen Nation. So standen in dieser Vorstellung bald nicht mehr Germanen auf den Wällen des Teutoburger Waldes, sondern »die ersten Deutschen«.[3] Und aus dem Cherusker Arminius wurde jener »Hermann«, der fortan als Befreier der Deutschen vom römischen Joch galt. Ihm setzten glühende Patrioten schließlich ein monumentales Denkmal, von dem aus er als bronzener Held seit 1875 bei Detmold in der Pose des Siegers sein Schwert in den Himmel reckt.

Deutschlands Einigkeit meine Stärke
Meine Stärke Deutschlands Macht.

Inschrift auf dem Hermannsdenkmal bei Detmold

Erst die Verbindung des historischen Geschehens mit der sich über Jahrhunderte immer weiter entwickelnden und verändernden Erzählung davon ergibt »Die Geschichte der Varusschlacht«. Und weil der nationale Charakter der Erinnerung an das Ereignis so übermächtig ist und unser Wissen über die Varusschlacht bis heute prägt, soll mit dem Titel dieser Darstellung an die lange verbreitete Vorstellung erinnert werden, mit dieser Schlacht sei Deutschland »entstanden«. Die Formulierung »Der Tag, an dem Deutschland entstand« ist die Zuspitzung einer hierzulande gern gepflegten Annahme. Wie weit diese Vorstellung mit den historischen Ereignissen sowie der späteren Entwicklung der deutschen Nation tatsächlich vereinbar ist, wird Thema dieses Buches sein. Erzählend und erklärend soll gezeigt werden, was sich einst im »Teutoburger Wald« ereignet hat, was sich spätere Generationen davon erzählten – und weshalb in unserer Zeit »Hermann« und seine Germanen noch immer durch unsere Köpfe spuken…

Teil I

Die Schlacht...

Durch Germanien

Den genauen Tag kennen wir nicht. Auch die Woche nicht – jedenfalls nicht genau. Aber den Monat glauben wir rekonstruieren zu können: Es war September; irgendwann zwischen dem 20. und 30. des Monats.[1] Zu diesem Zeitpunkt des Jahres 9 n. Chr. bewegte sich durch den Nordwesten Germaniens eine imposante römische Streitmacht. Sie kehrte nicht aus einem Krieg zurück, vielmehr waren die kampferprobten römischen Legionäre auf dem Weg in ihr Winterlager am Rhein. Wenn alles wie geplant lief – und davon gingen sie zu diesem Zeitpunkt wohl aus –, würden sie den in diesem Winkel des römischen Imperiums empfindlich kalten Winter in dem befestigten Lager Vetera, nahe dem heutigen Xanten, oder im Oppidum Ubiorum, dem heutigen Köln, verbringen.

Die vergangenen Wochen mochten wärmer gewesen sein, es war Spätsommer, und die Legionäre hatten ihn mitten in Germanien verbracht. Von der mittleren Weser wollten sie vermutlich den kürzesten und vergleichsweise bequemsten Weg nehmen – für römische Ansprüche waren die allermeisten Wege in Germanien ohnehin eine Zumutung. Dieser hätte sie dann im Wesentlichen entlang des Flüsschens Lippe bis zum Rhein geführt. Rund 200 Kilometer hätten sie dafür zurücklegen müssen – für die marscherfahrenen Legionäre war das eine durchaus anstrengende, aber nicht ungewöhnlich große Strecke.

Doch der schöne Plan vom geordneten Zug in das winterliche

Quartier war zu diesem Zeitpunkt bereits entscheidend geändert worden; die Legionäre hatten von ihrer ursprünglichen Route abweichen müssen. Sie waren vermutlich dem Lauf der Weser ein Stück hinauf nach Norden gefolgt, um sich dann am nördlichen Fuß des Wiehengebirges nach Westen zu wenden. Für dieses Vorhaben hatten sie einen guten Grund – glaubten sie jedenfalls: Den ohnehin anstehenden Zug in die Winterquartiere wollten sie nämlich nutzen, um – sozusagen im Vorübergehen – einen germanischen Aufstand im Nordwesten des Landes, vielleicht in der Nähe der mittleren Ems, niederzuschlagen.[2]

Der Zug der Legionäre war beeindruckend: Hier waren schließlich nicht ein paar versprengte Einheiten einer Besatzungsarmee unterwegs, die sich gerade zufällig in der Nähe eines schwelenden Konfliktherds aufhielten und nur mal nach dem Rechten schauen wollten. Hier kamen in bester militärischer Ordnung drei Legionen der römischen Armee daher – jede mit einer Sollstärke von 5000 bis 6000 Kämpfern. Im ganzen römischen Imperium, das zu diesem Zeitpunkt die halbe damals bekannte Welt beherrschte und sich von Britannien bis Nordafrika, von Spanien bis Syrien erstreckte, gab es insgesamt 28 solcher Legionen.[3]

Etwa ein Neuntel dieser militärischen Supermacht bewegte sich also in diesen Septembertagen durch den Norden Germaniens. Diese Kolonne bestand keineswegs nur aus römischen Legionären. Die über 15 000 Kämpfer – überwiegend Infanteristen – wurden von zahlreichen nichtrömischen Hilfstruppen begleitet. Darunter waren auch Germanen, die an der Seite der Römer kämpften. Zu dem riesigen Aufmarsch gehörten weiterhin private Sklaven, die den römischen Legionären dienen mussten, sowie Frauen und vermutlich sogar Kinder. Für den Transport schwerer Lasten wurden Pferdewagen und Ochsenkarren mitgeführt. Auch wenn genaue Schätzungen schwierig sind, so dürften über 20 000 Menschen unterwegs gewesen sein.

Wie mitten im Frieden führten sie viele Wagen und auch Lasttiere mit sich; dazu begleiteten sie zahlreiche Kinder und Frauen und noch ein stattlicher Sklaventross, die sie ebenfalls zu einer gelockerten Marschform zwangen.

Der antike Historiker Cassius Dio über den Zug der Legionen[4]

Der geordnete Zug einer solchen Menschenmenge setzte ein hohes Maß an Organisation und logistischer Erfahrung voraus. Man denke nur an den ungeheuren Bedarf an Lebensmitteln, mit denen Tausende von Menschen tagtäglich versorgt werden mussten. Eine Armee mit 25 000 Soldaten benötigte allein an Getreide 23 Tonnen pro Tag.[5] Diese Menge musste schließlich im Tross mittransportiert werden – ganz zu schweigen von dem Futter für die Tiere, die zum Ziehen der Lasten nötig waren.

Bei längeren Märschen nahm der Transport von Lebensmitteln und Futter so viel Platz ein, dass auf andere Güter großenteils verzichtet werden musste. Deshalb war die römische Armee auf entsprechende Magazine angewiesen, auf kleinere Versorgungslager im Land. Und wo und wann immer sich ihr die Gelegenheit dazu bot, versuchte eine so gewaltige Armee an Lebensmittel zu gelangen, wo sie sich gerade befand: Wenn irgend möglich, verpflichtete man Verbündete oder Unterworfene zur Lieferung von Nahrungsgütern. Um dabei langwierige Diskussionen von vornherein zu unterbinden, nahmen sich die Legionäre kurzerhand, was sie brauchten – welcher Bauer oder Hirte wagte es schließlich, einer Abteilung römischer Soldaten zu widersprechen, die ihm im Namen tausender Kameraden Getreide oder Tiere wegnahmen? Sobald eine Armee unterwegs übrigens auf Vieh traf, wurde dieses oft zunächst lebend mitgetrieben und später bei Bedarf geschlachtet.[6]

Wenn eine römische Legion gute »Reisebedingungen« vorfand – also ordentliche Straßen, ein erträgliches Wetter und selbstverständlich ein ruhiges Land, in dem nicht feindliche Angreifer im Hinterhalt lauerten –, legte sie zwischen 20 und 25 Kilometer am Tag zurück, mit leichterem Marschgepäck auch schon mal 30 Kilometer. Bei einer solchen Leistung gestatteten ihnen die Heerführer in aller Regel etwa jeden vierten Tag einen Ruhetag.[7] Sollte aber Gefahr im Verzug sein – wenn beispielsweise römische Legionäre mitten im Krieg rasch den Standort wechseln oder in Not geratenen Kameraden zu Hilfe eilen mussten – konnten die Legionen in kurzfristigen Eilmärschen mitunter das Doppelte dieser Distanz an einem Tag bewältigen.

Die Marschbedingungen in diesen Septembertagen des Jahres 9 n. Chr. waren für die Römer und ihren Tross allerdings miserabel. Der Grund dafür lag vor allem in den Wegverhältnissen. Eine aus mehreren Schichten bestehende, sorgfältig gepflasterte Straße, die unabhängig vom Wetter festen Halt für Menschen, Tiere und Fahrzeuge bot, konnten die Legionäre in anderen Teilen ihres Imperiums nutzen, insbesondere auf der italienischen Halbinsel. Bei diesem Marsch durch den Norden Germaniens mussten sie hingegen mit regelrechten »Wegen« vorliebnehmen. Und diese waren über weite Strecken unbefestigt, zuweilen voller Hindernisse und zudem schmal. Auch die größeren Verbindungswege, auf denen die Soldaten bei längeren Feldzügen durch Germanien in aller Regel unterwegs waren, ließen vermutlich nur zu, dass vier Legionäre nebeneinander marschieren konnten.

Für die mehr als 20 000 Menschen, zahlreiche Fahrzeuge und Tiere umfassende Streitmacht bedeutete dies, dass sie sich gewaltig in die Länge zog. Hätte es damals schon die Möglichkeit zu Luftaufnahmen gegeben, es wäre dabei das eindrucksvolle Bild einer kaum enden wollenden, schmalen Kolonne entstanden, einem Lindwurm gleich, der sich durch die Wälder Germaniens schlängelte: Mindestens 15 Kilometer, vielleicht sogar länger, zog sich der Zug der Marschierenden hin.[8] Ein Beobachter am Wegesrand hätte – ausreichend Zeit und Muße zum Zuschauen einmal vorausgesetzt – fast den ganzen Tag dieses Schauspiel bewundern können. Vielleicht mochte der Betrachter sich nach einiger Zeit auch gefragt haben, was diese vielen Römer eigentlich in diesem Winkel Germaniens verloren hatten. Und vielleicht fragte sich das in diesem Augenblick ein wenig zähneknirschend auch so manch schwer bepackter Legionär...

Ursprünglich lag es weniger an Germanien selbst, dass sich hier die Römer mit den Problemen einer ordentlichen Herrschaft über fremde Völker beschäftigen mussten, sondern an Gallien – genau genommen dem Gallischen Krieg, noch genauer: an Julius Cäsar. Dieser verfolgte das Ziel, ganz Gallien zu besetzen. Nachdem er die Statthalterschaft in der römischen Provinz Gallia Narbonensis (weite Teile des heutigen Südfrankreich) übernommen hatte, sah er die Gelegenheit gekommen, von hier aus das bis dahin von römischer Herrschaft freie Gallien zwischen Atlantischem Ozean und dem Rhein bis hoch an die Küste im Norden zu unterwerfen. Das sollte ihm mit der Militärmacht Roms in den Jahren 58 bis 51 v. Chr. dann auch gelingen.

Gaius Julius Cäsar – Geboren 100 v. Chr., zählt Cäsar zu den berühmtesten Herrschern des römischen Imperiums. Seine militärische und politische Karriere krönte er im Februar des Jahres 44 v. Chr., als er sich zum Diktator auf Lebenszeit erklären ließ – was er indes nur noch einige Wochen war: An den Iden des März (15. März) wurde er von adligen Verschwörern ermordet. Bleibende Spuren hinterließ Cäsar unter anderem mit der Einführung des julianischen Kalenders sowie seinem schriftstellerischen Werk – bis heute müssen Lateinschüler sich durch seine Darstellung »De bello Gallico« quälen...

Auf den Feldzügen durch Gallien gerieten Cäsar und seine Soldaten nicht nur in Konflikt mit den Galliern, sondern auch mit anderen Volksstämmen, die sie »Germanen« nannten. Damit bezeichneten sie in der Regel die Menschen, die auf der anderen Seite des Rheins siedelten, von ihnen gesehen also im Osten, und die sich nach Cäsars Meinung in erster Linie als Problem für seine Gallienpolitik erwiesen: Mit seinen Legionen gelang ihm zwar schließlich die Niederwerfung der Gallier, und sicherlich war er auch davon überzeugt, dieser Region das Diktat Roms aufzuzwingen – doch auf jeden Fall musste verhindert werden, dass die Gallier bei einem möglichen Widerstand Unterstützung aus dem Osten erhielten: Die »Germanen« erschienen somit von Beginn an als Bedrohung römischer Interessen.

Julius Cäsar beschrieb in seiner Darstellung des Gallischen Krieges erstmals ausführlich, was er und seine Zeitgenossen über diese Menschen jenseits des Rheins dachten. Zunächst einmal sorgte Cäsar maßgeblich dafür, dass sich die Bezeichnung »Germanen« im damaligen und im zukünftigen Sprachgebrauch durchsetzte. Er hatte sie vermutlich von keltischen Belgen, die mit dem Namen einwandernde Stämme von jenseits des Rheins in ihr Gebiet bedachten.[9] Doch nie hatten sich die Stämme östlich des Rheins zu diesem Zeitpunkt »Germani« genannt; aber die Römer taten es, ebenso die Gallier – und schließlich die ganze Nachwelt.

Die »Germanen« erhielten somit nicht nur ihre (Fremd-)Bezeichnung, sondern es wurde ihnen auch erstmals eine einheitliche Volkszugehörigkeit sowie ein angestammter Siedlungsraum zugeschrieben – und das hatte ebenfalls historisch weitreichende Folgen. In seinen Aufzeichnungen über den Gallischen Krieg, die er im Winter 52/51 v. Chr. verfasste, verglich Julius Cäsar Gallier und Germanen miteinander, wobei er mit seinen Charakterisierungen den Eindruck einer homogenen Völkerschaft östlich des Rheins entstehen ließ. Seine Schilderung hatte jedoch nichts mit der ethnischen Wirklichkeit jener Zeit gemein – zu groß waren die Unterschiede zwischen den einzelnen Stämmen.

Zugleich beschrieb Cäsar in seiner Darstellung so etwas wie eine natürliche Grenze des Siedlungsraums, in dem die Germanen beheimatet waren: den Rhein, der zwei Völker voneinander trennte. Schon damals war diese Grenzdefinition nicht frei von Widersprüchen, und inzwischen hat die Archäologie nachweisen können, dass unterschiedliche Kulturen auch immer wieder beiderseits des Rheins zu finden waren.[10] Zudem trennten große Flüsse wie Rhein, Elbe oder Weichsel ja nicht die Völker voneinander, sondern verbanden sie auch, sodass dieselben Stämme auf beiden Seiten der Wasserwege siedelten.

Aus römischer Sicht war eine solch vereinheitlichende Bezeichnung keineswegs willkürlich, sondern überaus hilfreich und nachvollziehbar. Cäsar konnte mit dieser ethnischen Grenzziehung plausibel den Rhein zur natürlichen Grenze Galliens erklären und seinen Feldzug bis an diesen Strom rechtfertigen. Und dass wiederholt germanische Stämme den Rhein Richtung Westen überquerten, um neues Siedlungsland zu erobern, lieferte gute Argumente für seine Politik. Starke militärische Befestigungen entlang des Rheins zur Sicherung des eroberten Gallien waren aus Sicht Roms schlicht unabdingbar. Und dies vor allem angesichts der vermeintlichen Wildheit dieser Germanen; in römischen Beschreibungen wurde diese immer wieder herausgestellt.

Sie glauben, es bringe in der Öffentlichkeit besonderen Ruhm, wenn das Land an ihren Grenzen auf möglichst weite Strecken hin unbewohnt ist. Dies sei, meinen sie, ein Zeichen dafür, dass sich eine große Zahl von Stämmen ihrer Macht nicht gewachsen gezeigt habe.
Julius Cäsar in seinem »Bellum Gallicum« über die Germanen[11]

In dem von den Römern also als »Germanien« bezeichneten Gebiet zwischen Nord- und Ostsee, dem Rhein und der Weichsel bis hin zur Donau und den Alpen lebten unterschiedliche Stämme: so etwa an der Nordsee Friesen, Chauken, Angeln und Sachsen, an Rhein und Weser Brukterer, Tenkterer, Cherusker oder Chatten, an der Elbe Langobarden und Semnonen, an der Weichsel die Burgunder.

Was wir heute über diese Stämme, ihre Sitten und Gebräuche wissen, verdanken wir zu einem großen Teil noch immer den antiken – und damit in aller Regel römischen – Autoren. Das gilt auch für die Aktivitäten der Römer in Germanien und ebenso für den Zug der drei Legionen quer durch den Nordwesten Germaniens im Jahr 9 n. Chr. Als allerdings diese Streitmacht im Spätsommer jenes Jahres ihre langen Tagesmärsche auf den engen Wegen bewältigte, war kein Chronist dabei, der ein genaues Bild des Geschehens lieferte.

Was genau sich damals ereignete, können wir heute nicht einfach nachlesen: Auf germanischer Seite war die Schriftlichkeit noch längst nicht entwickelt, weshalb die späteren Sieger keine unmittelbaren Zeugnisse hinterlassen haben. Auch bei den Römern fehlt es an Augenzeugenberichten, wie wir sie heute selbstverständlich erwarten würden, wenn es auf der Welt zu militärischen oder zivilen Katastrophen kommt. Und eine offizielle Stellungnahme Roms zu dem Ereignis liegt uns ebenfalls nicht vor: Mit keinem Wort wird die verheerende militärische und außenpolitische Niederlage des Jahres 9 n. Chr. erwähnt.

Lesen und Schreiben in Germanien – Den germanischen Stämmen war im Gegensatz zu den Römern das geschriebene Wort großenteils noch unbekannt. Lesen und schreiben konnte nur eine kleine Elite. Die sogenannten Runen finden in germanischen Kulturen erst ab dem 2. Jahrhundert Verbreitung. Sie entwickelten sich allerdings nicht zu einer Buch- und Urkundenschrift. Ereignisse, Traditionen und Wissensbestände wurden mündlich überliefert. Runen wurden zum Gedenken an Verstorbene, zur Weihe oder zur Kennzeichnung von Landbesitz auf Steinen oder auf Gegenständen angebracht. Sie verschwanden im frühen Mittelalter mit der Verbreitung des Christentums und der lateinischen Sprache.

Die zentralen Hinweise zum Geschehen dieser Tage verdanken wir im Wesentlichen drei antiken Schriften. Zwei von ihnen stammen aus dem 1. Jahrhundert n. Chr., die dritte entstand erst an der Wende zum 3. Jahrhundert n. Chr., also mit erheblichem zeitlichem Abstand zu den eigentlichen Vorgängen. Ein Augenzeuge der Varusschlacht hätte der Militärtribun Velleius Paterculus gewesen sein können, der um 20 v. Chr. geboren wurde und vermutlich um 30 n. Chr. starb. Er dürfte aller Wahrscheinlichkeit nach sowohl Varus als auch Arminius persönlich gekannt haben, denn er war lange Jahre als Soldat in Germanien[12] stationiert, hatte demzufolge an früheren Feldzügen gegen die Germanen teilgenommen und wusste aus eigener Anschauung über Land und Leute Bescheid.

Doch zum Leidwesen seiner Nachwelt hat Velleius Paterculus als ein Zeitzeuge, von dem wir wohl die zuverlässigste Schilderung der Schlacht hätten erwarten dürfen, deren konkreten Verlauf nicht beschrieben. Er selbst notiert nur, dass dies bereits andere Autoren getan hätten – was zutreffen mag, doch leider sind diese Texte verloren gegangen. Hätte der Militärhistoriker etwaige diesbezügliche Bedenken überwunden und die Schlacht noch einmal aus seiner Sicht beschrieben – vielleicht hielten wir heute eine ausführliche Darstellung in Händen. Und seiner Ankündigung, er werde die Schlacht »in meinem größeren Geschichtswerk ausführlich darzustellen versuchen«[13], ließ er keine Taten folgen. Dieses Werk kam nie zustande. So müssen wir uns heute mit dem begnügen, was uns dieser Autor an schriftlichen Dokumentationen hinterlassen hat.

Wichtige Informationen über das damalige Geschehen verdanken wir auch dem römischen Geschichtsschreiber Publius Cornelius Tacitus (geboren um 55, gestorben nach 115 n. Chr). Er befasste sich in seiner Monografie »De origine et moribus Germanorum« (»Über Ursprung und Gebräuche der Germanen«) ausführlich mit den Germanen, und in einem weiteren Buch, den »Annalen«, findet sich der einzige – allerdings recht vage – Hinweis auf den Ort der Varusschlacht, nach dem bis heute immer wieder gesucht wird. Nun war Tacitus – wie andere Autoren damals auch – nicht ein Historiker im heutigen Sinn, der seine Informationen zunächst einer genauen und kritischen Überprüfung unterzieht, bevor er an die Kommentierung von Ereignissen geht. Er war vielmehr ein leidenschaftlicher Schriftsteller, subjektiv, gab der unterhaltsamen Anekdote den Vorrang vor der sachlichen Analyse, neigte zu boshaften Anwürfen und bedachte die von ihm nicht geschätzten historischen Akteure immer wieder mit ätzender Kritik.[14] Diese Art des Schreibens machte ihn als Schriftsteller beliebt, und auch heute noch liest sich sein Werk stellenweise in höchstem Maß unterhaltend. Auf der Suche nach dem tatsächlichen Geschehen vor zweitausend Jahren müssen aus heutiger Sicht manche Passagen seiner Erzählung jedoch recht textkritisch hinterleuchtet werden.

Die ergiebigste Schilderung der Varusschlacht liefert der dritte Autor, der griechische Politiker, Schriftsteller und Geschichtsschreiber Cassius Dio. Er wurde vermutlich um das Jahr 163 n. Chr. geboren und verfasste in griechischer Sprache seine umfangreiche »Römische Geschichte«. Diese wurde in der griechischen Welt zur wichtigsten Informationsquelle für die ganze Geschichte Roms. Cassius Dio präsentiert ein vergleichsweise detailliertes Bild der Varusschlacht und stellt dieses dabei in den politischen Zusammenhang der Zeit.

Cassius Dio vermittelt als einziger antiker Autor eine konkrete Vorstellung von den Ereignissen: vom Marsch der römischen Legionen durch das Land bis zum Überfall durch die Germanen.

Die zahlreichen Details seiner Schilderung haben moderne Historiker schon immer daran zweifeln lassen, ob der Bericht wirklich zuverlässig ist.[15] Ohne Frage sind Ausschmückungen und zeitgemäße Bezeichnungen erkennbar, die keine Entsprechung in der historischen Realität haben. Aber ebenso fraglos muss der Grieche Quellen herangezogen haben, die über den Ablauf der Varusschlacht gut informiert waren.[16] Und obwohl er als Autor wenig Interesse an militärischen Ereignissen hatte[17], gilt er, was die Beschreibung von Feldzügen oder Schlachten betrifft, als zuverlässiger als bisher angenommen: Sein Bericht über die Schlacht dürfte im Wesentlichen zutreffend sein.[18]

Es sind diese drei Autoren – Velleius Paterculus, Tacitus und Cassius Dio –, die als Informanten über die damaligen Vorgänge zur Verfügung stehen. Andere gibt es nicht. Bei der Lektüre ihrer Werke sollte stets beachtet werden, dass für sie nicht die Germanen an sich von Interesse waren, sondern vor allem deren Begegnung mit der römischen Kultur. Deshalb erfährt man in diesen Texten deutlich mehr über die Römer als über die Germanen. Und entscheidend bleibt das Gefühl kultureller Überlegenheit, das diesen Schriften zugrunde liegt: Für die römischen Autoren waren die Germanen ein unzivilisiertes Naturvolk, kurzum: Barbaren. Und als solche treten sie uns in den antiken Quellen entgegen.

Barbaren – So nannten (griech. »bárbaros« = Stammler, Stotterer) die Griechen ursprünglich alle Fremden, die nicht (oder schlecht) Griechisch sprachen. Für sie waren sogar die Römer selbst noch Barbaren. Die Römer erweiterten diesen Begriff insoweit, als sie alle Menschen ohne griechisch-römische Bildung als Barbaren ansahen. Einem Bürger Roms das Etikett »barbarisch« anzuheften kam einer Beleidigung gleich. Heute werden vermeintlich unzivilisierte, kulturlose, rohe Menschen als »Barbaren« bezeichnet, was von dem in der Neuzeit entstandenen begrifflichen Gegensatz von »wild« und »zivilisiert« herrührt.

Den Germanen ließen aus römischer Perspektive alles vermissen, was zur Zivilisation gehörte und eine kultivierte Lebensart ausmachte: etwa ein intaktes politisches System, Urbanität, eine effiziente Landwirtschaft (dabei dachten sie sicher an Wein und Oliven) sowie verbreitete Kenntnisse der Schrift.[19] Die barbarische Wildheit schien sich auch in den ausgelassenen Trinkgelagen der Germanen niederzuschlagen. Tacitus attestierte ihnen zwar bezüglich ihrer Ernährungsweise eine gewisse Zurückhaltung, doch im Hinblick auf ihre Trinkgewohnheiten glaubte er regelrechte »Säufer« vor sich zu haben...

Dem Durst gegenüber herrscht nicht dieselbe Mäßigung. Wollte man ihnen, ihrer Trunksucht nachgebend, verschaffen, so viel sie wollen, so könnte man sie leichter durch ihr Laster als mit Waffen besiegen.
Tacitus über die Trinkfreude der Germanen[20]

Tag und Nacht durchzuzechen ist für niemanden eine Schande. Streitigkeiten sind häufig (es handelt sich ja um Betrunkene); sie enden selten mit bloßen Schimpfreden, öfters mit Totschlag und Blutvergießen.
Tacitus über die vermeintlich robusten Sitten der Germanen[21]

Besonders interessant fanden die Römer aber – was angesichts der enormen Bedeutung alles Militärischen wenig überraschen mag – die Kriegführung der Germanen. Schon Cäsar stellte eigene Erkundungen an, um etwaige Schwächen der Germanen herauszufinden, aber auch, um sich ihre Stärken zunutze zu machen. Hieraus resultierten dann auch Überlegungen, wie man die Germanen als Hilfstruppen für die römische Armee einsetzen konnte. Gerade die Reiter – obgleich diese nicht zum gängigen Bild germanischer Kämpfer gehörten – standen dabei im Mittelpunkt römischer Interessen.[22]

Zusammengenommen ist eine eigentümliche Beurteilung der Germanen erkennbar: Einerseits bewunderten die Römer deren Mut und Stärke, Tapferkeit und Kampfeslust. Deshalb wurden germanische Männer auch als Soldaten in Diensten Roms zunehmend gerne gesehen. Andererseits misstraute man ihnen: Ihre Hinterlist als Grundzug ihres barbarischen Wesens war in Rom beinahe schon sprichwörtlich.[23]

Die Leute dort sind aber – wer es nicht erfahren hat, wird es kaum glauben – bei all ihrer Wildheit äußerst verschlagen, ein Volk von geborenen Lügnern.
Velleius Paterculus in seiner »Römischen Geschichte« über die Germanen[24]

Das alles sind Fremdzuschreibungen. Hier schildern uns Römer, was sie sahen und wie sie es deuteten. Dabei konnten die Autoren – wie im Folgenden Cäsar und Tacitus – zu höchst unterschiedlichen Ergebnissen gelangen, beispielsweise wenn es um den Götterglauben der Germanen oder um das Opferwesen ging.

Sie haben weder Druiden, die den kultischen Dingen vorstehen, noch legen sie großen Wert auf Opfer.
Cäsar in seinem »Gallischen Krieg«[25]

Von den Göttern verehren sie am meisten Merkur (Wodan); sie halten es für geboten, ihm an bestimmten Tagen auch Menschenopfer darzubringen. Herkules (Donar) und Mars (Zio) stimmen sie durch bestimmte Tiere gnädig.
Tacitus in seiner »Germania«[26]

Die Wirklichkeit war vielfältiger, als es sich die Römer vorstellten oder niederschrieben. Weil die Germanen eben kein einheitliches

Volk waren, verehrten sie auch nicht die gleichen Götter oder maßen ihnen die gleiche Bedeutung zu, was Tacitus bei seiner Beschreibung völlig außer Acht ließ. Und wenn Cäsar behauptet, die germanischen Stämme hätten keine Priester (oder Druiden), die einen Gottesdienst abhielten, so wollte er seinem Publikum die Germanen schlicht als primitive und zurückgebliebene Wilde präsentieren.[27] In Wirklichkeit gab es bei germanischen Stämmen sogar Priesterinnen, die sich als Seherinnen und Weissagerinnen betätigten (sogar von Priestern in Frauenkleidern wird berichtet); bei den Brukterern soll eine weise Frau namens Veleda sogar erheblichen Einfluss auf das politische Geschehen besessen haben.[28]

Die Germanen glauben sogar, den Frauen wohne etwas Heiliges und Seherisches inne; deshalb achten sie auf ihren Rat und hören auf ihren Bescheid. Wir haben es ja zur Zeit des verewigten Vespasian erlebt, wie Veleda lange Zeit bei vielen als göttliches Wesen galt.
Tacitus über die Germanen[29]

Weil sich germanische Heerführer wiederholt Rat bei Seherinnen geholt hatten, wussten die Römer um die Macht dieser Frauen – und versuchten Abhilfe zu schaffen: Einige nahmen sie gefangen und deportierten sie bis nach Süditalien oder sogar Ägypten.[30]

In diesem Germanien war vieles ganz anders, als es die meisten Legionäre von zu Hause kannten oder sich vorstellten. Die meisten der Soldaten, die im September 9 n. Chr. durch Germanien zogen, stammten aus Nord- und Mittelitalien.[31] Auch wenn sie schon seit Jahren in diesem Winkel ihres Weltreichs Dienst taten – vermutlich hatten sie sich mit der für sie ungastlichen Landschaft nie so recht abgefunden. Folgt man einigen antiken Quellen, so wirkte dieses Germanien auf die Römer abweisend. Moore und tiefe, dunkle Wälder prägten die Landschaft – von der hochgelobten römischen Zivilisation weit und breit keine Spur …

> *Das Land zeigt zwar im Einzelnen einige Unterschiede; doch im Ganzen macht es mit seinen Wäldern einen schaurigen, mit seinen Sümpfen einen widerwärtigen Eindruck.*
>
> Tacitus in seiner »Germania«[32]

Keine Frage, das Land rechts des Rheins war für das durchschnittliche Empfinden der Römer so attraktiv wie für uns im Allgemeinen Wüsten, Salzsteppen oder undurchdringliche Urwälder. Diese Region war weitgehend unwegsam im Wortsinn, wenn man an die Bedürfnisse der Römer denkt, die mit einer oder gar mehreren Legionen zügig von einem Punkt zum anderen gelangen wollten. Von ordentlich ausgebauten Straßen, wie sie das Kernland ihres Imperiums durchzogen, konnten sie nur träumen.

In Germanien waren die meisten Wege wenig einladend. Zwar dürfen wir uns aufgrund der dramatischen Schilderungen der römischen Quellen nicht vorstellen, dass das Land quasi nicht zu betreten gewesen sei; auch in den ausgedehnten Wald- und Sumpfgebieten konnte davon keine Rede sein. Sie waren allerdings nicht für den Durchmarsch tausender Soldaten geeignet. Wenn die Römer solche Wege nutzten, dann nur, weil sie sich in diese »unwegsamen« Gebiete wagen mussten, weil ihr Besatzungssystem bedroht war.[33]

Wald – Das Wort leitet sich aus dem indogermanischen Ausdruck für »dicht bewachsen« ab und bedeutet im Germanischen so viel wie »Büschel«, »Laubwerk« oder »Zweige«. Germanien war zu weiten Teilen mit Urwäldern bedeckt und für Menschen wegen der vegetativen Vermischung der Wälder mit Mooren, Sümpfen, Flüssen und Schluchten schwer zugänglich. Den Römern galten dichte Wälder als logistische Herausforderung und als lästige Hindernisse, die Germanen nutzten sie erfolgreich als strategische Rückzugsräume bei kriegerischen Überfällen. Zudem waren für sie Wälder (und Bäume) Horte von Kultplätzen (»heiliger Hain«), die sie zu Opferzeremonien und zu Versammlungen (unter heiligen Bäumen) nutzten.

Weite Teile Norddeutschlands waren um diese Zeit von Mooren durchsetzt und die Mittelgebirge – durch die sich die römischen Legionen gerade ihren Weg bahnten – reich an Wäldern. Das Holz der Bäume nutzten die Römer, die in vielerlei Hinsicht auf diesen Baustoff angewiesen waren, für die Errichtung von Lagern, Vorratsdepots sowie den Schiffsbau oder für die Versorgung mit Brennholz.

Doch hatten sie auch schon schmerzhaft zu spüren bekommen, dass die Germanen die Wälder nur zu gut für ihre militärischen Zwecke zu nutzen verstanden. Bereits der römische Heerführer Drusus, seit 13 v. Chr. Statthalter der gallischen Provinzen, hatte bei Auseinandersetzungen mit rechtsrheinischen Germanen diesbezügliche unliebsame Erfahrungen gemacht: Im Jahr 11 v. Chr. erlebte er, wie sich die Cherusker vor den Legionären in die Wälder zurückzogen, wodurch der Vorstoß der Römer wirkungslos verpuffte.[34] Immer wieder wichen die Germanen mit dieser Strategie einer offenen Feldschlacht mit römischen Truppen aus und verlegten sich auf Angriffe aus dem Hinterhalt. Die meisten Gefechte östlich des Rheins mussten die Römer in Sümpfen, Wäldern und Bergen durchstehen.[35]

Julius Cäsar und die römischen Heerführer nach ihm machten erstmals die Erfahrung mit dieser strategischen Bedeutung des Waldes – und reagierten darauf. Cäsar schreckte nach eigener Aussage nicht davor zurück, Teile von Wäldern niederbrennen oder roden zu lassen, um die Stützpunkte feindlicher Gallier zu erobern. Doch das Problem ließ sich damit nicht beseitigen. Um ihr taktisches Unvermögen nicht zugeben zu müssen, deuteten römische Feldherren ihr Scheitern häufig in Erfolge um: Der Gegner sei in Wirklichkeit aus Furcht vor den römischen Einheiten in die Wälder und Sümpfe geflohen und habe damit seine Niederlage so gut wie eingestanden.[36] Die Bemerkungen römischer Autoren zu den Wäldern Germaniens sollten nicht zu der Annahme verleiten, es habe in der Region nicht auch offenes Gelände und sogar landwirtschaftliche genutzte Flächen gegeben – ganz im Gegenteil: Auch östlich des Rheins galt wie für weite Teile Mitteleuropas, dass die Römer in ein schon seit Jahrtausenden besiedeltes und erschlossenes Land eindrangen.[37] Selbstverständlich war die Norddeutsche Tiefebene reich an Mooren, und die Mittelgebirge waren bewaldet, aber die übrigen Landschaften waren seit Jahrhunderten erschlossen, von Dorfgemeinschaften besiedelt, die über Fernstraßen und Nachbarschaftswege in Verbindung standen. Es gab also durchaus ein funktionierendes Straßen- und Wegenetz. Durch Norddeutschland zogen sich kilometerlange und sorgfältig angelegte Bohlenwege über Niederungen und Moore.[38]

Und so trifft es ebenfalls nicht zu, dass die Römer ein weitgehend menschenleeres Land durchquert haben sollen. Auch in diesem September des Jahres 9 n. Chr. zog der kilometerlange römische Lindwurm nicht vorrangig durch Wälder und Sümpfe, sondern vielmehr durch bewohntes Land. Und diese Siedlungen lagen nicht inmitten von Wäldern – was auch völlig unsinnig gewesen wäre: Schließlich brauchten die Menschen unmittelbaren Zugang zu ihren Äckern und Viehweiden, die ihre Wohnorte umgaben.[39]

Dass die Völkerschaften der Germanen keine Städte bewohnen, ist hinreichend bekannt, ja, dass sie nicht einmal zusammenhängende Siedlungen dulden. Sie hausen einzeln und gesondert, gerade wie ein Quell, eine Fläche, ein Gehölz ihnen zusagt. Ihre Dörfer legen sie

nicht in unserer Weise an, dass die Gebäude verbunden sind und aneinanderstoßen: Jeder umgibt sein Haus mit freiem Raum, sei es zum Schutz gegen Feuersgefahr, sei es aus Unkenntnis im Bauen.
Tacitus über die Siedlungsweise der Germanen[40]

Es gab größere Siedlungen mit zehn oder mehr Gehöften, ebenso Kleinsiedlungen mit nur drei bis fünf Anwesen und sogar Einzelhöfe. Da zu einem Hof etwa zehn Menschen gehörten, schwankte die Bewohnerzahl der Ansiedlungen zumeist zwischen 50 und 100 Personen, die obere Grenze dürfte bei 500 gelegen haben.[41] Diese Menschen hatten kaum teil an einem überörtlichen oder gar überregionalen Handel; sie erwirtschafteten vor Ort all das, was sie benötigten.[42] Wie viele Menschen damals in Germanien lebten, lässt sich heute nicht mehr feststellen. Aber weil dieses Gebiet ein intensiv genutztes, bäuerliches Land war, gibt es Gründe für die Annahme, das hier nicht weniger Menschen lebten als in ländlichen Gebieten der römischen Provinzen.[43] Auch wenn also dieses Germanien zur damaligen Zeit als ländlich strukturierte Region für das Bild Mitteleuropas nicht ungewöhnlich war, so stellte es für die Römer, die dort Dienst taten, gleichwohl eine gewisse Zumutung dar: Sie betrachteten das Germanien rechts des Rheins als ein schwer zugängliches, verkehrsarmes und städteloses Gebiet.

Das hinderte die Armee jedoch nicht daran, ausgedehnte Feldzüge durch Germanien zu unternehmen, vor denen sie sich selbstverständlich umfangreiche Informationen über dieses Land verschafften. Es war keineswegs so, dass ihnen das Land rechts des Rheins fremd blieb. Stets sammelte das Militär möglichst viele und verwertbare Erkenntnisse. Dabei blieb das geografische Wissen um dieses Territorium aus heutiger Sicht begrenzt. So sparte es einige der schwer zugänglichen Gebiete aus, etwa die ausgedehnten Sumpf- und Waldregionen. Und weil es noch keinen florierenden Handel mit den Stämmen tief in Germanien gab, hatten umherziehende Kaufleute bis dahin nur spärliche Detailinformationen zu Landschaft und Infrastruktur geliefert. Gleichwohl dürfen wir sicher sein, dass die Militärstrategen vor Ort und die Führung in der Metropole am Tiber über die Region durchaus im Bilde waren. Zu ihren Kenntnissen waren sie im Verlauf zahlreicher Kriegszüge gelangt, und sie hatten auch Gefangene und Geiseln befragt, um über die politischen wie landschaftlichen Verhältnisse im Land orientiert zu sein. Ob es sich um die wichtigsten Pässe über die Berge handelte, um unverzichtbare Furten durch Flüsse oder um den ungefähren Grenzverlauf von Stammesgebieten – über all diese Fakten wussten die römischen Offiziere sicher Bescheid, bevor sie zu einem Feldzug in das Landesinnere aufbrachen.[44] Wenn antike Autoren später wiederholt anführten, die Römer seien vor und während der Varusschlacht in völlig unbekannte Gebiete geraten und hätten sich in den Tiefen der germanischen Wälder verirrt, dann sollten solche Behauptungen mit gebotener Zurückhaltung zur Kenntnis genommen werden.

Diese Skepsis sei dem heutigen Betrachter auch bei Berichten angeraten, in denen es um das Wetter in Germanien geht. Denn welche der verschiedenen Berichte man auch immer liest – es gibt trotz lückenhafter Darstellung, trotz unterschiedlicher Einschätzung von Ursachen und Verlauf der Schlacht einen Faktor, der in allen Texten Erwähnung findet: In den späten Septembertagen des Jahres 9 n. Chr. muss es nicht nur geregnet, sondern geradezu wie aus Kübeln gegossen haben – ein Wetter, das Briten heute mit dem Kommentar »It's raining cats and dogs« versehen. Alle reden vom Wetter – also tun wir es an dieser Stelle auch.

Regen war auch vor zweitausend Jahren an sich nichts Ungewöhnliches für einen normalen Tag Ende September. Für die Natur konnte das nach heißen, trockenen Sommertagen die dringend benötigte Versorgung mit Feuchtigkeit bedeuten. Doch was der Ernte gut tat, war schlecht für römische Legionäre. Denn die konnten sich Besseres vorstellen, als bei einem wochenlangen Marsch mehrmals bis auf die Haut durchnässt zu werden. Doch genau dies widerfuhr ihnen im Jahr 9 n. Chr. im Norden Germaniens. Wind und Regen – so heißt es in den Quellen – machten das Vorwärtskommen auf den immer schlechter werdenden Wegen zu einer Qual, stellenweise zur schieren Unmöglichkeit.

Inzwischen kam auch ein starker Regen und Sturm auf, ... und der Boden, um die Wurzeln und Stämme her schlüpfrig geworden, machte jeden Schritt höchst unsicher.
Cassius Dio über das Wetter[45]

Den Männern und Frauen in der langen Kolonne fiel das Gehen immer schwerer. Schließlich waren sie ja nicht auf gepflasterten Römerstraßen unterwegs, sondern auf befestigten Wegen. Diese wurden zuweilen morastig, und je mehr Menschen sie beschritten, desto mehr gab der Untergrund nach. Man mag sich vorstellen, wie ein Weg aussieht, auf dem bereits Tausende gegangen sind, denen wiederum noch Tausende folgen werden. Auch für die Fuhrwerke dürfte bei einem solchen Wetter das Vorwärtskommen zunehmend schwieriger geworden sein. Die Ausrüstung konnte Schaden nehmen, und sogar die Waffen, so heißt es in antiken Beschreibungen, seien bei derartigen Witterungsbedingungen nicht mehr in gewohntem Maße einsetzbar gewesen.

... und erneut überfielen sie heftiger Regen und starker Wind, die sie weder weitergehen noch festen Stand finden, ja nicht einmal mehr die Waffen gebrauchen ließen. Sie konnten sich nämlich nicht mehr mit Erfolg ihrer Bogen und Speere oder der ganz und gar durchnässten Schilde bedienen.
Cassius Dio über die Folgen des Regens[46]

Solche Schilderungen sind eindrucksvoll und auch heute noch nachvollziehbar. Doch die Erwähnung des Regens bei der Varusschlacht wird immer eigentümlicher, je länger man sich damit befasst. Denn das miserable Wetter wird von den antiken Autoren durchweg als Entschuldigung für die Niederlage der römischen Streitmacht angeführt: Die armen Legionäre seien schließlich aufgrund des tagelangen Regens schon völlig zermürbt gewesen, ehe sie dann beim Kampf gegen die germanischen Angreifer den Halt unter den Füßen verloren und auch ihre Waffen nicht mehr wirkungsvoll einsetzen konnten.

Das alles erscheint doch ein wenig zugespitzt. Tatsächlich dürfen wir ganz im Gegenteil davon ausgehen, dass Disziplin und Kampffähigkeit der römischen Legionäre vom germanischen Regen nicht völlig untergraben wurden. Viele der Männer waren schließlich schon lange genug in Germanien und Gallien unterwegs und hatten alle Jahreszeiten dieser Region erlebt. Auch wenn sie den Regen vielleicht nicht als ideales »Reisewetter« schätzten – sie kamen damit zurecht. Und was die Kampfmoral betraf, so bleibt es reine Spekulation, ob die Witterungsbedingungen die Legionäre an ihrer Kampfbereitschaft hinderten oder sie ganz im Gegenteil in ihrer Entschlossenheit noch beflügelten.

Schlechtes Wetter – Regen war immer schon mehr als bloßer Niederschlag. Er wurde an unterschiedlichen Orten und zu verschiedenen Zeiten sowohl real (ökonomisch oder strategisch) als auch symbolisch (kulturell oder religiös) unterschiedlich wahrgenommen und gedeutet. Schlechtes Wetter galt besonders im Krieg als unkontrollierbarer Faktor. Umstritten ist, inwieweit dieser in historischen Darstellungen eher der Ausrede des Verlierers dient. Neben der Varusschlacht müssen nachteilige Witterungsverhältnisse beispielsweise zur Erklärung des Untergangs der spanischen Armada 1588, der (mit einer Niederlage der Protestanten endenden) Schlacht bei

Mühlberg 1547 oder der gescheiterten Russlandfeldzüge Napoleons und Hitlers herhalten.

Da uns ausschließlich römische Texte vorliegen, die sich gerade hinsichtlich des Regens mit den römischen Wettersorgen beschäftigen, muss die Frage offen bleiben, wie eigentlich die Germanen bei Kampfhandlungen mit der Nässe zurechtkamen. Auch sie kannten keine Regenschutzkleidung wie wir heute, keine wasserdichten Schuhe oder atmungsaktiven Jacken. Auch ihre Waffen wurden nass und konnten infolgedessen ihre Effizienz verlieren.

Wenn wir die Klagen über das schlechte Wetter einerseits als eine nachträgliche Entschuldigung für die römische Niederlage in der Varusschlacht nehmen, so mag sie andererseits auch als Bestandteil einer Gesamteinschätzung jenes Landes gelten, das die Römer »Germania« nannten. Zu keinem Zeitpunkt gelang es ihnen, dieses Land wirklich über längere Zeit völlig unter ihre Kontrolle zu bringen. Und es ist unklar, ob sie dies überhaupt je vorhatten: Unter Historikern ist bis heute die Frage umstritten, ob eine Eroberung ganz Germaniens von Beginn an Absicht der Römer war oder ob sich ein solcher Gedanke erst mit den ersten militärischen Erfolgen einstellte. Über die Jahre der römischen Präsenz hinweg blieb Germanien so etwas wie eine römische »Beinahe-Provinz«.[47] In den Quellen fehlen jedenfalls jegliche Hinweise auf eine tatsächliche Konstituierung des Landes als römische Provinz – doch gleichzeitig ist unbestritten, dass Rom in Teilen Germaniens faktisch Macht ausübte.[48]

Wie sah diese Machtausübung aus? Eine flächendeckende Okkupation des Landes war aufgrund des unwegsamen Geländes und der damit verbundenen Kommunikationsprobleme nur schwer möglich. So rückte bei der Sicherung dieser Region strategisch mehr und mehr der Rhein in den Vordergrund. Die Ufer des Flusses blieben als östliche Grenze Galliens bis zum Jahr

15 v. Chr. weitgehend ohne dauerhafte Stationierung, auch wenn Cäsar ihn als quasi natürliche Grenze zwischen Gallien und Germanien bestimmt hatte. Doch die Römer mussten mit der Zeit immer häufiger erkennen, dass ohne militärische Präsenz am Rhein die Sicherheit ihrer Provinz Gallien gefährdet blieb. Immer wieder drangen germanische Stämme in dieses Gebiet ein – und stets reagierten die Römer mit militärischen Gegenmaßnahmen.[49] Für die germanischen Einfälle gab es verschiedene Gründe: Zunächst wird die Raublust germanischer Stämme genannt. Und da war tatsächlich etwas Wahres dran. Man muss es nicht gerade Abenteuerlust nennen, denn sicherlich waren die Germanen auf der Jagd nach reicher Beute plündernd und auch mordend in linksrheinischen Gebieten unterwegs. Doch es waren nicht nur diese Aussichten, welche Germanen in das römisch besetzte Gallien lockten. Viele versuchten, den sich im Osten des Landes niederlassenden germanischen Stämmen auszuweichen und sich weiter im Westen – und zwar westlich des Rheins – neue Siedlungsgebiete zu erschließen.

Dieses Motiv lag auch einem der bekanntesten dieser Germanenzüge gen Westen zugrunde: Im Jahr 16 v. Chr. überquerten Sugambrer, Usipeter und Tenkterer den Rhein und besiegten ein römisches Heer unter Führung des Statthalters in Gallien, M. Lollius Paulinus. Wesentlich größer als die militärischen Konsequenzen dieser Niederlage war der psychologische Effekt: Kaiser Augustus kam höchstselbst nach Gallien und sorgte für Frieden sowie eine Neuordnung der Verwaltung. Der römische Imperator blieb einige Jahre in Gallien und veranlasste, dass alle römischen Legionen des gallischen Raums samt Hilfstruppen direkt an die Rheinlinien verlegt wurden.[50]

Der Rhein – Schon lange vor der Ankunft der Römer prägte der Fluss einen wichtigen Siedlungs- und Kulturraum. Für Rom war er als natürliche Grenze wie auch als Kommunikations- und Handelsweg von hohem strategischem Wert. Städte wie Confluentes (Koblenz) oder Vosolvia (Oberwesel) profitierten von der wirtschaftlichen Bedeutung des Rheins. Xanten oder Neuss wuchsen als Militärlager und Anlegeplätze zu wichtigen Stützpunkten heran. Darüber hinaus bauten die Römer Brücken über den Rhein und benutzten das ganze niederrheinische Flussnetz für logistische Zwecke.

Die römischen Legionen operierten fortan im Wesentlichen von den Lagern entlang des Rheins aus. Sie waren auch Ausgangsbasen für die späteren Feldzüge nach Germanien. Und die gab es immer wieder. Zunächst unter Drusus, dem Stiefsohn des Augustus, der mit der von ihm geführten Streitmacht immer tiefer in das rechtsrheinische Gebiet vordrang und schließlich sogar die Elbe erreichte. Nun kamen die Römer nicht mehr – wie noch gut 40 Jahre zuvor unter Cäsar –, um ihre Stärke und technische Überlegenheit zu demonstrieren. Nun ging es ihnen darum, jene Stämme zu unterwerfen, welche im Grenzgebiet zu Gallien siedelten und die römische Provinz wiederholt mit Überfällen bedroht hatten.[51] Drusus starb übrigens auf einem seiner Feldzüge; irgendwo zwischen Saale und Rhein stürzte er unglücklich vom Pferd, brach sich den Oberschenkel und erlag nach längerem Todeskampf seiner Verletzung.

Sein Nachfolger Tiberius, der nun das Kommando am Rhein übernahm, war zunächst ausgesprochen erfolgreich. Er konnte zahlreiche Verträge mit rechtsrheinischen Germanenstämmen abschließen und schuf damit die Voraussetzungen für eine spürbare Beruhigung der Lage – wofür ihn Rom am 1. Januar des Jahres 7 v. Chr. mit einem Triumphzug ehrte. Die Bedeutung, die seinem Erfolg in Germanien beigemessen wurde, zeigte sich auch daran, dass zu seinen Ehren in Rom erstmals wieder seit langer Zeit bei Münzprägungen ein außenpolitisches Motiv Verwendung fand: Ein Barbar in germanischer Kleidung übergibt dem vor ihm thronenden Augustus als Zeichen der Unterwerfung ein Kind als Geisel.

Siegreich durchzog er alle Gebiete Germaniens, und zwar ohne jeglichen Verlust für die ihm anvertrauten Truppen; darauf war er bei seiner Heeresführung stets besonders bedacht. Er unterwarf Germanien so vollständig, dass er es fast zu einer steuerpflichtigen Provinz machte.
Velleius Paterculus über Tiberius[52]

Eine Zeit lang schien das Konzept der Römer aufzugehen: Ohne auf nennenswerten Widerstand zu stoßen, zogen römische Heere durch das rechtsrheinische Germanien, wo sie nach ihrem Verständnis die Kontrolle über die Stämme ausübten. Es gibt auch Hinweise auf zivile Ansiedlungen in Germanien; Römer und Germanen könnten also an einigen Punkten in friedlicher Nachbarschaft gelebt haben.

Zuletzt war in Germanien ein solcher Friede, dass die Menschen verändert, die Erde eine andere und die Luft selbst milder und angenehmer als sonst erschienen.
Der römische Historiker Florus über die vermeintlich schöne Friedenszeit[53]

Doch dieser Friede hielt nur bis in das Jahr 1 n. Chr., dann bereitete ihm ein Aufstand germanischer Stämme ein abruptes Ende. Es folgte ein »immensum bellum«, ein »gewaltiger Krieg«, der sich über das Territorium des heutigen Norddeutschland erstreckte und in dem zahlreiche Stämme, darunter die Brukterer, Cherusker, Chauken und Langobarden, gegen die Römer kämpften. Erneut organisierte Tiberius gewaltige Feldzüge, die schließlich die endgültige Unterwerfung des Landes zwischen Rhein, Ems und Lippe sowie die Ausdehnung des römischen Einflusses bis zur mittleren Weser die Folge hatten.[54] Doch hatte sich wieder einmal gezeigt, wie schwer Germanien für Rom auch nach einigen Jahren der Ruhe zu »regieren« war.

Aber es ist schwieriger, Provinzen zu halten als zu erobern. Mit Gewalt werden sie erobert, durch Gerechtigkeit werden sie gehalten.

Florus über das Regieren jenseits von Rom[55]

Mit diesen Wiedereroberungen des Tiberius in Nordwestdeutschland 4 bis 6 n. Chr. war die Gefahr für die Römer allerdings keineswegs gebannt, da in der Folgezeit eine Rebellion in den südlich der Donau gelegenen illyrischen und pannonischen Gebieten ausbrach. Drei Jahre sollte die Niederwerfung dieses Aufstands in Anspruch nehmen und einen großen Teil der Streitkräfte des Reiches in verlustreichen Kämpfen binden.

Die in diesen Jahren praktizierte römische Herrschaft über Germanien darf man sich nicht als lückenlose militärische Besetzung des Landes vorstellen. Nur mit militärischer Kraft konnte Germanien weder besetzt noch gehalten werden. Vielmehr hatte das römische Imperium in der Region ein System größerer und kleiner Militäranlagen errichtet, von denen aus vor allem die politischen Vorgänge in Germanien kontrolliert wurden – beziehungsweise kontrolliert werden sollten.[56] Wo römische Truppen dauerhaft präsent waren, kam es zu einer Konsolidierung der Machtverhältnisse – hier passten sich die Germanen am ehesten der neuen Ordnung an, gewöhnten sich an Märkte und trafen sich in friedlichen Versammlungen.

Auch östlich des Rheins entstanden römische Militärstützpunkte, die in erster Linie der Versorgung der eigenen Truppen dienten sowie ihnen Schutz und gegebenenfalls auch die Möglichkeit zu längeren Aufenthalten boten. Doch in völliger Sicherheit fühlten sich die Römer erst wieder an den Ufern des Rheins, weshalb die vorgeschobenen Posten im rechtsrheinischen Germanien während des Winters zwar nicht vollständig geräumt, aber sicherlich personell reduziert wurden.[57] Was allerdings blieb, das war die Sorge um die langen Nachschub- und Kommunikationswege, die stets gefährdet waren. Weil die Schaffung breiterer Wege durch die Wälder für die Römer nur unter großen Belastungen möglich war, nutzten sie von Beginn an die Wasserwege, um vergleichsweise schnell ins Landesinnere zu gelangen. Doch auch das war ohne Kenntnis der Verhältnisse nicht ohne Risiko, wie die Besatzungen römischer Schiffe nach Beginn einer Germanenoffensive im Jahr 12 v. Chr. zu ihrem Leidwesen erfahren mussten: Sie fuhren rheinabwärts bis zur Nordsee, wo sie verschiedene Stämme bekämpften, liefen dann jedoch infolge nautischer Unkenntnis bei Ebbe auf Grund.[58]

Den Römern ging es mit Blick auf Germanien keineswegs um irgendwelche Weltherrschaftsabsichten. Vielmehr wollte Rom vor allem das Vorfeld der Rheingrenze politisch und militärisch sichern. Dabei wurden seine Truppen wieder und wieder in Streitigkeiten der germanischen Stämme untereinander und die Bildung von Stammeskoalitionen verwickelt, wodurch sie in eine Eskalation der Eroberung hineingezogen wurden. Allerdings fand eine sinngemäße »Unterwerfung« der germanischen Stämme nicht statt: Dauerhafte juristische Abhängigkeiten von Rom kamen nicht zustande, und die meisten Germanen realisierten wohl auch keine Besetzung durch die Truppen Roms und dessen tatsächliche Militärmacht, wenn die Legionäre nach kurzer Präsenz das Land wieder verließen.[59]

Auch im Jahr 9 n. Chr. konnten die Römer nicht einfach in der sicheren Annahme durch Germanien ziehen, dass sie das Land völlig unter Kontrolle hatten. Denn Germanien war weder römisch noch befriedet. Und doch dürfte bei der römischen Heeresführung in Germanien die Stimmung durchaus gut gewesen sein: Schließlich war im September dieses Jahres die Nachricht eingetroffen, dass nach dreijährigen erbitterten Kämpfen endlich der pannonische Aufstand niedergeschlagen werden konnte. In Rom war Augustus – der selbst seinen Geburtstag in Kürze zu feiern gedachte – höchst erfreut ob der Kunde und stellte deshalb seinen siegreichen Truppen einen Triumphzug durch die Stadt in Aussicht.

Von einer solchen Ehrung waren jene drei Legionen, welche gerade den Nordwesten Germaniens durchquerten, allerdings denkbar weit entfernt. Wenn alles gut ging, konnten sie in absehbarer Zeit ihr Winterquartier am Rhein beziehen. Doch bis dahin mussten sie sich mühsam über die dafür wenig geeigneten Wege Germaniens quälen. Außerdem war ihnen ja bereits bekannt, dass es längst nicht mehr nur in Richtung Winterquartier ging – ihre Offiziere hatten ihnen erklärt, dass sie auf dem Weg einen vermuteten Aufstand von Germanen beenden sollten. Was sie genau erwartete, konnten die Legionäre nicht wissen. Vielleicht hatte sich bei ihrem Eintreffen in der Unruheregion die Lage wieder beruhigt, vielleicht reichte auch der bloße Anblick dieser Streitmacht, die Rebellen zur Vernunft zu bringen – schlimmstenfalls musste man eben wieder einmal mit Gewalt für Ruhe und Ordnung sorgen.

Die Nachricht vom Herannahen der Legionäre dürfte ihnen vorausgeeilt sein – ein solch kilometerlanger, waffenklirrender Zug blieb in dieser Gegend Germaniens keineswegs unbemerkt. Die Spitze bildeten zusammen mit der Vorhut Kundschafter und Infanteristen, gefolgt von Pionieren und Legionären für den Lagerbau, der Ausrüstung des Feldherrn und seiner Stabsoffiziere – und schließlich (also weit vor dem Gros seiner Soldaten) der Feldherr selbst: Publius Quinctilius Varus, seit zwei Jahren römischer Statthalter und Oberbefehlshaber in Germanien. Er saß auf seinem Pferd, eskortiert von seiner Leibwache. Sicherlich war auch er nicht erfreut über die Entscheidung, seine ursprünglich vorgesehene Route zum Rhein zu verlassen. Und doch musste er als erfahrener Stratege einen sehr guten Grund dafür gehabt haben. In »seinem« Germanien war es in diesen zwei Jahren für die Römer vergleichsweise gut gelaufen, größere Feldzüge hatten sie nicht unternehmen müssen. Was immer die vermeintlichen Aufständischen in dieser Gegend auch vorhatten – Quinctilius Varus wollte und musste die zumindest oberflächliche Ruhe in Germanien auf jeden Fall wiederherstellen. Dies sollte ihm mit drei Legionen doch eigentlich gelingen ...

Varus und Arminius

Jener Publius Quinctilius Varus, welcher im September 9 n. Chr. an der Spitze der drei Legionen durch den Nordwesten Germaniens ritt, galt mit seinen wohl 55 Jahren schon als reiferer Mann. Manch anderer, der im Dienste Roms eine solche Karriere gemacht hatte, hätte sich längst auf einen ruhigen Posten – möglichst in der Metropole selbst – zurückgezogen. Varus jedoch hatte sich schon drei Jahrzehnte zuvor aufgemacht, in den verschiedensten Winkeln des römischen Weltreichs die Karriereleiter Sprosse um Sprosse zu erklimmen. Dass er einmal eine solch gehobene Stellung in der römischen Verwaltung einnehmen würde, war angesichts seiner Herkunft nicht unbedingt zu erwarten, aber er brachte gute Voraussetzungen mit.

Geboren wurde Varus im Jahr 47 oder 46 v. Chr. in Cremona im heutigen Norditalien. Seine Familie stammte ursprünglich aus der höchsten Aristokratie, ihre Angehörigen hatten es aber in den zurückliegenden Jahren nicht mehr geschafft, führende politische Ämter zu besetzen. Immerhin hatte sein Vater einen hohen Posten in der Verwaltung innegehabt, sich dann allerdings in den innenpolitischen Wirrnissen seiner Zeit für die – langfristig gesehen – falsche Seite entschieden. Als Anhänger des Pompeius hatte er bei der Auseinandersetzung mit Cäsar für die Verschwörung gegen den Diktator Partei ergriffen. Nachdem deren führende Köpfe um Brutus und Cassius in der Schlacht bei Philippi in Griechenland besiegt worden waren, hatte sich Varus' Vater angesichts seiner aussichtslosen Situation das Leben genommen.[1]

Der Sohn hatte also mit knapp vier Jahren den Vater verloren. Vermutlich wurde er anschließend bei einem nahen Verwandten großgezogen, des Öfteren ist von einem Onkel die Rede. Ohne Frage genoss er in den folgenden Jahren eine beachtliche Erziehung. Früh machte er Karriere im engsten Umfeld des Augustus. Dieser Umstand entbehrt nicht einer gewissen Pikanterie. Schließlich zählte Varus' Vater einst zu den Gegnern Oktavians, den Cäsar adoptiert hatte und der jetzt als »Augustus« allein über das Römische Reich herrschte. Doch der neue Machthaber schätzte den Spross aus der Familie der Quinctilii. Man darf rückblickend durchaus davon ausgehen, dass hierfür auch der Charakter und die Befähigung des jungen Varus von Bedeutung waren[2] – jedenfalls nahm Varus' Karriere einen verheißungsvollen Anfang.

Eine besondere Auszeichnung dürfte die Entscheidung des Augustus gewesen sein, ihn als einen seiner Begleiter für eine ausgedehnte Orientreise auszuwählen. Diese war für den Herrscher und seine Gefolgschaft in den Jahren 22 bis 19 v. Chr. eine höchst anspruchsvolle Unternehmung. Varus muss seine Sache gut gemacht haben. Sein Weg führte weiter nach oben. Im Jahr 13 v. Chr. – er war jetzt etwa 33 Jahre alt – wurde er zu einem der beiden Konsuln in Rom ernannt und bekleidete damit das höchste militärische und zivile Amt, das unter Kaiser Augustus zu vergeben war.

Als Trägern der obersten Staatsgewalt oblag den beiden Konsuln für die Amtszeit von einem Jahr die Führung der Regierungsgeschäfte. Das Konsulat übte Varus gemeinsam mit einem wenige Jahre jüngeren »Kollegen« aus, Tiberius. Ihre Wege sollten sich in den nächsten Jahren noch häufig kreuzen, nicht zuletzt deshalb, weil sie aufgrund einer geschickten Heiratspolitik bald auch miteinander verwandt waren.

Tiberius – Tiberius, geboren 42 v. Chr., herrschte bis zu seinem Tod 37 n. Chr. als zweiter Kaiser nach Augustus über das Römische Reich. Seine Regierungszeit – 23 Jahre – markiert eine der längsten Prinzipate eines römischen Kaisers. Früh zum Nachfolger des Augustus auserkoren, erwarb er seine Meriten vor allem in Germanien. Dort besiegte er 7 v. Chr. die einheimischen Stämme, einige Jahre später schlug er den Aufstand der Pannonier erfolgreich nieder. Nach der Varusschlacht übernahm er für einige Jahre wieder das Oberkommando am Rhein.

Hochzeiten und Adoptionen waren zu jener Zeit ein probates Mittel, mit den wichtigsten und einflussreichsten Männern in Rom eng verbunden zu sein. Schon Gaius Julius Cäsar hatte in seinem Testament seinen Großneffen Oktavian, den späteren Augustus, zum Adoptivsohn ernannt. Und dieser wiederum nahm als Kaiser seinen Stiefsohn Tiberius an Sohnes statt an. Um sich Eintritt in eine der politisch maßgeblichen Familien zu verschaffen, war die Heirat der gängige Weg. Varus sorgte für seine Verbindung mit den führenden Familien Roms, indem er, wohl in zweiter Ehe, eine Tochter Agrippas heiratete, eines engen Freundes und Gefolgsmanns des Augustus. Welchen Verlauf diese Ehe nahm, wissen wir nicht – Varus' Frau starb schon einige Jahre später. Was seine persönliche Heiratspolitik betraf, so bot sich ihm bald eine besondere Gelegenheit: Er vermählte sich im Jahr 7 v. Chr. mit Claudia Pulchra, einer Enkelin von Augustus' Schwester Octavia.[3]

Übrigens heirateten auch die Schwestern des Varus in bedeutende senatorische Kreise Roms ein – die Familie war also in der römischen Gesellschaft bestens verankert.

Quinctilius Varus zählte in diesen Jahren ohne Frage zu den einflussreichsten Adligen in der römischen Oberschicht. Bald wurde er mit der Verwaltung der wichtigsten Provinz im römischen Weltreich betraut, der Provinz Afrika, zu der in etwa das heutige Tunesien und Teile Libyens gehörten. Die Statthalterschaft in dieser überaus reichen Region bedeutete nicht nur eine politisch relativ problemlos zu bewältigende, sondern auch eine finanziell höchst lukrative Aufgabe.

Statthalter – Als direkter Vertreter des Kaisers in einer römischen Provinz war ein Statthalter oberster Richter und höchster Militärbefehlshaber zugleich. In der Praxis nutzten viele Statthalter ihre Machtfülle dazu, die ihnen anvertraute Provinz nicht einfach nur im Sinne Roms zu verwalten, sondern auch zum eigenen Nutzen auszubeuten. Nicht zuletzt deshalb neigten römische Statthalter dazu, die finanziellen, juristischen und militärischen Interessen zunächst einmal mit Gewalt durchzusetzen.

Varus scheint seinen Kaiser nicht enttäuscht zu haben. Bald ging es in dessen Diensten weiter durch die römisch besetzte Welt: Nach dem Posten in Afrika wurde er Statthalter in Syrien. Diese Provinz – die von der Landfläche her deutlich größer war als das heutige Syrien – galt zwar als wohlhabend, vor allem aber besaß sie für Rom besonderen strategischen Wert. Hier musste das mächtige Imperium der Parther auf Distanz gehalten werden. Der Fluss Euphrat galt als Grenze zwischen dem Partherreich und der römischen Provinz Syrien. Eine diesbezügliche Übereinkunft hatte Kaiser Augustus auf seiner Orientreise einige Jahre zuvor erzielt, bei der Quinctilius Varus bereits zu seiner Begleitung gezählt hatte.

In seiner neuen Position befehligte Varus das sogenannte Euphrateer, die größte römische Streitmacht im Osten des Reiches. Der Schutz dieser Provinz gelang den Römern auch dank der Hilfe des Königs Herodes, der von ihnen als Herrscher über das Land der Juden eingesetzt worden war und von Rom gestützt wurde (möglicherweise wurde Jesus von Nazareth unter der Statthalterschaft des Varus in Bethlehem geboren). Das politisch unruhige Palästina mit dem judäischen Königreich des Herodes war Teil der Provinz Syrien, und ihr Statthalter Varus hatte somit zugleich als Berater des Herodes zu fungieren. Varus war als geschickter Diplomat und kluger Stratege gefragt, denn er musste in dieser Region eine Reihe regionaler Herrscher unterstützen, auch wenn diese formal nicht zum Römischen Reich gehörten. Der Statthalter war für sie alle persönlicher Ansprechpartner und erste Vertrauensperson auf römischer Seite.

Diese Aufgabe wurde besonders schwierig mit dem Tod des Herodes und den sich daran anschließenden Unruhen im Jahr 4 v. Chr. Der Statthalter musste die sich in ganz Judäa ausbreitende Erhebung gegen die Römer niederschlagen und im Sinne Roms die Ordnung wiederherstellen. Dazu führte er einen Feldzug gegen die Aufständischen, ließ Hunderte von ihnen kreuzigen und gab den Befehl zur völligen Zerstörung der Stadt Emmaus. Die Niederwerfung der Rebellion war in der ganzen Region von erheblichen Verwüstungen begleitet. So kam es beispielsweise in Jerusalem zu einer ersten Brandschatzung des Tempelbezirks und einer Plünderung des Tempels durch die Römer.[4] Wenn man die blutigen Begleitumstände dieser Auseinandersetzungen einmal ausklammert, so kann man aus römischer Perspektive durchaus die Einschätzung teilen, dass Varus eine brenzlige Situation gemeistert hatte. Auch seine vielfältigen Vermittlungsbemühungen in der Provinz sprechen für seine diplomatischen Fähigkeiten.[5]

Dass er wahrhaft kein Verächter des Geldes war, beweist seine Statthalterschaft in Syrien: Als armer Mann betrat er das reiche Syrien, und als reicher Mann verließ er das arme Syrien.
Velleius Paterculus über den Statthalter Varus[6]

Die Nachwelt konnte der Statthalterschaft des Varus nicht nur gute Seiten abgewinnen. Und dass ihm später Geldgier unterstellt wurde, schlägt nicht sonderlich ins Gewicht: Jeder Statthalter Roms versuchte möglichst viel zum eigenen Nutzen aus der ihm überlassenen Provinz herauszuholen. Für eine regelrechte Ausplünderung Syriens durch den Statthalter Varus gibt es allerdings keinen sachlichen Anhaltspunkt.[7] Folgenreicher sollten indes Charakterisierungen seiner Persönlichkeit sein, die sich allmählich in die Geschichtsschreibung einschlichen und sich lange hielten – in einigen Werken bis in die Gegenwart. So wurde Varus eine gewisse Schwerfälligkeit nachgesagt, eine Unbeweglichkeit »an Körper und Geist«. Dass ihm unterstellt wurde, er habe durch seine Zeit in Syrien das müßige Lagerleben mehr geschätzt als den harten Dienst im Feld[8], bestätigt lediglich den Vorwurf der Dekadenz: Es ist das Bild eines Mannes, den Geld und Erfolg satt und bequem gemacht haben, der lieber von einem Palast aus regierte, als in wochenlangen Ritten bei Wind und Wetter durch unwegsames Gelände aufopferungsvoll für das römische Imperium zu kämpfen.

Der Statthalter Publius Quinctilius Varus war wohl der Gemahl einer Nichte des Kaisers und ein Mann von übel erworbenem, aber fürstlichem Reichtum und von fürstlicher Hoffart, aber von trägem Körper und stumpfem Geist und ohne jede militärische Begabung und Erfahrung.
Theodor Mommsen in seiner »Römischen Geschichte«[9]

Welche Aufgaben Quinctilius Varus nach seiner Statthalterschaft in Syrien übernahm, wissen wir nicht. Vermutlich verbrachte er zumindest einen Teil der kommenden Jahre wieder in Rom. Dort dürfte ihn dann wohl Ende des Jahres 6 n. Chr. Augustus damit beauftragt haben, den Oberbefehl über die am Rhein stationierten Truppen zu übernehmen. Der Kaiser befand sich in einer außenpolitisch prekären Lage: Grund war der kurz zuvor ausgebrochene Aufstand der Pannonier südlich der Donau. Davon betroffen war auch der eigentliche Oberbefehlshaber am Rhein, Tiberius, der gerade mit einer großen Armee auf dem Weg durch Germanien war, um Krieg gegen das Reich des Marbod zu führen, des Königs der Markomannen. Tiberius brach den Feldzug sofort ab, als er die Nachricht der Rebellion südlich der Donau erhielt.

Marbod – Geboren 30 v. Chr., herrschte Marbod seit seinem 22. Lebensjahr als König über die Markomannen, einen germanischen Stamm der Sueben, die schließlich im Gebiet des heutigen Böhmen siedelten. Das schlagkräftige Heer, das Marbod mit der Zeit aufstellte, erwies sich für die römische Germanienpolitik als ständige Gefahr. Der Konfrontation des Jahres 6 n. Chr. nur knapp entgangen, verhielt er sich in den nächsten Jahren im Konflikt zwischen Römern und Germanen neutral. Stattdessen ließ er sich auf einen innergermanischen Krieg ein, den er 17 n. Chr. verlor. Zwei Jahre später wurde er entmachtet und floh ins römische Exil, wo er 37 n. Chr. starb.

So stellten die Unruhen in Pannonien die Weichen für das weitere Geschehen in Germanien: Zwar entging Marbod einer möglichen Niederlage gegen die Römer, doch blieb er für diese eine potenzielle Gefahr; aus römischer Sicht war das Problem also nicht gelöst. Stattdessen wurde der erfahrene, für Rom so erfolgreiche Feldherr Tiberius vom Rhein und aus dem Nordwesten Germaniens abgezogen, um mit seiner kampferprobten Streitmacht weiter im Süden zu kämpfen. Wegen dieser Truppenverschiebung und der Abwesenheit des Oberkommandierenden Tiberius musste rasch ein neuer Befehlshaber gesucht und gefunden werden. Ein Vakuum in der römischen Führung war zu füllen. So kam Varus nach Germanien.

Dass Varus diesen Posten am Rhein in vergleichsweise hohem Alter – mit über 50 Jahren – übernahm, hat es der Nachwelt zusätzlich leicht gemacht, ihm zu diesem Zeitpunkt einen besonderen Hang zur Bequemlichkeit zu unterstellen. Doch die angebliche Trägheit von Körper und Geist – wie beispielsweise Theodor Mommsen schreibt – dürfte keineswegs so ausgeprägt gewesen sein. Warum sollte Augustus einen altersmüden Mann in das Barbarenland schicken, und das zu einem Zeitpunkt, als man sich angesichts des pannonischen Aufstands um mögliche weitere Unruhen, vielleicht sogar einen politischen und militärischen Flächenbrand sorgen musste? Auch wenn wir über die tatsächlichen Gründe nichts wissen (eine zuweilen vermutete Strafversetzung erscheint übrigens wenig glaubhaft), so scheint es plausibel zu sein, dass für die Statthalterschaft in Germanien ein militärisch und diplomatisch gleichermaßen erprobter Manager der römischen Macht benötigt wurde. Die entsprechenden Fähigkeiten hatte Varus als Statthalter Syriens unter Beweis gestellt. Außerdem besaß er das Vertrauen sowohl von Tiberius als auch von Augustus – schließlich war er mit beiden durch Heirat verwandt.

Die Aufgabe, die Rom dem neuen Statthalter mit auf den Weg gab, war eindeutig: in Germanien für stabile Verhältnisse zu sorgen. Rom brauchte Ruhe an dieser Front. Der Aufstand im Süden band schon jetzt genug militärische Kräfte – und noch konnte keiner wissen, dass sich dieser drei quälend lange Jahre hinziehen sollte. Der neue Oberbefehlshaber musste die römische Herrschaft in dieser Region sowohl mit diplomatischen als auch mit militärischen Mitteln gewährleisten. Niemand erwartete von Varus zu diesem Moment weitreichende Eroberungen in den Tiefen Germaniens. Ganz sicher ging man in Rom davon aus, dass der neue Mann in Germanien das Land für römische Interessen organisierte, ohne dabei neue Konflikte zu provozieren. Die Voraussetzungen für die Statthalterschaft des Varus waren durchaus günstig. Viele germanische Stämme waren im »immensum bellum« von den Römern militärisch geschlagen und mit den bewährten politischen Mitteln gezähmt worden. Dazu zählten gegenseitige Verträge und Tributauflagen, die Einsetzung loyaler Stammesführer durch die Römer oder auch die Entwaffnung von Kriegern.[10] Doch in Germanien herrschte eine trügerische Ruhe. Auch Rom wusste, dass die Lage rechts des Rheins nicht zur Beruhigung Anlass gab. Im Wesentlichen operierte das römische Heer weiterhin von der Rheinlinie aus; zugleich verfügte es auch im rechtsrheinischen Germanien über System von Militäranlagen, um Präsenz zu zeigen und die Vorgänge wenn möglich politisch zu kontrollieren. Dabei waren die Römer stets darauf angewiesen, sich bestehender politischer Strukturen zu bedienen und potenzielle Gegner als Bundesgenossen auf ihre Seite zu ziehen.

Varus war sich darüber im Klaren, dass auch er für eine effiziente Herrschaftssicherung bis zu einem gewissen Grad auf die Kooperation der Einheimischen angewiesen war. Auch aus diesem Grund hielt er sich nicht nur am Rhein auf, sondern zeigte Präsenz bei den germanischen Stämmen. Im Landesinnern sprach er Recht, regelte die Eintreibung der Abgaben und griff überdies vermittelnd in stammesinterne wie stammesübergreifende Konflikte ein.[11] Vor und während dieser Aufenthalte wurde der Statthalter fraglos über das Wesen der Germanen unterrichtet. Er machte sich sicherlich ein eigenes Bild von Land und Leuten, um bei seiner diplomatisch heiklen Arbeit die Eigenarten dieser Stämme berücksichtigen zu können.

Er wusste die neuen Untertanen weder zu schonen noch zu durchschauen; Bedrückung und Erpressung wurden geübt, wie er es von seiner früheren Statthalterschaft über das geduldige Syrien gewohnt war.
Theodor Mommsen über Varus in Germanien[12]

Es ist immer wieder darüber spekuliert worden, mit wie viel Geschick und Fingerspitzengefühl Varus bei seinem Umgang mit den Germanen zu Werke ging. Zum bereits erwähnten Verdacht seitens der Nachwelt, dem Statthalter habe es aufgrund seines persönlichen Defizits an geistiger und körperlicher Spannkraft gefehlt, gesellte sich später der Vorwurf, er sei bei der Verwaltung der germanischen Gebiete im römischen Sinn zu energisch vorgegangen. Gerade mit der Art der von ihm betriebenen Rechtsprechung – als Statthalter war er auch oberster Richter in seinem Herrschaftsbereich – und wegen der Eintreibung von Tributen habe er den Unmut und damit den Widerstand der Germanen geradezu provoziert. Inzwischen wissen wir, dass solche Begründungen für Rom durchaus üblich waren, um im Nachhinein das Ausbrechen von Aufständen im Imperium zu erklären.[13] Ob dies auch die Ursachen waren, die während der Statthalterschaft des Varus zu einer Verschärfung der Lage in Germanien führten, muss fraglich bleiben.

Als jedoch Quintilius Varus Statthalter der Provinz Germanien wurde und in Wahrnehmung seines Amtes sich auch mit den Angelegenheiten dieser Volksstämme befasste, da drängte er darauf, die Menschen rascher umzustellen, und erteilte ihnen nicht nur Befehle, als wenn sie tatsächlich römische Sklaven wären, sondern trieb sogar von ihnen wie von Unterworfenen Steuern ein.
Cassius Dio über den Regierungsstil des Varus in Germanien[14]

Ohne Frage war ein römischer Statthalter in Germanien nicht willkommen. Und das galt selbstverständlich auch für die Bereiche Rechtsprechung und Abgabenzahlung. Ob er wirklich dachte, dass er mit dem Jurisdiktion Roms nun die vermeintlichen Barbaren »zähmen« könne, sei dahingestellt. Aber für einen wichtigen Vertreter der römischen Welt waren die Segnungen dieses Rechts selbstverständlich, und ganz sicher sah Varus darin ein probates Mittel, um für Ordnung in einem ihm geradezu chaotisch vorkommenden Rechtssystem zu sorgen.

Als er Oberbefehlshaber des Heeres in Germanien wurde, bildete er sich ein, die Menschen dort hätten außer der Stimme und den Gliedern nichts Menschenähnliches an sich, und die man durch das Schwert nicht hatte zähmen können, die könne man durch das römische Recht lammfromm machen.

Velleius Paterculus über Varus und seine Rechtsprechung in Germanien[15]

Später unterstellte man Varus die Absicht, mit seiner Rechtsprechung die Germanen in einem römischen Sinne zu disziplinieren. Sicherlich dürfte es als Statthalter sein Ziel gewesen sein, mit entsprechenden Gerichtsurteilen im Land einen möglichst umfassenden Zustand von Ruhe und Ordnung zu schaffen, der römischen Ansprüchen genügte. Er war wohl darauf bedacht, Konflikte zwischen einzelnen Stämmen beizulegen – an privaten Streitigkeiten von Stammesmitgliedern dürfte er indes weniger interessiert gewesen sein.[16] Und so musste er zuweilen die Querelen der germanischen Aristokratie beilegen, bei denen verschiedene Gruppierungen versuchten, die Römer auf ihre Seite zu ziehen. Denkbar ist zudem, dass Varus und mit ihm die römische Rechtsprechung bei Zwistigkeiten zwischen Germanen und römischen Händlern angerufen wurde.[17]

Doch als Streitschlichter im heutigen Sinne galten die Römer und ihre Statthalter den wenigsten germanischen Stämmen. Vielmehr verhehlten sie nicht ihre Abneigung gegen das neue Recht, das ihnen die fremde Macht aufzwingen wollte. Diese Abneigung machten sich einige ihrer Anführer zunutze, wenn sie aufgrund römischer Vertrags- oder entsprechender rechtlicher Statuten um ihren Einfluss fürchten mussten. Denn gerade bei kriegerischen Konflikten zwischen den Stämmen gingen die Interessen von Römern und Germanen deutlich auseinander: Rom wollte Ruhe in Germanien, eine Ordnung, die nicht durch ständige bewaffnete Auseinandersetzungen beeinträchtigt wurde. Für die einzelnen Stammesführer war dagegen jeder erfolgreicher Raub- und Plünderungszug – egal, ob gegen Römer oder andere Germanen – eine ruhmreiche wie lukrative Sache. Nicht zuletzt lieferten ja solche Siege die materielle Grundlage für die Versorgung der eigenen Leute.[18]

Doch dass sich nun die römische Jurisdiktion anmaßte, für ihre Belange zuständig zu sein, war der Mehrheit der Germanen ein Gräuel. Und römische Juristen betrachteten sie oft genug als Hauptschuldige des Unglücks und machten sie verantwortlich für den tatsächlichen oder drohenden Verlust ihrer Freiheit. Dieser Hass auf die Vertreter der römischen Rechtsprechung verdeutlicht denkbar drastisch ein brutaler Übergriff auf römische Juristen: Bevor sie den Göttern geopfert – also hingerichtet – wurden, schnitt ihnen ein Germane noch die Zungen heraus, mit denen »diese Schlangen« gezischt und Unglück über die Germanen gebracht hätten.[19]

Völlig fremd war den Germanen auch die römische Forderung der Tributpflicht. Sie hatten ja bis dahin keine Steuern zu entrichten, und nun wuchs ihre Wut über die rigide Eintreibungspraxis der Römer. Besonders empört waren sie über solche Abgaben, deren Grundlage einfach ohne große Erklärung verändert wurde. Das erlebten beispielsweise die Friesen, als sie im Jahr 28 n. Chr.

die mit Rom vertraglich vereinbarte Lieferung gegerbter Ochsenhäute erbrachten. Da tauchte ein Abgesandter Roms auf und verlangte kurzerhand größere Tierhäute. Sie sollten sich an den kapitalen Auerochsen orientieren – doch leider waren die friesischen Rinder deutlich kleiner, was eine höhere Anzahl zu liefernder Häute bedeutet hätte. Die Friesen akzeptierten die Forderung nicht und griffen zur Waffe – die Folge war ein Aufstand infolge rigoroser Abgabenpolitik.

Im gleichen Jahr brachen die Friesen, ein Volk jenseits des Rheins, den Frieden. Der Grund lag weniger in ihrer Unbotmäßigkeit als vielmehr in unserer Habsucht. ... Das führte zu erbitterten Beschwerden, und als man ihnen nicht half, suchten sie ihr Heil im Kriege. Die zum Einzug des Tributs bestellten Soldaten wurden ergriffen und an den Galgen gehängt.

Tacitus über einen Aufstand der Friesen 28 n. Chr.[20]

Das Römische Reich brachte also das eigene Recht und eine neue Abgabenpraxis nach Germanien – und stieß damit auf Unverständnis, Ablehnung und Widerstand. Beide Seiten standen sich gegenüber, ohne Motive und Strategien des anderen wirklich nachvollziehen zu können. Wie hat es ein Historiker einmal treffend ausgedrückt: »Römer und Germanen verstanden einander nicht.«[21] Die Römer schauten auf die »Barbaren« herab, welche die Segnungen der »Zivilisation« ignorierten, wenn nicht gar ablehnten. Für die Völker Germaniens wiederum war der römische Herrschaftsanspruch grotesk, weil sie dafür kein plausibles Argument sahen.[22]

Doch zugleich wurde Varus bei der Rechtsprechung von den germanischen Stämmen direkt gefordert. Es gibt Hinweise, dass sie ihn als obersten Richter unmittelbar angerufen haben. Allerdings ist auch darüber spekuliert worden, ob man die entspre-

chenden Rechtsstreitigkeiten nicht erfand, nur um Varus das
Gefühl zu geben, vermittelnd und gestaltend in Germanien ein-
zugreifen. Manch einem erschien Varus im Nachhinein schlicht
etwas blauäugig, weil er diese germanische Farce nicht durch-
schaut habe ...

> *Sie erfanden einen Rechtsstreit nach dem andern; bald schleppte einer
> den anderen vor Gericht, bald bedankten sie sich dafür, dass das rö-
> mische Recht ihren Händeln ein Ende mache, dass ihr ungeschlachtes
> Wesen durch diese neue und bisher unbekannte Einrichtung allmäh-
> lich friedsam werde. ... Dadurch wiegten sie Quinctilius Varus in
> höchster Sorglosigkeit.*
>
> Velleius Paterculus über die Irreführung des Varus[23]

Der Vorwurf zielt darauf, dass Varus nach seinen vermeintlich ge-
lungenen Auftritten bei den Germanen zu sehr den Beteuerungen
einiger Stammesführer glaubte, sie seien fortan nicht mehr Feinde
Roms, sondern wollten kooperieren, sich ihm vielleicht sogar un-
terordnen. Solche Angebote mussten dem Statthalter höchst willkommen gewesen sein, weil er nur so eine weitgehend funktio-
nierende Machtstruktur in dem fremden Land aufbauen konnte.
Eine wesentliche Stütze seiner Herrschaft waren dabei die Germanen, die sich als Soldaten in den Dienst Roms stellten. So verfügte auch Varus über ein Kontingent germanischer Verbündeter,
die in den Reihen der römischen Truppen kämpften. Während
der Dienst in den Legionen römischen Bürgern vorbehalten war,
sammelten sich in den sogenannten »Auxiliareinheiten« Soldaten
unterworfener Völker.

Auxiliareinheiten – Zahlreiche besiegte Völker unterstützten die römischen
Heere mit Hilfstruppen. Bei den Legionen schätzte man ihre besonderen
militärischen Fähigkeiten – bekannt waren etwa kretische Bogenschüt-

zen, numidische Reiter oder balearische Schleuderer. Unter Kaiser Augustus wurden die »auxilia« zum zweiten tragenden Element des stehenden Heeres. Die Angehörigen der Hilfstruppen erhielten nur ein Drittel des normalen Legionärsolds; ihnen winkte als höchste Belohnung für ihren Dienst nach einer gewissen Zeit aber die Verleihung des römischen Bürgerrechts.

Mit den Anführern solcher Auxiliareinheiten – deren Stärke bis zu 1000 Mann betragen konnte – musste der oberste römische Befehlshaber einen guten Kontakt pflegen. Sie waren für die römische Armee zu wichtig, um sie zu verprellen; und sie waren als bewaffnete Einheiten potenziell zu gefährlich, um sie sich (wieder) zu Feinden zu machen. Für Varus war es strategisch ratsam, diesen Anführern angemessen zu begegnen: mit Respekt und sicherlich auch mit einem gewissen Vertrauen.

Dieses Vertrauen musste er gerade in jenen Septembertagen des Jahres 9 n. Chr. aufbringen, als er mit seinen drei Legionen durch den Nordwesten Germaniens zog. Nicht nur, dass seine Soldaten dabei von germanischen Auxiliareinheiten begleitet wurden, deren Fähigkeiten und Ortskenntnisse die römische Führung bei solchen Unternehmen schätzte. Auch hatte er einem ihrer Anführer gerade jetzt besonderes Vertrauen geschenkt. Denn nur weil dieser ihm auf den bevorstehenden Aufstand germanischer Stämme hingewiesen und die daraus resultierende Gefahr für die römische Herrschaft in diesem Gebiet vermutlich realistisch beschrieben hatte, war Varus überhaupt zu dem Entschluss gekommen, von der ursprünglichen Route auf dem Weg in das Winterquartier am Rhein abzuweichen.

Der Mann, auf dessen Aussagen sich Varus in diesem Moment verließ, hätte sein Sohn sein können: Der römische Statthalter war bereits Mitte fünfzig, während der junge Mann an der Spitze einer Auxiliareinheit zu diesem Zeitpunkt erst 25 Jahre alt war.

Er gehörte zum Stamm der Cherusker und wurde Arminius genannt. Dass er in seinem Alter schon so viele Krieger befehligte, war auch aus römischer Sicht keineswegs etwas Besonderes, schließlich war Drusus auch erst 26 Jahre alt gewesen, als er 12 v. Chr. die Feldzüge gegen die rechtsrheinischen Germanen anführte.

Verglichen mit Varus sind die antiken Quellen über Arminius denkbar dürftig. Sein Geburtsjahr ist ungeklärt. Wir können am ehesten davon ausgehen, dass er im Jahr 16 v. Chr. geboren wurde. Sicher ist hingegen, dass er einer der führenden Familien der Cherusker entstammte. Und ganz bestimmt hieß er nicht »Hermann«, wie es weite Teile der deutschen Nachwelt später so gern gesehen hätten. Zweifellos machte Arminius unter den Bedingungen der römischen Herrschaft Karriere und erwarb sich als Führer germanischer Hilfstruppen für die Römer einen Namen. Er erlernte die lateinische Sprache, erwarb das römische Bürgerrecht und schließlich sogar den Ritterrang.[24]

Es gab damals einen jungen Mann aus vornehmem Geschlecht, der tüchtig im Kampf und rasch in seinem Denken war, ein beweglicherer Geist, als es die Barbaren gewöhnlich sind. Er hieß Arminius... In seiner Miene und in seinen Augen spiegelte sich sein feuriger Geist. Im letzten Feldzug hatte er beständig auf unserer Seite gekämpft und hatte mit dem römischen Bürgerrecht auch den Rang eines römischen Ritters erlangt.
Velleius Paterculus über Arminius[25]

Sicherlich genoss Arminius die Protektion einflussreicher Römer, eben weil sie einen verlässlichen Vasallen im chronisch unruhigen Germanien aufbauen und halten wollten. Reine Spekulation sind dagegen bis heute jene Überlegungen, denen zufolge Arminius in seiner Jugend längere Zeit in Rom verbracht haben soll. Zuweilen ist sogar behauptet worden, er habe als Fürstensohn eine regelrechte Ausbildung in der Metropole am Tiber erfahren.[26] Gewiss hatte sich Arminius über Jahre hinweg das Vertrauen der Römer erworben. Nachdem die Cherusker, deren Siedlungsgebiet sich auf der Landfläche des heutigen Niedersachsen von der Elbe bis über die Weser erstreckte, ihren ersten Widerstand gegen die Römer aufgegeben hatten, dürften sie von Fall zu Fall Hilfstruppen gestellt haben, so wie es die Friesen, Bataver oder Chauken taten. Vermutlich war Arminius mit seinem cheruskischen Truppenkontinent sogar an der Seite der Römer in einen Krieg gezogen, auf den die antiken Quellen allerdings nicht näher eingehen.[27] Es war also keineswegs nachvollziehbar, warum Varus und die Römer in Arminius in erster Linie einen Feind sehen sollten. Er war für sie vielleicht sogar ein Freund, ganz sicher aber ein Verbündeter, der seine Waffenhilfe unter Beweis gestellt hatte. Zwischen 7 und 9 n. Chr. muss Arminius dann von einem möglichen Militäreinsatz an der Seite der römischen Legionen in seine Heimat zurückgekehrt sein.[28]

Arminius war nicht der Einzige in seiner Familie, der sich den Römern angeschlossen hatte. Auch sein Bruder Flavus erwarb sich das Vertrauen Roms: Er kämpfte in einer Auxiliareinheit, wurde in einer Schlacht verwundet und erlangte ebenfalls das begehrte römische Bürgerrecht. Nach der Varusschlacht sollten sich die Brüder als Gegner wiedertreffen, denn Flavus blieb weiterhin treuer Soldat in römischen Diensten.

Dieser befand sich bei dem römischen Heer, wo er den Beinamen Flavus führte, sich durch Treue auszeichnete und wenige Jahre zuvor unter der Heeresführung des Tiberius durch eine Verwundung ein Auge verloren hatte.
Tacitus über Arminius' Bruder Flavus[29]

In der Familie des Arminius gab es noch andere Differenzen: Diese hatten unter anderem mit seiner Gattin zu tun. Arminius war mit der jungen Thusnelda verheiratet, die einer jener einflussreichen Cheruskerfamilien entstammte, welche sich als Bundesgenossen der Römer verstanden; dementsprechend besaßen sowohl ihr Vater als auch ihr Bruder römisches Bürgerrecht.

Thusnelda – Die Lebensdaten der Tochter des cheruskischen Stammesfürsten Segestes sind ungewiss. Durch ihre Vermählung mit Arminius geriet sie in die politischen Wirren in Germanien. Ihr Vater kooperierte weiterhin mit den Römern, Arminius und sein Vater Segimer wendeten sich schließlich gegen diese. Jahre nach der Varusschlacht fiel Thusnelda, die ein Kind von Arminius erwartete, den Römern in die Hände und wurde mit dem Einverständnis ihres Vaters nach Rom gebracht. Dort wurde sie zusammen mit ihrem 15 n. Chr. geborenen Sohn Thumelicus als Kriegsgefangene in einem Triumphzug vorgeführt.

Ob es von Beginn an eine Antipathie zwischen Arminius und der Familie Thusneldas gegeben hat, wissen wir nicht. Aber sicherlich dürfte es einen nachhaltigen – negativen – Eindruck gemacht haben, dass er sich über die bereits bestehende Verlobung der jungen Frau mit einem anderen Mann einfach hinwegsetzte. Arminius soll seine Auserwählte entführt und dann zu seiner Gemahlin gemacht haben.[30] Wenn wir diese Geschichte einmal nicht als bösartiges Gerede eines erkennbar – und irgendwie nachvollziehbar – verärgerten Schwiegervaters abtun wollen, dann handelte es sich tatsächlich um den Raub einer jungen Germanin. Gewiss ist: Arminius und Thusnelda waren verheiratet, und ihr Vater Segestes konnte sich damit nie abfinden.

Arminius war der gehasste Schwiegersohn eines Schwiegervaters, der ihn als seinen persönlichen Feind betrachtete. Und was sonst in einem einträchtigen Verhältnis ein Band der Liebe, das war bei der gegenseitigen Erbitterung Zündstoff zum Hass.

Tacitus über das Verhältnis zwischen Arminius und Segestes[31]

Die Liebesgeschichte von Arminius und Thusnelda vollzog sich keinesfalls abseits der politischen Spannungen jener Zeit, sondern sie war ein Politikum, das den Konflikt schürte, der zu diesem Zeitpunkt die Cherusker belastete: Wie sollten sie sich den Römern gegenüber verhalten? Sollten sie sich als verlässliche Bundesgenossen präsentieren, dafür vielleicht auf angestammte Rechte verzichten, aber stattdessen in den Genuss der zahlreichen Vergünstigungen Roms kommen? Oder sollte man sich nur so weit auf Rom einlassen, wie es die Anwesenheit seiner Soldaten nötig machte – also insgeheim doch einen geeigneten Zeitpunkt abwarten und dann den Kampf mit ihnen aufnehmen?

Unterschiedliche Antworten auf die Herausforderungen durch die römische Präsenz waren bei den führenden Clans möglich, weil die Cherusker über keine monarchische Struktur verfügten. Vielmehr bestimmten wenige Adelsfamilien – genauer gesagt deren Oberhäupter – das politische Geschehen. Da war zunächst der erwähnte Segestes, Thusneldas Vater, der als Verbündeter Roms bezeichnet werden kann; dann Arminius selbst, der bald die offene Auseinandersetzung suchte. Und schließlich Inguiomerus, ein Onkel des Arminius, der zwischen diesen Gegenpolen hin- und herschwankte, sich aber nicht der Autorität des deutlich jüngeren Arminius beugen wollte.[32] Solche Konflikte waren typisch für die germanischen Stammesgesellschaften jener Zeit.

Germanische Stammesgesellschaft – Die germanischen Stämme waren hinsichtlich ihrer Größe, Struktur und Bedeutung recht unterschiedlich und hatten nur selten eine einheitliche politische Führung mit einem Alleinherrscher an der Spitze. Sie waren lose untereinander verbundene

Volksgruppen, deren Geschicke normalerweise von einer oder mehreren vornehmen Familien gelenkt wurden. Dabei war diese Stammesgesellschaft klar patriarchalisch strukturiert: Das männliche Familienoberhaupt besaß die Gewalt über die ganze Sippe und deren Sklaven (meistens Kriegsgefangene).

Die internen Auseinandersetzungen bei den Cheruskern – die neben der Kooperation mit den Römern den Anspruch auf die politische Führung betrafen – sollten auch nach der Varusschlacht weitergehen und schließlich eskalieren: Einige Jahre später flammten die blutigen Stammesfehden voll auf und gipfelten in einer dramatischen Dezimierung der cheruskischen Adelsschicht.

Wäre Arminius nach seiner Herkunft und seiner Identität gefragt worden, vielleicht hätte er dann seine Familie genannt oder auch den Stamm der Cherusker als Merkmal seiner Zugehörigkeit. Aber ganz sicher verstanden er und seine Gefolgsleute sich nicht als »Germanen«. Sollte er sich selbst – was wir ja in keiner Quelle mehr nachprüfen können – einmal als einen solchen bezeichnet haben, dann vermutlich nur, um gegenüber den Römern den von ihnen stammenden Begriff zu verwenden.[33]

Arminius agierte nicht für ganz Germanien, ja nicht einmal für alle Cherusker, als er seinen Angriff auf die römischen Truppen plante. Wenn wir uns rückblickend mit diesem Umstand befassen, dann sollten wir deshalb nach den möglichen Motiven und nach den konkreten Voraussetzungen für diesen Waffengang fragen. Als wesentliche Ursache für den Aufstand gegen die Römer im Jahr 9 n. Chr. wurde lange ausschließlich das Verhalten der Römer unter ihrem Statthalter Varus ins Feld geführt. Allerdings galten schon zu römischer Zeit die Argumente von nicht nachvollziehbarer römischer Rechtsprechung und einer als unzumutbar empfundenen Steuerbelastung als die üblichen Standardbegründungen für Aufstände in besetzten Gebieten.[34]

Doch im Fall des Arminius können wir noch andere Motive für eine Erhebung gegen die Römer vermuten. Er könnte für seinen Angriff vor allem »innenpolitische« Gründe gehabt haben: Eine von ihm angeführte Revolte konnte aus seiner Sicht ein wichtiger Schachzug in der Auseinandersetzung mit anderen cheruskischen Führungspersönlichkeiten gewesen sein, gegen die er im Ringen um die Macht im Stamm konkurrierte. Arminius ging davon aus, dass ein erfolgreicher Aufstand gegen die Römer seine Machtposition innerhalb des Stammes stärken würde. Später ist ihm immer wieder nachgesagt worden, dass er die Schaffung eines cheruskischen Königtums angestrebt habe – selbstverständlich mit sich selbst auf dem Thron. Die letztgültige Beantwortung der Frage nach den Motiven für die germanische Erhebung und die Varusschlacht muss zwar offenbleiben, doch eine Mischung aus prinzipieller Ablehnung der römischen Herrschaft sowie innercheruskischer Rivalitäten erscheint wahrscheinlich.

Wenn es aus Sicht des Arminius also genügend Gründe und Motive für einen Aufstand gegen die Römer gab, so stellte sich anschließend die Frage nach den konkreten Möglichkeiten eines Angriffs. Er selbst brachte denkbar gute Voraussetzungen mit, längst hatte er sich bei kriegerischen Unternehmungen als besonders befähigter Soldat erwiesen.[35] Er war ein versierter militärischer Führer, der die römische Armee, ihre Ausrüstung und ihre Taktik aus eigener Anschauung bestens kannte. So wusste er, dass eine offene Feldschlacht gegen die taktisch klug agierenden Legionen für ihn und seine Kämpfer sicherlich nicht zu gewinnen wäre. Und in den Jahren nach der Varusschlacht sollte er als Anführer mehrfach beweisen, dass er die militärische Lage realistisch einzuschätzen wusste. So zielte er mit seinen Angriffen selten direkt auf die römischen Legionen, sondern attackierte sie möglichst dann, wenn sie erkennbar geschwächt waren, zum Beispiel bei Schanzarbeiten für ein Lager.[36]

Als Insider wusste Arminius, wie man die übermächtig erscheinende Armee der Römer empfindlich treffen konnte: Ein Angriff auf ein vorbereitetes Heer schien ebenso aussichtslos wie die Belagerung eines – eventuell auch noch gut gerüsteten – Lagers. Am verwundbarsten war eine solche Streitmacht immer dann, wenn sie während eines Marschs attackiert wurde. Und noch wirkungsvoller dürfte ein solcher Angriff gewesen sein, wenn er in einem Gelände stattfand, das die Römer zum einen nicht kannten und in dem sie zum anderen kaum Möglichkeiten für eine effiziente Verteidigung vorfanden. Der Angriff auf eine auseinandergezogene Formation war der Albtraum für einen römischen Feldherrn. In schmalen Hohlwegen oder auf engen Knüppeldämmen war eine wirksame Aufstellung zu einer Kampfformation unmöglich. Zudem drohte das Auseinanderreißen der dünnen Marschlinie.[37]

Arminius wusste also, dass er für einen Angriff auf das überlegene römische Heer den geeigneten Zeitpunkt, den richtigen Ort und die entsprechende Vorbereitung brauchte. Jetzt schien seine Chance gekommen. Noch galt er als erprobter Bundesgenosse der Römer, noch hatte er das Vertrauen ihres Statthalters, noch durfte er sich sogar zu den Tischgefährten des Varus zählen. Doch in diesen Septembertagen des Jahres 9 n. Chr. wollte er zuschlagen.

Römer gegen Germanen

Die römische Armee konnte einem Marsch durch Germanien in aller Regel gelassen entgegensehen. Das galt auch für die Soldaten der XVII., der XVIII. und der XIX. Legion, die in den Septembertagen des Jahres 9 n. Chr. unterwegs waren. Es handelte sich um gestandene und bestens ausgerüstete Soldaten, und sie kannten zudem die Region aus eigener Anschauung. Die XVII.

und die XVIII. Legion versahen schon seit Jahrzehnten am Rhein ihren Dienst, die XIX. Legion war einige Jahre zuvor in Niedergermanien stationiert worden. Die meisten Legionäre hatten bereits unter Drusus sowie unter seinen Nachfolgern gekämpft und vermutlich alle Feldzüge in Germanien mitgemacht.[1] Für die spätere Beurteilung des konkreten Schlachtgeschehens sollte man an dieser Stelle bedenken, dass es sich bei diesen Legionären um kampferprobte »Haudegen« handelte, die sich vielleicht am ehesten noch mit Elitesoldaten unserer Tage vergleichen lassen. Sie vertrauten gleichermaßen ihrer Ausrüstung, ihrer Ausbildung und dem taktischen Können ihrer Offiziere. Und sie zählten nicht zu jenen, die bei der erstbesten Begegnung mit angreifenden Germanen in Angst und Schrecken verfielen und sich widerstandslos ihrem Schicksal ergaben.

Legionär – Die römischen Legionäre dieser Zeit waren reine Berufssoldaten. Sie rekrutierten sich ausschließlich aus römischen Bürgern und mussten von einem Angehörigen des Heeres empfohlen werden. Während ihrer langen Dienstzeit durften sie nicht heiraten, erhielten aber anschließend eine Pension in Form von Geld oder Land. Das römische Heer war unterteilt in Legionen (etwa 6000 Mann), Kohorten (600 Mann) und Zenturien (100 Mann).

Die meisten römischen Soldaten waren zwischen 20 und 40 Jahre alt. Ihre Dienstzeit betrug während der Herrschaft des Kaisers Augustus 16, später 20 Jahre; nach der Entlassung musste der Soldat allerdings noch einige Jahre als »Reserve« zur Verfügung stehen. Wir wissen aber auch von Klagen der Soldaten, dass ihre Dienstzeit wesentlich länger war – wenn sie deren Ende überhaupt erlebten: Nur etwa dreien von fünf Soldaten war dieses Glück beschieden.[2]

Wie ein Soldat seine Jahre in der Legion verbrachte, also wie gefährlich oder lukrativ diese Zeit für ihn wurde, hing – und an diesem Punkt unterscheidet sich das Leben des römischen Legionärs nicht von dem heutiger Soldaten – ganz wesentlich davon ab, wo er eingesetzt wurde. Im römischen Imperium gab es dafür bessere und schlechtere Provinzen. Zu den besseren zählte etwa Gallien. Die Eroberung dieser Provinz unter Cäsar machte aus dessen Soldaten recht wohlhabende Männer.[3] Dabei war auch die Zivilbevölkerung für die römischen Kämpfer eine willkommene Beute: Ein Sklave oder eine Sklavin konnte dem einfachen Legionär schon einmal den Gegenwert eines Jahressolds einbringen. Dagegen wurden im benachbarten Germanien nur wenige Kriegsgefangene und damit Sklaven gemacht.[4] Überhaupt boten die Feldzüge gegen die Germanen den Legionären schwache Aussichten auf Beute, wie sie ihren Kameraden etwa in den östlichen Mittelmeerländern möglicherweise vergönnt war.[5] Zwischen Rhein, Weser und Elbe gab es für die Soldaten Roms kaum etwas zu holen.

Die Legionäre der XVII., XVIII. und XIX. Legion hatten Ende September 9 n. Chr. ein ganz anderes Ziel vor Augen – das Winterquartier. Doch den Weg dorthin mussten sie sich hart erarbeiten. Selbst bei gutem Wetter und besseren Wegeverhältnissen war das Vorwärtskommen kein reines Vergnügen. Das lag nicht zuletzt an der Last, mit der sich jeder von ihnen abplagen musste. Denn Kleidung, Gepäck und Bewaffnung hatten ein erhebliches Gewicht.

Davon war die Bekleidung noch am leichtesten: Da war zunächst die Tunika, das Grundkleidungsstück aller Römer – Zivilisten wie Soldaten. Tuniken aus Leinen erfüllten in etwa die Funktion der Unterwäsche, die eigentliche Tunika war aus gewalktem oder ungewalktem Wolltuch. Diese Bekleidung prägte das alltägliche Erscheinungsbild der Legionäre: Entgegen landläufigen Vorstellungen liefen sie nicht unentwegt in voller Rüstung herum, sondern trugen im täglichen Kasernen- und Arbeitsdienst lediglich Tunika und Gürtel.[6] Für einen Infanteristen wie den Legionär war überdies sein Schuhwerk einer der wichtigsten Ausrüstungsgegenstände. Die römische Militärsandale brachte es zu einigem Ruhm, weil diese überaus robusten »caligae« vom einfachen Fußvolk ebenso getragen wurden wie von der Reiterei und den Offizieren. Bei den Soldaten war das Schuhwerk beliebt, schließlich galt es als bequem und praktisch. Den »caligae« verdankte übrigens ein nachmaliger Imperator seinen Spitznamen: Dieser war als Kind in den Feldlagern seines Vaters Germanicus aufgewachsen und wurde, weil er damals in seinen kleinen Soldatensandalen umherstolzierte, fortan »Caligula«, »Stiefelchen«, genannt.

Caligae – Diese Stiefel-Sandale, deren Sohle aus etwa acht Millimeter dickem Rindsleder bestand, wurde mittels zahlreicher stabiler Lederriemen bis über die Knöchel fest an den Fuß gebunden. Jede Sohle war mit 80 bis 90 halbkugelförmigen Eisennägeln besetzt, die im Gelände ein sicheres Auftreten ermöglichten. Die Lebensdauer dieser Nägel reichte für eine Strecke von 500 bis 1000 Kilometern.

Da diese Schuhe für einen Einsatz im Mittelmeerraum entwickelt worden waren (man fand übrigens später solche Schuhnägel massenhaft im Schotter alter Römerstraßen), marschierten die Soldaten in der Regel barfuß in ihnen; bei Hitze sorgte das Schuhwerk für ausreichende Belüftung, bei Nässe trockneten sie schnell wieder. Auch bei Einsätzen nördlich der Alpen taten die »caligae« gute Dienste: Solange die Soldaten in Bewegung blieben – wie hier die Legionen des Varus im September 9 n. Chr. –, bekamen sie keine kalten Füße. Anders war dies bei Tätigkeiten, bei denen ein Soldat lange bewegungslos stand, etwa beim nächtlichen Wacheschieben in kalten Herbst- oder Winternächten. Dann war es allerdings notwendig, die Füße und Beine mit Tuch, Filz oder Fell zu umwickeln.[7]

Mit Abstand am schwersten waren die Waffen und der Körperschutz, und diese musste der Legionär ja unbedingt bei sich tragen, wenn er sich auf einen langen Marsch durch nicht befriedetes Gebiet machte. Die wichtigsten Bestandteile der Bewaffnung waren Speer, Schwert und Schild. Der Speer der Legionäre, das »pilum«, war bei einem Kampf die erste Waffe des Angriffs wie der Verteidigung: Bis zu 20 Meter weit konnten geübte Soldaten sie schleudern. Die Durchschlagskraft der bis zu zwei Kilogramm schweren und etwa zwei Meter langen Speere war enorm. Kein Körperschutz – etwa ein Kettenhemd – war dem Aufprall eines Pilums gewachsen, und im richtigen Winkel getroffen, durchschlug es mühelos einen hölzernen Schild und den Körper eines Menschen. Auch wer ein geworfenes Pilum mit einem Schild abzuwehren vermochte, hatte dennoch unter seiner Wirkung zu leiden: Die Wucht des Aufpralls dürfte die Getroffenen regelrecht »über den Haufen« geworfen haben.[8]

Für die Gallier bedeutete es im Kampf ein schweres Hindernis, dass durch einen Wurfspieß mehrere ihrer Schilde auf einmal durchbohrt wurden und dann aneinanderhingen. Da sich das Eisen verbog, konnten sie sie weder herausziehen noch ungehindert kämpfen, weil sie ihren linken Arm nicht mehr gebrauchen konnten. Daher zogen es viele vor, nachdem sie ihren Arm hin und her geschüttelt hatten, die Schilde loszulassen und mit ungeschütztem Körper zu kämpfen.
Caesar über die Wirkung der Wurfspeere im Krieg gegen die Gallier[9]

Dieser schwere Speer gehörte ebenso zur Standardausrüstung wie der Körperschutz, also der mächtige Schild, der in der gesamten Antike zu den wichtigsten Teilen der Bewaffnung zählte. Mit dem gängigen Schild konnten die römischen Legionäre Schläge des Gegners abfangen. Wenn die Soldaten zudem eine Phalanx bildeten, entstand eine regelrechte Schildmauer, die eine wichtige taktische Funktion bei Angriff und Verteidigung hatte. Hinter seinem Schild (etwa 1,30 Meter hoch und rund 65 Zentimeter breit) fand der Legionär einen denkbar guten Schutz vom Kinn bis zu den Füßen. Wenn der Soldat sich bei feindlichem Beschuss hinter den Schild kniete, war er vollkommen abgeschirmt. Pfeile prallten an dem Schild ab, und schwere Wurfspeere konnten ihn nur aus näherer Distanz durchdringen. Der einzige Nachteil war das Gewicht – immerhin fast zehn Kilogramm. Auf dem Marsch trug der Legionär den Schild keineswegs in der Hand. Vielmehr befestigte er ihn an einem Tragegurt, sodass er halb über der linken Seite, halb über dem Rücken hing. Schildtragegurt und die lederne Schildhülle wogen zusammen noch einmal fast zwei Kilogramm.[10]

Im Nahkampf wurde der Schild auch offensiv eingesetzt: zum Stoß auf den Körper des Gegners. Dabei entstand eine erhebliche Aufprallwucht. Der Gegner konnte zu Boden gestoßen und mit dem Schwert getötet werden. Dieses Schwert, »gladius«, bildete neben Pilum und Schild den dritten zentralen Bestandteil der militärischen Ausrüstung: »Gladius«, das halblange Schwert mit breiter Klinge, war die Hauptwaffe des römischen Infanteristen. Etwa 50 Zentimeter lang, diente es als Hieb- und Stichwaffe. Der Legionär trug das Schwert zumeist an der rechten Hüfte; so kollidierte er beim schnellen Griff zum Schwert nicht mit dem Schild, den er ja kampfbereit mit der linken Hand hielt.[11]

Wenn auf dem Schlachtfeld ausreichend Platz war, nutzte der Legionär sein Schwert, um damit Hiebe auszuteilen. War das Areal beengt oder befand er sich mitten in einem Kampf Mann gegen Mann, so konnte er mit einem Stich über den Oberrand des Schildes hinweg versuchen, Kopf, Gesicht oder den Hals des Gegners zu treffen. Bei einem Treffer verursachte das zweischneidig geschliffene Schwert tiefe Verletzungen.[12] Ein römischer Heerführer ermahnte seine Legionäre deshalb einmal vor einem Kampf gegen Germanen, sie sollten »mit den Schwertspitzen auf das Gesicht zielen«.[13]

Die große Menschenmasse konnte in dem engen Raum ihre überlangen Lanzen weder vorstrecken noch zurückziehen und ihre körperliche Behendigkeit auch nicht zum Anrennen auf den Feind ausnützen, da sie zum Kampf auf einem festen Standort gezwungen war. Dagegen stachen die römischen Soldaten, ihre Schilde eng an die Brust gepresst und mit der Hand fest den Schwertgriff umfassend, auf die breiten Gliedmaßen der Barbaren und auf ihre ungeschützten Gesichter ein.
Tacitus über eine römisch-germanische Schlacht 16 n. Chr.[14]

Zusätzlich zu Pilum, Schild und Gladius führte der römische Legionär bei einem Marsch durch Germanien noch andere Waffen und Ausrüstungsgegenstände mit sich: Kettenhemd, Helm, Bein-, Arm- und Halsschutz sowie einen Dolch (der als vergleichsweise kleine Waffe für den Legionär im Handgemenge durchaus nützlicher als das Schwert sein konnte). Zusammengenommen wog schon dieser Teil der Ausrüstung rund 30 Kilogramm; allein ein Schwert samt Scheide brachte es auf über zwei Kilogramm Gewicht, ein Helm mit Buschen ebenfalls, und ähnlich schwer war auch das Pilum. Der Schild wog rund zehn, ein Kettenhemd mehr als acht Kilogramm.[15]

Für wochenlange Feldzüge war das schon eine ausreichende physische Belastung (nur das schwere Gepäck, wie das lederne Zelt oder das Schanzgerät für den Lagerbau, wurde von Maultieren transportiert), doch die Legionäre mussten noch sehr viel mehr mit sich herumtragen. Denn zu der Bewaffnung kam noch das Marschgepäck hinzu: Dazu zählte vor allem die Verpflegung.

Wenn für die nächsten Tage keine Versorgungsengpässe zu befürchten waren, hatten die Legionäre ein bis zwei Tagesrationen für den sofortigen Verbrauch sowie eine eiserne Ration für bis zu drei Tage bei sich. Dazu zählten Brot und Zwieback, vielleicht auch haltbarer Käse, vermutlich Speck und, soweit verfügbar, Frischfleisch.[16] Außer der Verpflegung umfasste das Marschgepäck noch Reservekleidung, das Kochgeschirr, kleinere Werkzeuge und persönliche Dinge – das alles wurde zusammengebunden, an einer Tragestange befestigt und über der Schulter getragen.

Zusammengerechnet kamen die römischen Soldaten somit auf rund 48 Kilogramm Gepäck, das sie auf den oft tage- oder sogar wochenlangen Fußmärschen zu schleppen hatten. Schon lange zuvor – aufgrund der Heeresreform des Marius – erhielten die Legionäre den passenden Spitznamen »muli Mariani«, also »Maultiere des Marius«. Da liegt es nahe, ihnen gutes Training, eine ausgesprochen gute körperliche Verfassung und der gesamten Armee eine enorme Disziplin zu unterstellen. Denn sobald sich Alltagsroutine einschlich, begannen die Soldaten sofort, eigenmächtig ihr Gepäck ein wenig zu reduzieren oder sich persönlich Lasttiere und Sklaven zu halten.

Die römische Legion war das Sinnbild für Disziplin und Professionalität. Diese Disziplin wurde einerseits durch ein abgestuftes Verfahren aus Belohnungen und Auszeichnungen erreicht, andererseits aber auch durch die Androhung von Strafen: Verbreitet waren Abzüge vom Sold, Degradierungen oder Versetzungen zu einer im Rang niedriger stehenden Einheit.[17]

Doch die Bestrafungen konnten durchaus drastischer ausfallen: Der Zenturio griff dabei auch schon mal zum Stock und verprügelte einen Legionär; das war die alltäglichste wie verhassteste Strafe des Legionärslebens. Und im äußersten Fall, etwa bei Meuterei oder kollektiver Fahnenflucht (beides bekanntlich bis heute die gefürchtetsten Zerfallserscheinungen einer Armee), konnte der Zenturio die gefürchtete Dezimierung als Strafe verhängen. Dabei wurde per Los jeder zehnte Mann bestimmt, den die eigenen Kameraden dann zu Tode prügelten oder steinigten.[18]

Nicht im Kriege erst fangen sie an, sich mit den Waffen vertraut zu machen, noch lassen sie die Tage der Not herankommen, ehe sie ihre Hände rühren, um sie dann im Frieden wieder sinken zu lassen, sondern sie leben, als wären sie in den Waffen geboren und aufgewachsen, in beständiger Übung derselben und warten nicht erst bestimmte Zeiten dafür ab. Bei ihren Übungen zeigen sie denselben straffen Ernst wie im wirklichen Gefecht, und täglich muss jeder Soldat mit allem Eifer Dienst tun wie im Krieg.
Der Feldherr Flavius Josephus in seiner Darstellung »Jüdischer Krieg«[19]

Neben der Disziplin waren in der römischen Armee die Ausbildung und die Kampfmoral von maßgeblicher Bedeutung. Dabei agierten die Legionäre nicht automatisch wie gut geölte Räder einer gedrillten Kampfmaschine. Vielmehr zeichnete sich die Armee durch eine gelungene Mischung aus Übung, Gehorsam und selbstständiger Initiative aus. Der römische Legionär war kein bloßer Befehlsempfänger: Er dachte und diskutierte mit, versuchte zuweilen sogar im zulässigen Rahmen, der militärischen Führung seine eigene Meinung zum strategischen Vorgehen mitzuteilen.[20]

Cäsars Soldaten standen überall im Lager in Gruppen zusammen und bedauerten, dass ihnen der Feind entwischt sei und dass dadurch der Krieg notgedrungen länger dauere. Sie traten an die Zenturionen und Militärtribunen heran und beschworen sie, Cäsar zu sagen, er solle sie rücksichtslos jeder Anstrengung und Gefahr aussetzen.
Julius Caesar über seine Erfahrungen mit meinungsfreudigen Legionären[21]

Doch solche Diskussionen hatten ihre Grenzen. Das Überleben einfacher Soldaten hing in erster Linie von ihrem Zenturio ab. Er – und nicht die zumeist aristokratischen, aber oft auch deutlich unerfahreneren Stabsoffiziere – garantierte in seiner Einheit die Autorität, die Disziplin und die Strenge des Militärdienstes. Sein Ansehen bei den Soldaten hing in hohem Maße von seinem Auftreten ab – er konnte sich durch kluge Führung beliebt machen oder als »Leuteschinder« zum Hassobjekt werden; nicht umsonst wurden die Zenturionen bei Meutereien immer erste Opfer der Soldatenwut. Wenn sich ein Zenturio geschickt anstellte, machte er mit seinen Legionären hingegen ein gutes Geschäft: Er pflegte nämlich einen offiziell durchaus geduldeten Nebenerwerb, indem er den Legionären gegen Zahlung größerer oder kleinerer Geldsummen Diensterleichterungen verschaffte – eine Praxis, die durchaus zu einer Gefahr für die viel gerühmte Disziplin und die Schlagkraft der Armee werden konnte.[22]

Man forderte, die Zahlungen für Urlaub, die man gewöhnlich an die Zenturionen entrichtete, zu erlassen; denn der gemeine Soldat zahlte diese Gelder wie eine jährliche Abgabe. Ein Viertel jedes Manipels hatte sich auf Urlaub irgendwohin verstreut oder trieb sich im Lager umher, wenn sie nur den Zenturio bezahlt hatten.
Tacitus über den Soldatenalltag[23]

Wenn der einfache Soldat nicht gerade seinen Zenturio bestach (oder eben bestechen musste), versuchte er zunächst einmal, seine schwer verdienten Münzen zusammenzuhalten. Im Jahr 9 n. Chr. erhielt er einen jährlichen Sold von umgerechnet 225 Denaren, den damals üblichen Silbermünzen. Wie noch heute üblich, steigerte sich der Sold kontinuierlich mit den militärischen Rängen; so erhielt ein Zenturio 3375 Denare jährlich (ohne etwaige Bestechungsgelder der Soldaten). Ein Teil des Soldes wurde übrigens für den Legionär zurückgelegt und erst bei Dienstende ausbezahlt. Zudem behielt die Armee selbst einen ordentlichen Teil des Soldes einfach ein – nämlich für Waffen, Kleidung, Verpflegung oder auch militärische Festlichkeiten. Der Rest wurde dem Legionär alle vier Monate in Raten ausgezahlt, und zwar in Kupfermünzen, den »Assen«, die deshalb auch »Soldatengeld« genannt wurden. Durchschnittlich verdiente ein Legionär also pro Tag etwa zehn Asse. Zum Vergleich: Für einen halben Liter Wein musste man etwa zwei Asse berappen, für den Wochenbedarf an Getreide zwölf.[24] Der Nachwelt machte der Legionär übrigens die größte Freude, wenn er – wie es Menschen schließlich zu allen Zeiten taten – etwas von seinem Geld einfach verlor: Heute machen sich Archäologen entlang solcher Münzfunde ein Bild von den Wegen, die die Legionen damals einschlugen.

Nicht gespart wurde in der römischen Armee an der Verpflegung. Sowohl in der Kaserne als auch im Feld war die Versorgung immer ausreichend und gut. Beim Aufenthalt in einer Kaserne und in einem friedlichen Umfeld sorgten allein schon die Tieropfer, die bei den verschiedenen Zeremonien des Festkalenders dargebracht wurden, für dauernden Nachschub an Frischfleisch. Eine besondere Vorliebe galt Fischen und Meeresfrüchten – Austern und andere Muscheln transportierte man gekühlt bis in entfernteste Garnisonen. Auch frisches Gemüse und Obst wurden ausreichend gegessen. Fälle von Skorbut, einer Vitaminmangelerkrankung, scheint es in der römischen Armee nicht gegeben zu haben.[25]

Der gut ernährte, ausreichend bezahlte, körperlich durchtrainierte und möglichst disziplinierte Soldat verbrachte die längste Zeit seines Dienstes in Lagern. In Friedens- wie auch in Kriegszeiten waren diese Lager von großer Bedeutung. Ob nun auf Kriegszügen provisorisch aufgeschlagen oder für den Aufenthalt während eines ganzen Winters solide erbaut, wiesen sie stets das gleiche Muster auf: Alle Straßen kreuzten sich im rechten Winkel, wodurch die Lagerstadt in gleichmäßige Viertel geteilt wurde. In der Regel gab es vier Tore und in der Mitte des Lagers einen Versammlungsplatz. Geschützt war das Lager durch einen Graben sowie einen aufgeschütteten Wall, auf dem Schanzpfähle aus Holz der Verteidigung dienten. Ein typisches Lager für eine Legion dürfte etwa 450 mal 600 Meter groß gewesen sein.[26]

Es galt als Ausweis der Disziplin, dass die römischen Truppen auch während eines Feldzugs an jedem Lagerplatz die beschwerliche Schanzarbeit auf sich nahmen – und dies unabhängig davon, ob sich der Feind in der Nähe aufhielt oder nicht. Für ein solches Marschlager mussten sie – und dies nach einem langen Marschtag, vielleicht sogar nach einem Tag des Kampfes – einen etwa einen Meter tiefen und bis zu anderthalb Meter breiten Graben ausheben und mit der Erde einen Wall aufschütten. Auf diesem Wall entstand ein schmaler Wehrgang von etwa 60 Zentimetern Breite, in den anschließend bis zu 1,80 Meter lange, an beiden Enden angespitzte Eichenpfosten gerammt und untereinander mit Stricken verbunden wurden. Zusammengenommen entstand so am Abend eines langen Marsches vielleicht kein unüberwindbares Bollwerk, doch jeder Angreifer hatte es schwer, ein solches Hindernis zu erstürmen: Vom der Sohle des Grabens bis zur Spitze der Palisade (wo der Legionär mit dem Pilum in der Hand wartete) bestand ein Höhenunterschied von fast drei Metern.[27]

Militärlager – Neben den Marschlagern, die den Soldaten oft nur für eine Nacht Schutz gewähren sollten, entstanden die besser ausgebauten Standlager, etwa zum Überwintern (Winterlager). In ihnen gab es auch feste Gebäude: Wohnhäuser, Kasernen, Ställe oder sogar Lazarette. Solche festen Militärlager wurden besonders entlang der Grenzen und großen Schifffahrtswege Rhein, Donau und Mosel errichtet. Wichtige Lager am Rhein waren u. a. Bonna (Bonn), Novaesium (Neuss) und Vetera (Xanten). Oft entwickelten sich im Laufe der Zeit um die Militärlager Zivilsiedlungen oder Lagerdörfer.

Innerhalb des Lagers fanden sich die Legionäre dann zu ihrer eigentlichen Gruppe zusammen, einer sechs bis zehn Mann starken Einheit, mit der ein Soldat seinen Alltag teilte. Die Männer bewohnten zusammen ein Zelt, kochten am Abend miteinander und kämpften Seite an Seite in der Schlacht. In der Gruppe existierte ein Ehrenkodex, der die Legionäre enger aneinanderband als geschriebene Regeln der Armee. Gegenseitige Hilfeleistungen, notfalls bis zur Selbstaufopferung – eben das, was im Kern den so abgedroschenen und oft missbrauchten Begriff »Kameradschaft« ausmachte –, hatten in dieser kleinen Gruppe klare Priorität.[28]

Wenn die Legionäre während eines Feldzugs eine ruhige Nacht verbracht hatten – wir stellen uns wieder die Legionen des Varus vor, die noch ohne Feindberührung im September 9 n. Chr. durch Germanien ziehen –, dann mussten sie je nach Jahreszeit ziemlich früh wieder aufbrechen: in der Regel zwischen vier und sechs Uhr morgens. Denn spätestens am frühen Nachmittag musste ein neuer Lagerplatz erreicht werden, wo dann abermals mit den Schanzarbeiten begonnen, die Zelte aufgeschlagen oder auch die Tiere versorgt wurden.[29]

Soll das Lager verlassen werden, so ertönt ein Trompetensignal. Niemand bleibt da noch müßig; auf den ersten Wink werden die Zelte abgebrochen und alles zum Abmarsch in Bereitschaft gesetzt. Abermals gibt die Trompete ein Zeichen, dass man sich fertig machen sollte. Eiligst laden nun die Soldaten den Mauleseln und den übrigen Lasttieren das Gepäck auf und stehen dann wie die Wettläufer hinter der Schranke, zum Aufbruch gerüstet. Hierauf stecken sie die Verschanzungen in Brand, einmal weil sie an der Stelle des Lagers mit leichter

Mühe ein neues errichten können, und dann auch um zu verhüten, dass der Feind sich ihrer zu seinem eigenen Vorteil bedient.
Flavius Josephus über Legionäre in einem Lager[30]

Kam es zur Schlacht, so versuchte die römische Armee, ihre verschiedenen Waffengattungen möglichst effektiv miteinander zu verknüpfen. Das Kernstück war die schwere Infanterie, deren Kohorten – mit einer Sollstärke von etwa 600 Mann – rechteckige Blöcke bildeten. Diese Kohorten rückten in großer Zahl auf den Gegner vor, was allerdings nur dann Sinn machte, wenn der Gegner dicht gestaffelt vor den Römern Aufstellung bezogen hatte. Wenn der Gegner in lockeren Schwärmen angriff, mussten die Römer anders taktieren. In diesem Fall griffen sie auf ihre Auxiliareinheiten zurück. Den leichten Truppen und Reitern war es nun überlassen, den Gegner zu stellen und niederzukämpfen.[31]

Für einen Angriff auf Distanz konnten die Römer vor allem auf den Wurfspeer, den Bogen oder eine Schleuder zurückgreifen. Den Speer konnte ein »Spezialist« etwa 70 Meter weit werfen – und damit deutlich weiter als das Pilum, das dafür jedoch eine wesentlich größere Durchschlagskraft besaß. Die effektive Reichweite des Bogens lag bei etwa 200 Metern; in großen Mengen abgeschossen, konnte ein Hagel aus Pfeilen auch schwerer feindlicher Infanterie erhebliche Verluste zufügen.[32]

Die Reichweite des Bogens übertraf eine andere Distanzwaffe auf römischer Seite: die Schlaufenschleuder. Der Legionär legte ein dattelförmig gegossenes Geschoss aus Blei, das für sich genommen nur etwa 40 Gramm schwer war, auf ein kleines Leder- oder Stoffband, an dessen Enden eine Schnur befestigt war. Dann nahm er beide Schnüre fest in die Hand, schwang sie möglichst schnell über den Kopf – und ließ im richtigen Moment eine Schnur wieder los: Die kleinen Bleistücke schossen mit hoher Geschwindigkeit auf den oft ahnungslosen Feind zu. Denn die

Schleuderbleie konnte ein Gegner im Gegensatz zu Speeren oder Pfeilen weder hören noch sehen. Ein geübter Schütze brachte es mit dieser einfachen Waffe zu einer bemerkenswerten Trefferquote; auf kürzeren Entfernungen sorgten die Geschosse für erhebliche Verletzungen, und über größere Distanzen (etwa 300 Meter) konnten sie einen Gegner leichter verletzen oder zumindest verunsichern.[33]

Wann immer es ging, pflegte die schwere römische Infanterie dicht gestaffelt und in strenger Ordnung zu kämpfen. Tatsächlich war der größte Feind der römischen Kriegführung die Unordnung, hier gemeint als der Verlust des physischen und moralischen Zusammenhalts. In antiken Schlachten traten die eigentlich schweren Verluste gewöhnlich erst nach dem Zusammenbruch einer geschlossenen Front ein.[34]

Zu dicht zusammengedrängte Soldaten haben keinen Raum zum Kämpfen und behindern sich nur gegenseitig. Wenn sie dagegen zu dünn stehen und zu viel Luft zwischen ihnen ist, bieten sie dem Feind die Möglichkeit zum Einbruch. Ist aber die Front erst einmal durchgebrochen, und der Gegner greift die noch kämpfenden Truppen von hinten an, gibt es sogleich Panik und allgemeines Chaos.
Der römische Autor Vegetius über die kämpfenden Legionäre[35]

So mächtig die römische Armee also auch war, so mussten ihre Befehlshaber doch immer darauf achten, dass sie ihre Stärken auch ausspielen konnte. Für die Soldaten der XVII., XVIII. und XIX. Legion unter ihrem Befehlshaber Varus hieß das in diesen Septembertagen des Jahres 9 n. Chr., dass sie auf dem Marsch unbedingt ihren Zusammenhalt wahren mussten. Sie konnten schließlich nur in einer schmalen Formation gehen, vier Mann nebeneinander, wobei zwischen ihnen auch zahlreiche Fuhrwerke und Zivilisten unterwegs waren.

Ein solcher »Lindwurm« brauchte Schutz. Und den versprachen sich die Legionäre auf ihrem Weg durch den Nordosten Germaniens ausgerechnet von germanischen Kriegern. Als leichte Infanteristen gingen sie der riesigen Kolonne voraus. Sie waren als Kundschafter in diesem Gebiet wichtig, vor allem aber sollten sie, den taktischen Richtlinien der römischen Armee entsprechend, im Kleinkrieg und beim Kampf in unübersichtlichem und schwer zugänglichem Gelände die Hauptlast der Gefechtstätigkeit tragen. Die germanischen Hilfstruppen stellten dabei nicht nur das leichter ausgerüstete Fußvolk, sondern auch die Reiter. Ausgerüstet mit Lanze und Schwert, griffen sie zumeist in massiver Formation an und suchten den Nahkampf mit den feindlichen Truppen.[36]

Die Rekrutierung von Einheimischen für diese Auxiliareinheiten konnte bisweilen eine Zwangs- und Strafmaßnahme der Römer gegenüber einzelnen Stämmen sein. Andererseits konnte eine solche »Dienstverpflichtung« durchaus auch als Vergünstigung verstanden werden, die germanischen Männern Ansehen und Vorteil brachte. Es ist davon auszugehen, dass Letzteres bei den Cheruskern zu diesem Zeitpunkt eher zutraf. Die Römer hofften so, aus den loyalen Aristokratenfamilien militärisches Führungspersonal heranzuziehen, das ihnen bei ihren Operationen im Land von Nutzen sein konnte.[37]

Die germanischen Krieger in römischen Diensten stammten aus einer Gesellschaft, die nicht – wie man es sich lange vorstellte – als Nomaden oder Halbnomaden lebte, sondern vielmehr von Viehwirtschaft und Ackerbau.[38] Der durchschnittliche germanische Mann war also nichts anderes als ein gewöhnlicher mitteleuropäischer Bauer.

Und es war ein hartes Dasein, das die germanischen Familien zu jener Zeit fristeten. Die Germanen lebten einfacher als die Römer. Ihre Holz- und Lehmhäuser waren an das raue Klima angepasst. Die Kindersterblichkeit war hoch, viele Frauen starben im Kindbett, Erwachsene wurden durchschnittlich um die dreißig Jahre alt. Die Bewohner Germaniens waren den Krankheiten ihrer Zeit mehr oder weniger schutzlos ausgesetzt: Gelenkleiden und Deformationen der Wirbelsäule waren besonders häufig. An Zahnschmerzen müssen sie oft gelitten haben, und gegen Seuchen und Infektionskrankheiten – so beschrieb es ein Historiker einmal treffend – »war kaum ein Kraut Germaniens gewachsen«.[39]

Vor der Ankunft der Römer hat es in Germanien nie so etwas wie eine heile Welt gegeben[40]; dies erst recht nicht in dem Sinn, dass alle Volksgruppen in Freiheit und Frieden gelebt hätten. Das Gegenteil war der Fall: Diese Gesellschaften waren tief von ständiger Friedlosigkeit geprägt. Krieg und Kampf waren eine Art von Normalzustand. Der Einzelne sah sich Tag für Tag in seiner sozialen, wirtschaftlichen und körperlichen Existenz gefährdet. Der »Feind« des Germanen war in dieser Welt nicht nur der römische Soldat – es konnte auch das Nachbardorf oder eine andere Sippe desselben Stammes sein.[41]

Fehde – In einer Gesellschaft, in der Tapferkeit und kriegerischer Mut zu den höchsten Werten zählten, kam der Fehde als gewaltsamer Auseinandersetzung zwischen Verwandten große Bedeutung zu. Oft ermöglichte nur sie die Wiedergutmachung von erlittenem Unrecht. Mit ihr konnten Zwistigkeiten, Streitereien und Interessenkonflikte beigelegt werden, ohne dass ganze Familienclans auseinanderbrachen. Allerdings war die Einheit der Stammesgesellschaften bedroht, wenn Fehden mit ihren immer auch unkalkulierbaren Folgen überhandnahmen.

Das Zusammenleben der Stämme war von den Rivalitäten der Vornehmen geprägt. Auch im Hinblick auf den Cheruskerstamm wissen wir von erbitterten Feindschaften und zuweilen rein persönlichen Aversionen, wie etwa zwischen Arminius und seinen Rivalen.[42] Und wenn diese innenpolitischen Auseinandersetzungen nicht auf dem Verhandlungsweg aus der Welt geschafft werden konnten, musste das Problem eben mit Waffengewalt gelöst werden. Als wichtige Motive dieser Konflikte würde man auch heute noch so »allzu menschliche« Triebfedern wie Geltungssucht, Neid oder Korruption zählen. Wer sich als Aristokrat behaupten wollte, musste das gesamte Spektrum von Machtstreben und -erhalt beherrschen: Er musste versiert sein in der Lüge und im Verrat, er musste schlau und listig sein, vorsichtig und zugleich mutig bei der Suche nach Verbündeten – und bereit zur Gewaltanwendung bei der Durchsetzung seiner Ziele.

Soldaten im Sinne einer durchorganisierten, ausgebildeten und mit durchdachter und erprobter Taktik versehenen Berufsarmee kannten die germanischen Stämme nicht. Die männlichen Bewohner der einzelnen Siedlungen wurden für Kriegszüge immer wieder aufs Neue gewonnen; sie warteten nicht gedrillt und gut vorbereitet in einer Kaserne auf ihren Einsatzbefehl. Ein einheitliches Bild germanischer Kämpfer lieferten sie nicht – erst recht nicht, wenn sich Angehörige verschiedener Stämme zusammenfanden.

Sie sind halb nackt oder tragen nur einen leichten Umhang. Prunken mit Waffenschmuck ist ihnen fremd; nur die Schilde bemalen sie mit auffallenden Farben. Wenige haben einen Panzer, kaum der eine oder andere einen Helm oder eine Lederkappe.
Tacitus über das Erscheinungsbild germanischer Krieger[43]

Kein germanischer Krieger wird ohne Not halb nackt in den Kampf gezogen sein, wie es der römische Geschichtsschreiber Tacitus seine Lesern glauben machen will. Aber sicherlich unterschieden sie sich in ihrem Aussehen deutlich von den schwer bewaffneten römischen Legionären. Denn die Ausrüstung germanischer Krieger war für Kämpfe konzipiert, in denen schnelle Angriffe und Rückzüge dominierten. Eine leichte Bewaffnung ermöglichte sowohl hohes Tempo als auch eine vergleichsweise lautlose Fortbewegung.

Auch an Eisen ist kein Überfluss, wie die Art der Bewaffnung zeigt. Nur wenige haben ein Schwert oder eine größere Lanze. Sie tragen Speere oder, wie sie selbst sagen, Framen, mit schmaler und kurzer Eisenspitze, die jedoch so scharf und handlich ist, dass sie dieselbe Waffe je nach Bedarf für den Nah- oder Fernkampf verwenden können.

Tacitus über die Bewaffnung der Germanen[44]

Die einzige Fernwaffe der germanischen Krieger war ein Speer, der als Wurf- wie auch als Stoßwaffe genutzt werden konnte; im Vergleich zum Pilum der römischen Legionäre waren diese Speere kleiner und leichter. Sie benutzten keine dem Gladius vergleichbaren Schwerter, sondern sie kämpften stattdessen mit leichteren Kurzschwertern oder auch mit Kolbenschwertern aus Holz. Als einzigen Verteidigungsschutz nutzten sie einen leichten Schild, und Helme kannten sie so gut wie überhaupt nicht.[45]

Auch wenn die germanischen Krieger mangelhafter ausgerüstet waren als die römischen Soldaten, so hatten diese doch einen gehörigen Respekt vor ihnen. Zum Teil dürfte dies an der Körpergröße der Germanen gelegen haben: Sie waren zwar kleiner als wir heute – sie maßen vermutlich zwischen 1,70 und 1,80 Meter (die Frauen zwischen 1,60 und 1,65 Meter). Doch was uns heute nicht besonders groß vorkommt, wirkte vor 2000 Jahren ganz anders: Mit dieser Größe waren die Germanen im Vergleich zu ihren Zeitgenossen aus dem Mittelmeerraum geradezu »Riesen«.[46]

Kommt es zur Schlacht, ist es schimpflich für den Gefolgsherrn, an Tapferkeit zurückzustehen, schimpflich für das Gefolge, es dem Herrn an Tapferkeit nicht gleichzutun. Doch für das ganze Leben lädt Schmach und Schande auf sich, wer seinen Herrn überlebend aus der Schlacht zurückkehrt: Ihn zu schirmen und zu schützen, auch die eigenen Heldentaten ihm zum Ruhme anzurechnen, ist des Dienstes heiligste Pflicht.
Tacitus über die Tapferkeit germanischer Krieger[47]

Ohnehin von schrecklichem Aussehen, kommen sie der angeborenen Wildheit durch Kunst und Ausnutzung zu Hilfe. Schwarz sind die Schilde, gefärbt die Leiber; dunkle Nächte wählen sie zum Kampf, und schon das Grauenvolle und Schattenhafte ihres Totenheeres jagt Schrecken ein: Kein Feind hält dem ungewohnten und gleichsam höllischen Anblick stand.
Tacitus über den Stamm der Harier[48]

So eindrucksvoll die germanischen Krieger im Einzelfall auch gewesen sein mögen – für einen erfolgversprechenden Angriff auf die kompakte römische Armee mussten Kämpfer aus verschiedenen Stämmen zusammengebracht werden. Dass dies im Jahr 9 n. Chr. gelang, ist auch ein Hinweis auf ein dichtes Netz an Siedlungen, das erst die Rekrutierung beachtlicher Truppenkontingente möglich machte.[49] Wie viele Kämpfer auf germanischer Seite schließlich zur Verfügung standen, lässt sich nicht mehr glaubhaft rekonstruieren. Schätzungen für die Germanen ergeben bis zu 50 000 Mann[50] – was wohl die Obergrenze sein dürfte. Aber eingedenk anderer Schlachten mit den Römern und gemessen an der militärischen Leistung bei der Varusschlacht kann man zumindest davon ausgehen, dass die germanischen Stämme in dieser Auseinandersetzung über ebenso viele Kämpfer verfügten wie Varus mit seinen drei Legionen.

Doch nicht die Zahl der germanischen Krieger sollte in den Septembertagen dieses Jahres entscheidend werden, sondern die Ausarbeitung eines Plans, der dem Angriff auf die imposante römische Streitmacht den Sieg verhieß. Beachtlich ist aus heutiger Sicht die Leistung der germanischen Stämme, sich auf ein gemeinsames und zeitgleiches Vorgehen gegen die Römer verständigt zu haben. Das setzt ein hohes Maß an Kommunikation und Koordination voraus. Den entscheidenden Anteil daran hatte Arminius. Er gewann für sein Bündnis gegen die Römer zunächst eigene cheruskische Mitstreiter, sodann auch andere Stämme. Von einem »Volksaufstand« aller germanischen Stämme, wie es die – deutsche – Nachwelt später so gerne verbreitete, konnte also nicht die Rede sein.

Die Leistung des Arminius ist umso beachtlicher, wenn man bedenkt, dass er zu dieser Zeit noch gar nicht die Führung seines Stammes innegehabt haben dürfte. Vielmehr gab es schon innerhalb der Cherusker keine einheitliche Haltung zu dem geplanten Angriff. Die Rebellion des Arminius erscheint somit als ein erster Schritt, dem sich später andere Vornehme anschließen sollten – erst daraus entstand eine weitreichende Erhebung.

Erst weihte er nur wenige, dann mehrere in seinen Plan ein. Die Römer könnten vernichtet werden, das war seine Behauptung, mit der er auch überzeugte. Er ließ den Beschlüssen Taten folgen und legte den Zeitpunkt für den Hinterhalt fest.
Velleius Paterculus über das Vorhaben des Arminius[51]

Nach dem Plan der aufständischen Germanen sollte Varus gezielte (Falsch-)Informationen zu einer angeblichen Revolte erhalten, die ein weiter entfernt lebender Stamm vom Zaun gebrochen habe. Zugleich musste der römische Statthalter überzeugt werden, dass eine Niederschlagung dieser Erhebung für ihn militärisch möglich war. Zudem sollte Varus deutlich gemacht werden, dass sein Eingreifen für die politische und militärische Situation in Germanien absolut erforderlich war. Sollte der Oberbefehlshaber dann mit seinen Legionen tatsächlich zu den »Aufständischen« aufbrechen, so musste der Zug der Römer durch vermeintlich befreundetes Gebiet führen. Hier, so die Überlegung von Arminius, würden sie sich vergleichsweise sicher fühlen und auf militärische Schutzmaßnahmen verzichten.

Doch die Geheimhaltung dieses Plans war schwieriger, als es sich manche Mitwisser vorgestellt hatten. Einige antike Autoren berichten davon, dass wesentliche Teile des Plans dem römischen Oberbefehlshaber zu Ohren gekommen sein sollen. Der Geschichtsschreiber Velleius Paterculus wird als Einziger konkret: Ausgerechnet Segestes, der Schwiegervater von Arminius, ebenfalls ein Cherusker, habe Varus aufgesucht, um ihn vor dem Hinterhalt zu warnen.

Dies wurde dem Varus von Segestes hinterbracht, einem loyalen Mann jenes Volkes mit angesehenem Namen. Er forderte Varus auf, die Verschwörer in Ketten zu legen.
Velleius Paterculus über die angebliche Warnung[52]

An dieser Stelle ist allerdings eine kurze Überlegung zur Plausibilität dieser angeblichen Warnung wichtig: Dass Varus vor dem Verrat und dem geplanten Angriff der Germanen gewarnt worden sei, davon berichten verschiedene antike Autoren. Dass diese Warnung allerdings von Segestes ausgesprochen wurde, notierte einzig Velleius Paterculus – und er bezieht sich dabei ausgerechnet auf die Aussage jenes Mannes, der diese Nachricht überbracht haben will: nämlich Segestes selbst. Niemand sonst. Es kann also sein, dass es sich tatsächlich so abgespielt hat. Das Gespräch mit Varus kann aber genauso gut erfunden sein, denn es bedeutete für

Segestes sechs Jahre nach der Schlacht eine gute Gelegenheit, sich bei den Römern einzuschmeicheln. Schließlich hatte er, als er im Jahr 15 n. Chr. mit seiner Geschichte von seiner Warnung für Varus aufwartete, gerade eine Niederlage im innercheruskischen Krieg erlitten und versuchte sich jetzt der römischen Freundschaft zu vergewissern. Und womit konnte er das erfolgreicher unter Beweis stellen als mit der Geschichte von seinem so selbstlosen Dienst an Varus – der seine Warnung dann tragischerweise nicht ernst genommen habe …

So fühlte sich der römische Feldherr sicher und rechnete mit nichts Schlimmem; all denen aber, welche die Vorgänge argwöhnisch verfolgten und ihn zur Vorsicht mahnten, schenkte er keinen Glauben, ja machte ihnen sogar noch Vorwürfe, als seien sie ohne Grund beunruhigt und wollten seine Freunde nur verleumden.
Cassius Dio über den angeblich gewarnten Varus[53]

Varus jedenfalls beharrte auf seinem Vertrauen in Arminius, der sich bei ihm im Lager aufhielt, vermutlich sogar an seiner Tafel zu Gast war. Aus dem Kreis seiner römischen Berater vorgebrachte, eher allgemein gehaltene Mahnungen zur Vorsicht schlug der Oberbefehlshaber in den Wind. Es gab wohl auch den Vorschlag, vorsorglich alle cheruskischen Führer zu internieren – das lehnte Varus allerdings ab. Zu gut wusste er, dass eine auf Vertrauen aufgebaute Beziehung zu den Germanen durch einen solchen Schritt allzu schnell beendet wäre.[54]

Ob nun diese Warnung durch Segestes tatsächlich ausgesprochen worden war oder nicht – aus heutiger Perspektive stellt sich die Frage, wie die Germanen Tausende von Kriegern zusammenziehen beziehungsweise an unterschiedlichen Orten in Stellung bringen konnten, ohne dass die Römer hiervon etwas erfuhren. Und die Geheimhaltung einer solchen Operation dürfte umso schwerer gewesen sein, als es doch auf germanischer Seite zahlreiche einflussreiche Personen gab, die mit Rom sympathisierten und einen Krieg gegen seine Legionen für unsinnig hielten. Wenn man allerdings davon ausgeht, dass Arminius sich nicht einfach irgendwo in den Wäldern Germaniens mühsam seine Streitmacht zusammensuchen musste, sondern in erster Linie als Anführer einer regulären Truppe – nämlich einer germanischen Hilfstruppe in römischen Diensten – agierte, erscheint die Vorbereitung eines Überfalls einfacher: Der Cherusker konnte über seine Krieger verfügen, und auch andere Hilfstruppen würden sich ihm anschließen. Die Vorbereitung des Angriffs hätte sich also »innerhalb des legalen militärischen Apparates selbst abgespielt« – was für die Römer schwerer zu entdecken gewesen wäre als beispielsweise die Sammlung und der Aufmarsch eines illegalen Rebellenheeres in nächster Nähe. Wenngleich in der Forschung noch umstritten, so ist die Einschätzung doch plausibel, dass der Aufstand unter der Führung von Arminius als Militärrevolte begann; später sollten sich immer mehr Germanen anschließen, bis schließlich eine regelrechte Stammeserhebung die Folge war.[55]

Verrat – Als Verräter gilt derjenige, der sich treulosen Handelns, schweren Treubruchs oder der Preisgabe eines Geheimnisses schuldig gemacht hat. In der Geschichte werden Momente des Verrats im Nachhinein positiv oder negativ beurteilt – und diese Beurteilungen können sich im Laufe der Zeit verändern. Zur typischen negativen historischen Verrätergestalt wurde Judas Ischariot, der Jesus an die Behörden verriet. In der Neuzeit machten vor allem Personen wie der »Kanzlerspion« Günter Guillaume mit ihrem Verrat Schlagzeilen.

Für einen römischen Bürger und Offizier in Diensten der römischen Armee wie Arminius war dessen Verhalten selbstverständlich inakzeptabel – es war nichts anderes als Verrat. Als Bündnispartner und Waffenbruder wiegte er Varus in Sicherheit, wollte ihn aber gezielt in einen gut vorbereiteten Hinterhalt locken. Es war also nicht nur Verrat in dem Sinn, dass der Cherusker im Eifer des Gefechts seinen Verpflichtungen gegenüber Rom nicht nachgekommen wäre. Vielmehr hatte er seinen Treuebruch sorgsam vorbereitet. Die Nachwelt hat Arminius indes weniger als Verräter gesehen, gerade die Deutschen bescheinigten ihm ein legitimes Recht zum Widerstand gegen die Römer. Auch bei der Definition des Begriffs »Verrat« zeigt sich wieder einmal, dass es bei Fremdzuschreibungen entscheidend auf die Perspektive ankommt...

Dabei ist Verrat der Motor jeder Geschichte. Galileo Galilei hat Verrat begangen, Wilhelm Reich und Kurt Tucholsky ebenso.
Der Publizist Henryk M. Broder über den Wert des Verrats[56]

Varus jedenfalls sollte in die Falle gehen, die Arminius ihm gestellt hatte. Von wo genau Varus allerdings im September des Jahres 9 n. Chr. seine Truppen aufbrechen ließ, ist bis heute unklar. Das oft so bezeichnete »Sommerlager« lässt sich bis heute nicht lokalisieren. Überhaupt ist es fraglich, ob wir uns ein einziges Lager vorstellen sollten, von dem aus die Römer den ganzen Sommer hindurch operiert haben. Denn es ist auch denkbar, dass sie in einem bestimmten Gebiet unterwegs waren, also mehr eine Armee in Bewegung darstellten, die vielleicht auch in mehreren Lagern Station machte.

Von seinem vermeintlichen Ziel wähnte sich Varus mit seinen Legionen augenscheinlich noch recht weit entfernt. Denn obwohl die Legionäre ja letztlich in einen Kampf ziehen sollten – wo auch immer und gegen wen auch immer er stattfinden sollte –, setzte sich diese riesige Armee doch ohne besondere Absicherung gegen einen Angriff in Bewegung: schwerfällig wegen des mitgeführten Trosses, in einer Formation, die nicht von einem baldigen Waffengang ausging. Nachträglich – was ja bekanntlich eine leichte Sache ist – ist dies Varus als schweres Versäumnis vorgehalten worden. Aber noch betrachtete Varus Arminius als einen treuen Offizier, der ihn beim Kampf gegen die Aufständischen unterstützen sollte. Und so bestand in diesem Sommer ein ungetrübtes Einvernehmen zwischen Arminius und Varus.[57] Diese Sorglosigkeit der Römer und ihres Oberbefehlshabers hatte aber ihren Grund: Sie brauchten nach Lage der Dinge nicht mit einem Angriff zu rechnen, schließlich zogen sie durch »befreundetes« Gebiet der mit ihnen verbündeten Germanen. Doch die Vorbereitungen für den Hinterhalt liefen schon auf Hochtouren.

Die Tage des Kampfes

Ab wann laufen die Dinge nicht mehr so, wie sie eigentlich laufen sollten? Im Nachhinein können wir solche Momente leichter identifizieren – aber welche Anhaltspunkte hatten Varus und seine Offiziere, dass ihr Zug durch Germanien nicht normal verlaufen würde? Angenommen, Varus wurde nicht vor einem möglichen Verrat gewarnt, so könnte er noch völlig ahnungslos gewesen sein, als sich die sie begleitenden germanischen Hilfstruppen absetzten. Sie taten es in diesem Moment wohl kaum heimlich und machten einen durchaus nachvollziehbaren Grund geltend: Sie wollten weitere mit Rom verbündete germanische Krieger sammeln und als Verstärkung gegen die Aufständischen heranführen. Varus und sein Stab mussten angesichts dieser Absetzbewegung nicht misstrauisch geworden sein – die Hilfstruppen waren ja bis zu einem gewissen Grade »befreundete« Kämpfer und die Sammlung weiterer Kräfte nichts Ungewöhnliches.

Zuerst gaben ihm die Verschworenen beim Ausmarsch das Geleite, dann beurlaubten sie sich, um angeblich die verbündeten Kontingente zu sammeln und ihm damit rasch zur Hilfe zu kommen.
Cassius Dio über die Absetzbewegung der germanischen Hilfstruppen[1]

Für Varus und seine Legionen waren die einheimischen Hilfstruppen nicht nur eine wichtige Unterstützung im Kampf, sie dienten ihnen aufgrund ihrer guten Kenntnisse des Landes auch als Kundschafter. Wenn jetzt eine Reihe von ihnen fehlte, bedeutete das aber noch lange nicht, dass die Römer Schwierigkeiten mit der Orientierung bekamen. Varus und seine hohen Offiziere hatten sehr wohl gute Kenntnisse von den germanischen Wegeverhältnissen. Auch wenn sie jetzt von ihrer ursprünglichen direkten Route zum Rhein abgewichen waren, wussten sie durchaus, wo sie sich befanden.

Mehr Schwierigkeiten hatten die Römer mit der Wegstrecke. Die römischen Autoren haben später die Unwegsamkeit des Geländes hervorgehoben. Wie erwähnt, hatten Legionen hier keine ausgebauten Römerstraßen unter den Füßen, sondern Wege, wie sie in Germanien die Regel waren: Vier Soldaten konnten ungehindert nebeneinandergehen[2], wobei sich diese Breite der Kolonne nach der schmalsten Stelle zu richten hatte, damit bei solchen Verengungen nicht die gesamte Formation ins Stocken geriet.

Die Berge, ohne Ebenen, waren nämlich von Schluchten durchzogen, außerdem standen Baumriesen dicht nebeneinander, sodass die Römer bereits vor dem feindlichen Überfall mit dem Fällen der Bäume, der Anlage von Wegen und der Überbrückung von Geländeabschnitten, wo solches nötig war, Mühe genug hatten.
Cassius Dio über den beschwerlichen Weg der Legionen[3]

Auch reguläre germanische Wege waren nicht frei von Hindernissen, führten durch Schluchten und Engpässe – für die Römer war es zu diesem Zeitpunkt noch ein weitgehend »normaler« Marsch durch Germanien. Was sie jedoch nicht ahnten: Die Germanen – allen voran jene Auxiliareinheiten, welche sich zuvor von dem römischen Heer abgesetzt hatten – attackierten jetzt systematisch die verstreuten kleineren römischen Posten und Etappenbasen in der Region. Vermutlich liefen die dort ebenfalls stationierten Hilfstruppen rasch zu den Angreifern über, wodurch den römischen Soldaten in diesen Stützpunkten eine wirksame Verteidigung noch schwerer fiel.[4] Einerseits wurde den Legionen durch diese Überfälle die Möglichkeit zu etwaiger Unterstützung und notwendigem Nachschub genommen, andererseits wuchs durch das Überlaufen weiterer germanischer Hilfstruppen die Zahl der Aufständischen rapide an.

Das Kontingent germanischer Krieger muss ihren Anführern nun groß genug erschienen sein, um den Angriff auf die Legionen zu wagen. Varus, der sich noch immer in relativer Sicherheit, nämlich im Gebiet der loyalen Cherusker, wusste, wurde jäh eines Besseren belehrt: Seine germanischen Hilfstruppen tauchten jetzt unerwartet als Feinde wieder auf. Die Schlacht begann.

Die böse Überraschung erlebte als Erster allerdings keineswegs der römische Oberbefehlshaber. Die Germanen – die ja ihr militärisches Handwerk zum Teil bei der römischen Armee gelernt hatten – waren taktisch versiert genug, um nicht gleich ins Zentrum der römischen Streitmacht vorzustoßen, wo sie mit heftigstem Widerstand zu rechnen hatten. Für einen wirkungsvollen Erstschlag bot sich eine Attacke auf die Nachhut an. Dort wie an anderen Stellen des Trosses waren die Legionäre zugleich durch die Einschränkung ihres Blickfelds benachteiligt: Sie alle hatten ihre großen und schweren Schilde geschultert – und so nahmen die Schilde der Vorderleute den nachfolgenden Soldaten fast die

Sicht; sie hatten mehr die wuchtigen Schilde vor Augen als den eigentlichen Weg. Weil dieser aber eng und voller Unebenheiten war, mussten die Legionäre beim Gehen nicht nur die Augen aufhalten, sondern vielmehr die Ohren spitzen: Die Vorderleute meldeten durch Zuruf entsprechende Warnhinweise von vorne nach hinten.[5]

Wie lang sind 15 Sekunden? – Als Leser werden Sie für diesen kleinen Einschub etwa 10 bis 15 Sekunden Zeit brauchen. Eigentlich wollten Sie doch an dieser Stelle des Buches wissen, wie die römischen Legionäre auf den völlig überraschenden Angriff der Germanen reagiert haben. Keine Sorge – das erfahren Sie gleich. Doch jetzt, da Sie diesen Absatz gelesen haben, wissen Sie auf jeden Fall, wie lang 10 bis 15 Sekunden sind.

15 Sekunden können unglaublich lang sein – etwa dann, wenn man als römischer Legionär völlig unerwartet von germanischen Kriegern angegriffen wird. Bis zu 15 Sekunden brauchte nämlich ein Legionär, um sich einigermaßen kampfbereit zu machen: Zunächst musste er die Hände freibekommen. In der einen Hand hielt er die Stange mit dem Marschgepäck, das er über der Schulter trug. Die konnte er einfach fallen lassen oder wegwerfen, ohne die neben und hinter ihm gehenden Kameraden zu behindern. In der anderen Hand trug er das Pilum, das er rasch in den Boden rammen konnte, wenn dessen Beschaffenheit dies zuließ. Dann erst – wenn der Legionär beide Hände frei hatte – konnte er den Gurt lösen, mit dem der Schild für den Marsch an der Schulter befestigt war, diesen mit der linken Hand zur Verteidigung vor den Körper ziehen, mit der anderen Hand wieder nach dem Pilum greifen – und er war kampfbereit. All das dauert 10 bis 15 Sekunden.[6] Und in dieser Zeit war der Legionär nahezu wehrlos.[7]

Galt der erste Angriff der Germanen tatsächlich der römischen

Nachhut, so dürfte dieser bei kompromissloser Durchführung aus ihrer Sicht schon einen ersten wichtigen Erfolg gezeitigt haben: Die Soldaten der Nachhut mussten stehen bleiben, um sich kampfbereit zu machen, sich zu verteidigen oder gar zum Gegenangriff übergehen zu können. Auf jeden Fall ging so der Zusammenhalt mit der restlichen Marschkolonne verloren, im Zug entstanden Lücken.

Der erste Angriff erfolgte völlig überraschend, und viele Legionäre konnten sich vermutlich nicht angemessen verteidigen. Und doch war es keineswegs so, dass eine überraschte römische Armee nicht in der Lage gewesen wäre, sich zur Wehr zu setzen. Julius Cäsar hatte es einst in Gallien erlebt, als seine Soldaten angegriffen wurden, während sie mit Schanzarbeiten für ihr Lager beschäftigt waren. Mit »unglaublicher Geschwindigkeit«, so schrieb er in seinem »Gallischen Krieg«, seien die Angreifer damals herangestürmt. In diesem Moment noch die eigentlich üblichen Signale zu setzen, also die Schlachtflagge zu hissen und entsprechende Hornsignale blasen zu lassen, war nicht mehr möglich. Aber die kampferprobte und disziplinierte Armee, so notierte der Feldherr rückblickend zufrieden, konnte auch mit einer solchen Situation fertig werden.

Die Zeit war so knapp bemessen und der Feind so auf Kampf eingestellt, dass die Soldaten nicht mehr dazu kamen, die Helme aufzusetzen oder die Hüllen von den Schilden zu ziehen, geschweige denn die Kampfabzeichen anzulegen. Jeder stellte sich da auf, wohin er gerade von der Schanzarbeit kam und wo er das nächstbeste Feldzeichen erblickte, sodass niemand Zeit damit verlor, nach seiner Einheit zu suchen.
Julius Cäsar über die Nervierschlacht im Jahr 57 v. Chr.[8]

Doch in diesem Fall sah die Situation für die Römer ein wenig schlechter aus. Da sie in einem ungünstigen Gelände angegriffen wurden – möglicherweise auf einem schmalen Weg inmitten eines Waldes –, konnten sie sich nicht zu einer größeren Verteidigungsformation sammeln. Dann nämlich hätten sie noch die Chance gehabt, mehrere Werfer herbeizuholen und wahre Speersalven auf den Gegner abzufeuern, die in aller Regel bei diesem erhebliche Verluste verursachten. Doch statt selber mit ihrem Pilum den Feind wirksam zu treffen, wurden die Legionäre mit Speeren beworfen. Und die Germanen gingen unverzüglich zum Nahkampf über.[9]

Zuerst schossen sie nur aus der Ferne, dann aber, als niemand sich wehrte und viele verwundet wurden, rückten sie näher an die Gegner heran.
Cassius Dio über die ersten Angriffe der Germanen[10]

Wenn Legionäre angegriffen wurden und keine Chance zum Aufbau einer regulären Verteidigungsphalanx hatten, war das für sie eine ungewöhnliche Kampfsituation. In aller Regel kämpfte der Legionär Schulter an Schulter mit seinen Nebenleuten und konnte sich darauf verlassen, dass er von diesen geschützt wurde. Der freie Einzelkampf jedoch – vergleichbar dem Kampf zwischen Gladiatoren –, zu dem er sich nun durch die Aufsplitterung der Marschordnung und die Enge des Weges gezwungen sah, war für den römischen Legionär eher der Ausnahmefall. Einen solchen intensiven Nahkampf über längere Zeit – also mehr als wenige Minuten – ohne Pause durchzuhalten dürfte selbst für die durchtrainierten Römer bei vollständig getragener schwerer Ausrüstung kaum möglich gewesen sein.[11]

Man kann davon ausgehen, dass die Römer in dieser Phase bereits zahlreiche Verluste erlitten: Da die Marschkolonne zunehmend an Ordnung verlor, waren die Legionäre an den verschiedenen Stellen den angreifenden Germanen oft auch zahlenmäßig unterlegen. Während viele Soldaten getötet oder verwundet wurden, dürften sie wiederum den Angreifern, die sich nach überfallartigen Attacken oft genauso rasch wieder zurückzogen, keine nennenswerten Verluste zugefügt haben. Viele von den leicht bewaffneten Hilfstruppen germanischer Herkunft, die zu diesem Zeitpunkt noch ihren Dienst an der Seite der römischen Soldaten versehen hatten, entschieden sich genau in diesem Moment zur Flucht und desertierten bereits nach den ersten Attacken.[12]

Diese »Guerillaattacken«[13] setzten die Germanen fort. An ausgesuchten Stellen attackierten sie die Römer immer wieder – nur um sich dann erneut in Sicherheit zu bringen. Auch wenn ihnen vielleicht nur wenige größere Durchgangsstraßen zur Verfügung standen, so konnten sie in den folgenden Stunden und Tagen die vielen Wirtschafts- und anderen Wege für Rückzug und Sammlung nutzen.[14]

Die Meldung vom ersten Angriff verbreitete sich schnell innerhalb der römischen Truppen. Dabei war die Übermittlung einer solchen Information angesichts der Lage gar nicht so einfach. Im Allgemeinen zeichneten sich die Legionen durch ein ausgeklügeltes Informations- und Nachrichtensystem aus. Dafür standen in erster Linie Meldereiter zur Verfügung, Lichtzeichen und Flaggensignale waren ebenso geläufig wie akustische Signale.[15]

Doch alle diese Meldeverfahren hatten im Moment dieses Angriffs ihre Schwächen: Lichtzeichen und Flaggensignale konnten nur unter günstigen Wetter- und Geländeverhältnissen sinnvoll genutzt werden – doch davon konnte keine Rede sein: Wenn die lang auseinandergezogene Kolonne gerade hügelige Waldgebiete durchquerte, war die notwendige Sicht für ein solches Signalverfahren kaum gegeben. Sollten die angegriffenen Einheiten sich gerade in einem beengten Wegabschnitt befunden haben, vermochten auch Meldereiter wenig auszurichten – zwischen Soldaten und vor allem den Fuhrwerken dürfte ein zügiges Durchkommen kaum möglich gewesen sein; vielleicht bot sich den einen oder anderen die Chance, sich parallel zur eigentlichen Kolonne nach vorne durchzuschlagen, wobei hier die besondere Gefahr bestand, von Germanen aus dem Hinterhalt angegriffen zu werden. Am ehesten konnten in dieser Situation des Angriffs akustische Signale, etwa mit Hörnern, die Nachricht in der Legion verbreiten, doch sie waren von der Natur der Sache her nur im taktischen Rahmen zu gebrauchen und beschränkten sich daher auf die Weitergabe von einfachen Grundinformationen.[16] Doch die Nachricht, die hier weitergegeben werden musste, ließ sich auf einen Kern reduzieren: Die Germanen greifen an! Und Varus? Was tat er, als er die ersten Nachrichten vom Geschehen erhielt?

Ward, seit die Welt in Kreisen rollt,
Solch ein Verrat erlebt?
Varus im Schauspiel »Die Hermannsschlacht« von
Heinrich von Kleist 1808[17]

Sollte Varus bereits vernommen haben, dass verbündete germanische Hilfstruppen unter Führung von Arminius an den Attacken beteiligt waren, so dürfte er sicherlich den Verrat verflucht haben, dem er zum Opfer fiel. Doch er hatte nicht lange Zeit, mit seinem Schicksal zu hadern. Vielmehr musste er als Oberbefehlshaber taktisch auf die Situation reagieren. Ein Stopp und eine Umkehr der riesigen Kolonne waren nicht möglich; das wäre zeitlich und organisatorisch ein immenses Unterfangen gewesen. Zudem war völlig unklar, ob die Römer dann nicht erst recht den nur darauf lauernden Germanen in die Arme laufen würden. Vielleicht wäre es möglich gewesen, den in Bedrängnis geratenen

Einheiten Verstärkung zu schicken, aber dies hätte nur dort geschehen können, wo die Wegverhältnisse es erlaubten.

Die Römer marschierten ja in keiner festen Ordnung, sondern im Durcheinander mit Wagen und Unbewaffneten; sie konnten sich auch nirgendwo leicht zu einer Gruppe zusammenschließen, und da sie überall den jeweiligen Angreifern zahlenmäßig unterlegen waren, hatten sie selbst schwer zu leiden, ohne etwas dagegen ausrichten zu können.
Cassius Dio über den Beginn der Kämpfe[18]

Varus selbst konnte vielleicht nicht direkt eingreifen – aber bei der Struktur der römischen Armee war dies auch nicht unbedingt nötig. Die Legionäre wussten jeder für sich gut genug, was sie zu tun hatten, und die einzelnen Subalternen innerhalb der Befehlskette waren es durchaus gewöhnt, im Sinne ihres Oberkommandierenden selbstständig zu handeln. Da die römische Armee in Verbände und Einheiten gegliedert war, blieben auch kleinere Gruppen von Legionären im Ernstfall taktisch und militärisch handlungsfähig.[19] Aber auch sie konnten nicht verhindern, dass ihre Armee durch die unablässigen Attacken immer mehr dezimiert wurde.[20]

Sollte es das Ziel der Germanen gewesen sein, die Marschordnung der Römer endgültig aufzubrechen und den Heereszug in kleinere Teile zu zersplittern, so gelang den Aufständischen dies am ersten Tag nicht. Denn als der Abend kam, waren noch immer drei römische Legionen beieinander, und Varus konnte alle Truppenteile vereinen. Die Römer waren in der Lage, für die Nacht ein vollständiges, korrekt ausgemessenes Lager zu beziehen – noch Jahre später konnte man dies an seinen Überresten erkennen. Die römischen Legionäre hatten sich also an diesem Tag verteidigt, und zumindest angesichts der Tatsache, dass die Legionen am Abend ein gemeinsames Lager aufschlugen, lässt sich feststellen, dass sie sich trotz Verlusten noch vergleichsweise erfolgreich ihrer Haut erwehrt hatten.

Aus heutiger Sicht erscheint es verwunderlich, dass die Römer nach einem solchen Tag mit zahlreichen Gefechten noch die Kraft aufbrachten, ein Lager zu bauen. Aber sicherlich waren die Legionäre am Ende des Tages heilfroh, die kommende Nacht im Schutz ihrer gewohnten Umgebung verbringen zu können.

Das Lager ist für den Sieger eine gute Heimstatt, für den Geschlagenen eine Zuflucht. Dieser kriegerische Wohnsitz ist ein zweites Vaterland, der Wall ersetzt die Stadtmauern, und für den Soldaten ist das Zelt sein Haus und Herd.
Der Geschichtsschreiber Livius über die Lager der römischen Armee[21]

Im Lager suchten und fanden viele Legionäre Erholung oder erschöpften Schlaf. Einige von ihnen mussten ihre Wunden versorgen lassen. Die meisten Verwundungen dürften wohl eher harmloser Natur gewesen sein. Wer mit Helm, Panzer und Schild ausgerüstet war, konnte sich der germanischen Waffen erwehren, denn die besaßen eine eher geringe Durchschlagskraft. Für wirklich bösartige Verletzungen sorgten Attacken mit schweren Hiebwaffen oder scharf geschliffenen Stichwaffen mit breiter Klinge.[22]

Das Lazarettwesen der Römer war für damalige Zeiten vorbildlich. Selbstverständlich war dieser Berufsarmee vordergründig daran gelegen, ihre verwundeten und kranken Soldaten wieder dienstfähig zu machen. Und so gehörten zu den großen Standlagern Lazarette, die es an Komfort und hygienischen Bedingungen selbst mit neuzeitlichen Einrichtungen aufnehmen könnten. Die römischen Militärärzte verfügten über Kenntnisse und chirurgische Instrumente, die es ihnen erlaubten, Fleisch- und Kno-

1 Die Römer zwischen Gallien und Germanien zur Zeit der Varusschlacht: Die germanischen Stämme lebten über das Land verteilt, die einzelnen Feldzüge führten die Legionen des Imperiums über die Weser und bis an die Elbe.

2 Auf dem Marsch durch Germanien: Auf schmalen Wegen war das Fortkommen für die Legionen mühselig, Laiendarsteller stellten im Jahr 2007 die Situation nach.

3 Die Germanen lebten von der Viehwirtschaft und vom Pflanzenbau – und so stießen die römischen Legionen bei ihren Märschen immer auf solche Ansiedlungen, wie sie in diesem Modell nachgebildet wurden.

4 Die Germanen galten den Römern als »Barbaren« – dieses Relief präsentiert sie dementsprechend als bärtige, schlecht ausgestattete und ausgerüstete Wilde.

5 Ein Germane in römischen Diensten: Die Trajanssäule in Rom zeigt einen germanischen Auxiliar gemeinsam mit einem Schleuderer im römischen Kampf gegen die Daker.

6 Von Quinctilius Varus gibt es keine anderen Porträts als die auf Münzen, in diesem Falle aus dem Jahr 8/7 v. Chr.

7 Andere Münzen erzählen Geschichten: Diese zeigt, wie ein »Barbar« in germanischer Kleidung Kaiser Augustus als Zeichen der Unterwerfung ein Kind als Geisel übergibt.

8 Eine nachgestellte Szene, die einen römischen Legionär mit seinem Marschgepäck im Jahr 9 n. Chr. zeigt: das Pilum und eine Tragestange geschultert, auf dem Rücken den riesigen Schild – insgesamt hatte er an Waffen und Ausrüstung bis zu 30 Kilogramm zu schleppen.

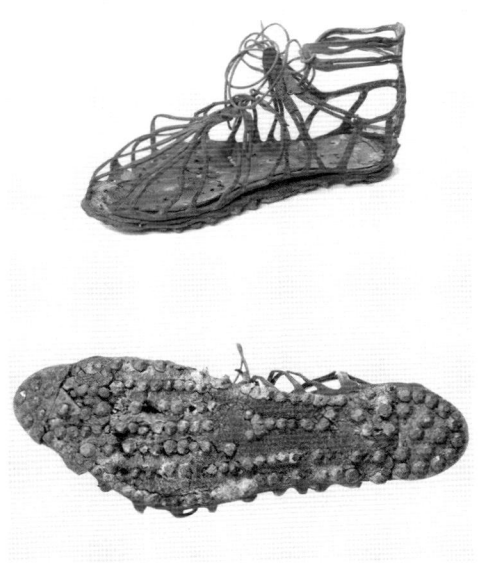

9 Damit waren die Legionen gut zu Fuß: Die Sandale der Soldaten hatte eine dicke Ledersohle, die jeweils mit 80 bis 90 Eisennägeln besetzt war. Die Lebensdauer dieser Nägel reichte immerhin für eine Strecke von 500 bis 1000 Kilometer.

10 Bei den Soldaten waren die Caligae beliebt, weil sie gleichermaßen praktisch wie bequem waren.

11 Der Speer der Legionäre, das »Pilum«, war bei einem Kampf die erste Waffe des Angriffs wie der Verteidigung – bis zu 20 Meter weit konnte ein geübter Werfer sie schleudern.

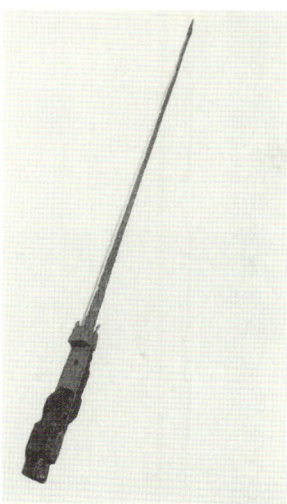

12 Dabei entwickelten die schweren Speere eine gewaltige Durchschlagskraft – kein Körperschutz war ihnen gewachsen.

13 Diese Gesichtsmaske eines römischen Reiterhelms entdeckten Archäologen 1990 bei ihren Grabungen in Kalkriese.

14 Ursprünglich hatte diese Maske noch eine Silberschicht – eine Rekonstruktion lässt die Wirkung von Maske und Helm erkennen.

15 Mit ihren großen Schilden konnten sich die Legionäre wirksam verteidigen. Die Trajanssäule in Rom zeigt eine solche Situation im Kampf gegen die Daker.

16 Solche Schleuderbleie waren tückische Waffen: Der Feind konnte sie weder hören noch sehen, und bis zu einer Entfernung von 300 Meter konnten sie einen Gegner verletzen.

17 Der Grabstein des Zenturios Marcus Caelius ist eine Besonderheit: Auf ihm findet sich die Inschrift, wonach dieser im »Varianischen Krieg« (bello Variano) gefallen ist – vermutlich ist damit die Schlacht im Jahr 9 n. Chr. gemeint.

18 Schwerstarbeit: Selbst nach einem anstrengenden Marschtag hoben die Legionäre ein ordnungsgemäßes Lager für die Nacht aus. Dazu wurden Gräben ausgehoben ...

19 ... und auf den aufgeworfenen Wällen die Schanzpfähle verankert, ...

20 ... die abschließend miteinander verbunden wurden.

21 So könnten die römischen Legionäre 9 n. Chr. ausgesehen und miteinander trainiert haben; die Aufnahme entstand bei einem historischen Spektakel 1999 in Kalkriese.

22 Ebenfalls in Kalkriese entstand diese Nachbildung des Kampfes, den die Germanen von einem geschützten Wall herunter mit den Römern führten. Damit man sich nicht zu sehr in der Antike wähnt, beachte man den Fotografen im Hintergrund …

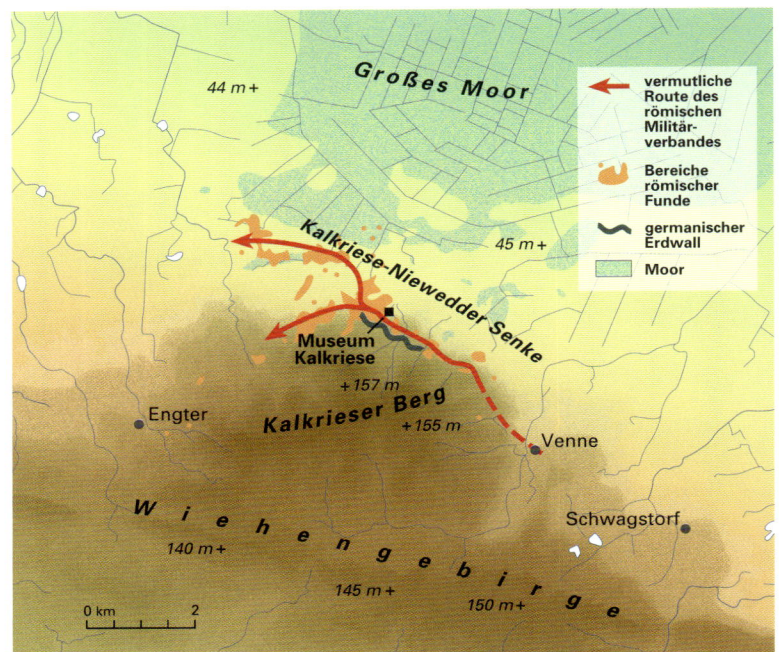

23/24 Die vermutlichen Wege der römischen Einheiten am Fundort von Kalkriese. Die Luftaufnahme zeigt ein Teil des Schlachtfelds mit dem Museumsgebäude.

25 Wer bei dem Kampf gegen die Germanen nur leicht verletzt wurde, konnte auf die rasche Hilfe eines Sanitäters hoffen. Auch eine solche Situation zeigt die Trajanssäule in Rom.

26 Der Legionsadler war eine besonders begehrte Beute: Dieses römische Relief zeigt einen »Barbaren« (links), der begierig auf das Feldzeichen schaut.

chenwunden erfolgreich zu behandeln. Auch im Bewegungskrieg sollte die Versorgung von Kranken und Verletzten garantiert werden. So dürften auch spezielle Lazarettzelte für deren Versorgung errichtet worden sein.

Aber was hilft schon das beste Lazarettwesen der damaligen Welt, wenn die Verwundeten nicht das abendliche Lager erreichten? Das galt auch für diesen ersten Tag der Varusschlacht: Die Verwundeten blieben liegen, wo sie zusammengebrochen waren; sie konnten zumindest während der Kämpfe nicht behandelt werden, obwohl die römische Armee in ihren Reihen bereits Sanitäter (»capsarii«) hatte, die während des Gefechts die Erstversorgung verwundeter Soldaten übernahmen, sonst aber mit normaler Bewaffnung selbst an den Kämpfen teilnahmen.[23]

Wer als verletzter, eventuell sogar kampfunfähiger römischer Legionär nicht von einem solchen Sanitäter versorgt oder von Kameraden in einer Kampfpause in Sicherheit gebracht werden konnte, dessen Leben machte zumeist der Feind ein Ende. Mitleid mit verletzten Gegnern war bei diesen Gefechten eher die Ausnahme als die Regel. Archäologische Funde sollten Jahrhunderte später zeigen, dass auch mehr oder minder Wehrlose bei antiken Schlachten gezielt erschlagen wurden.[24] Diese Vorgehensweise war bei den römischen Soldaten damals übrigens ebenso üblich wie bei den »Barbaren« in Germanien.

Wenn man später vom Untergang ganzer Legionen sprechen sollte, so hatte das angesichts dieses Verhaltens auf dem Schlachtfeld durchaus seine Berechtigung. Der Anteil der Verwundeten war also gering. Wenn die Legionen unter den Angriffen der Germanen an diesem Tag weiterzogen, dann ließen sie keineswegs viele Verletzte zurück, sondern im Wesentlichen Tote. Es war wohl auch keine Zeit, sie ehrenvoll beizusetzen, etwas, worauf die Römer aufgrund ihrer religiösen Vorstellungen normalerweise Wert legten. Auch die Sieger bestatteten die toten Feinde nicht.

Sie ließen sie in der Regel einfach liegen, selbstverständlich nicht, ohne die Leichen vorher um alles Brauchbare zu fleddern. Auch wenn die einzelnen Attacken auf die Römer fortgesetzt wurden – selbst bei knapp bemessener Zeit machte der Sieger seine Beute.

Als Varus am Abend im Lager seine hohen Offiziere um sich versammelte, konnte er durchaus die berechtigte Hoffnung hegen, dass das Schlimmste für seine Legionen bereits überstanden war. Von dieser Einschätzung hing selbstverständlich die taktische Planung für den kommenden Tag ab – umzukehren und das eben erst unter Verlusten passierte schwierige Gelände erneut zu durchqueren erschien ihm da als schlechteste Option. Die Römer konnten in diesem Fall davon ausgehen, sich dann erneut den Attacken der Germanen auszusetzen. Für einen Weitermarsch ohne Richtungsänderung am nächsten Morgen sprach hingegen, dass mit einer Sperrung des Weges nicht zu rechnen war. Die Wahrnehmung letzterer Möglichkeit schien daher nur konsequent zu sein.[25]

Hierauf verbrannten sie die meisten Wagen und was ihnen sonst nicht dringend nötig schien, oder ließen sie zurück. Andertags ging der Marsch in etwas besserer Ordnung weiter.
Cassius Dio über die Römer zu Beginn des zweiten Kampftages[26]

Da die Legionen einen umfangreichen Tross mit sich führten, erwies sich dieser bei der lang gestreckten Formation angesichts der germanischen Attacken nun als denkbar hinderlich. Deshalb war es für die Römer naheliegend, sich vor Marschbeginn des zweiten Tages von diesem Ballast zu trennen – Varus ließ ihn deshalb zum größten Teil verbrennen. Die Legionen sollten beweglicher werden. Gerade die von Ochsen gezogenen Karren, auf denen die besonders schweren Lasten transportiert wurden, waren jetzt für das Fortkommen hinderlich: Die Tiere waren einerseits ausgesprochen langsam – vermutlich höchstens drei Stundenkilometer auf freier Strecke –, andererseits auch nur eine begrenzte Zeit belastbar (kaum mehr als fünf Stunden am Tag). Und auch die Fuhrwerke, die von Maultieren oder Pferden gezogen wurden, dürften aussortiert worden sein, denn bei ungünstigen Wegverhältnissen wurden sie im Falle weiterer Angriffe schnell zu einem Hindernis.[27]

Auch andere nicht unbedingt lebenswichtige Gegenstände, die eine schnelle und unter Gefechtsbedingungen erforderliche Beweglichkeit beeinträchtigten, ließen die Römer in ihrem Marschlager zurück. Dabei achteten die Soldaten sicher genau darauf, dass diese Ausrüstungsgegenstände gründlich zerstört wurden: Sie mussten damit rechnen, dass ihr Lager nach ihrem morgendlichen Abzug von den Germanen erkundet werden würde – und alles, was sich noch verwenden ließ, war für diese eine willkommene Beute.

Sollten die Römer gehofft haben, dass die Germanen am folgenden Tag den jetzt anders organisierten Zug der Legionen seltener angreifen würden, so sahen sie sich bald getäuscht. Sie waren zwar jetzt etwas besser geordnet, doch immer wieder mussten sie Wälder durchqueren, in denen die Germanen die Kolonne attackierten. Im Verlauf der nächsten Stunden wurden den Römern entscheidende Schläge zugefügt – es war der Tag der Entscheidung: Die Legionen sollten die Schlacht verlieren.

Von dort aus gerieten sie aber wieder in Wälder, und hier mussten sie sich gegen die Angreifer wehren, wobei sie aber gerade die schwersten Verluste erlitten. Denn auf engem Raum zusammengepresst, damit Schulter an Schulter Reiter und Fußvolk den Feinden entgegenstürmen könnten, stießen sie vielfach aufeinander oder gegen die Bäume.
Cassius Dio über die weiteren Angriffe der Germanen[28]

Bei späteren Beschreibungen des Schlachtgeschehens ist die Behauptung aufgestellt worden, die Römer und mit ihnen Varus an der Spitze hätten schon bei den ersten Angriffen in den Tiefen der germanischen Wälder die Orientierung verloren. Dass der römische Oberbefehlshaber Hilfe suchend zwischen den Bäumen umhergeirrt sei und sogar ein altes Hexenweiblein nach dem Weg fragen musste, wie es Jahrhunderte später der Dichter Heinrich von Kleist seinem Publikum weismachen wollte, zählt sicherlich zu den schönsten Versionen dieser Vorstellung.

Varus:
Wo bin ich? Sag mir an, das wirst du wissen;
In welcher Gegend hier befind ich mich?
Die Alraune:
Zwei Schritt vom Grab, Quinctilius Varus,
Hart zwischen Nichts und Nichts! Gehab dich wohl!
Heinrich von Kleist in »Die Hermannsschlacht«[29]

Auch ohne die abgefallenen germanischen Hilfstruppen wussten Varus und seine höheren Offiziere sehr wohl, in welcher Gegend sie unterwegs waren: vermutlich einige Kilometer nordöstlich der (selbstverständlich noch nicht existierenden) Stadt Osnabrück, am nördlichen Rand des Wiehengebirges. Nahe dem heutigen Örtchen Kalkriese entdeckten Archäologen in den vergangenen Jahren Relikte einer Schlacht. Hier hatten zweifelsfrei Römer und Germanen gegeneinander gekämpft, wobei die Römer eine vernichtende Niederlage erlitten. Aber kämpfte hier wirklich Varus gegen Arminius? In den schriftlichen Quellen fehlen hierzu verlässliche Aussagen. Lediglich Tacitus hinterließ der Nachwelt einen knappen Hinweis. In seinen »Annalen« schildert er, wie der römische Oberbefehlshaber Germanicus neun Jahre nach der Schlacht erneut Legionäre zum Ort der Schlacht führt, der »nicht weit entfernt von dem Teutoburger Wald« – »haud procul Teutoburgiensis saltus« – gelegen haben soll.

Dann führte er sein Heer weiter bis zu der äußersten Grenze der Brukterer, und das ganze Gebiet zwischen den Flüssen Amisia und Lupia, nicht weit entfernt von dem Teutoburger Wald, in dem, wie es hieß, die Überreste des Varus und seiner Legionen unbegraben lagen, wurde verwüstet.

Tacitus über die Örtlichkeit der Varusschlacht[30]

Wichtige Hinweise liefern die archäologischen Funde in Kalkriese, weil sich die Schlacht, die sich hier ereignet hat, anhand zahlreicher Münzen durchaus datieren lässt: Sämtliche der über 1500 Geldstücke, die bislang in und um Kalkriese freigelegt werden konnten, wurden zwischen den Jahren 2 v. Chr. und 1 n. Chr. geprägt, einige von ihnen wurden mit einem nachträglichen Stempel versehen und ab dem Jahr 7 n. Chr. verteilt. Es fehlen Münzen mit einer Prägung aus dem Jahr 10 n. Chr. Demnach sind alle Münzen in der Zeit zwischen 7 und 10 n. Chr. während einer Schlacht in Kalkriese über das Gelände verstreut worden. Und für diese Zeit ist nur eine große kriegerische Auseinandersetzung bekannt – eben die Varusschlacht.[31]

Auch wenn es viele Einwände gibt, gehen Fachleute deshalb immer häufiger davon aus, dass in Kalkriese tatsächlich Überreste der mehrtägigen »Schlacht im Teutoburger Wald« entdeckt wurden. Und solange in den nächsten Jahren keine völlig überraschende Grabung an einem anderen Ort ähnlich umfangreiche Überreste zutage fördert, ist es plausibel, dass bei Kalkriese tatsächlich ein Teil der Varusschlacht stattgefunden hat.[32] Offen ist bislang, aus welcher Phase der mehrtägigen Schlacht dort Relikte gefunden wurden. Vermutlich hatten die römischen Legionen schon vorher schwere Verluste erlitten; auch dürfte hier die

Schlacht zu Ende gegangen sein.[33] Und zweifellos erlauben die in Kalkriese gemachten Funde hilfreiche Rückschlüsse auf Taktik und Verlauf einer Schlacht, wie sie vor 2000 Jahren getobt hat – wodurch sich das Schicksal der Legionen im Jahr 9 n. Chr. besser rekonstruieren lässt.

Für Varus und seine Soldaten war am Ende dieses zweiten Tages nicht mehr daran zu denken, ein geordnetes Lager für die Legionen zu errichten; dieses Nachquartier wurde vielmehr hastig und überstürzt angelegt, was Reste der nur noch unvollständig ausgeführten Lageraufbauten dokumentieren.[34] Die Verluste des Tages waren einfach zu groß, zudem fehlte es den Legionären inzwischen an den anfänglich mitgeführten Baugerätschaften. Als neun Jahre später römische Legionäre hierherkamen, konnten sie noch erkennen, dass ihre Kameraden lediglich ein provisorisches Quartier geschaffen hatten.

Dann erkannte man an dem halb eingestürzten Wall und dem niedrigen Graben, dass die schon zusammengeschmolzenen Reste sich dort gelagert hatten.
Tacitus über den Besuch der Kampfstätte neun Jahre nach der Schlacht[35]

Varus und seine Offiziere waren sich in dieser zweiten Nacht nur zu genau im Klaren darüber, dass ihre einzige Chance in einem schnellen Weitermarsch lag. Dabei konnten sie allerdings ihre Legionäre nicht über Gebühr beanspruchen: Diese mussten noch in der Lage sein, sich gegen die germanischen Angriffe zur Wehr zu setzen. Eine nächtliche Ruhephase für die Soldaten war dringend notwendig. Wohin es anschließend gehen sollte, wussten Varus und sein Stab genau: Wenn die Annahme zutrifft, dass Varus am Nordrand des Wiehengebirges unterwegs war, so zog er mit seinen Legionen durch die sogenannte Kalkrieser-Niewedder Senke und benutzte damit einen Weg, der damals eine der zentralen West-Ost-Verbindungen in Norddeutschland darstellte.[36] Die Flucht ging gen Westen, in Richtung Ems.

Dieser Weg entlang des Wiehengebirges war sicherlich keine Aufmarschstraße für Tausende von Soldaten, die zügig vorankommen wollten. Es gab immer wieder Hindernisse, die die Legionäre beseitigen mussten, immer wieder Einschränkungen der Beweglichkeit. Wir müssen uns vor Augen halten, dass auch eine solche wichtige Verbindung durch Schluchten und andere Engpässe verlief. Für römische Truppen war diese Route nur dann ungefährlich, wenn keine akute militärische Bedrohung vorlag.

Den Weg selber bildet ein bald engerer, bald breiterer Streifen festen Diluvialbodens, ganz geeignet für eine Völkerstraße, in früherer Zeit auch als solche benutzt. Insonderheit bei dem Gute Barenau, zwischen Venne und Engter, wo der Kalkrieser Berg in einem Dreieck nach Norden vorspringt, verengt sich der Weg zwischen diesem und dem Moore so, dass ein förmlicher Engpass entsteht.... Es ist ein Beweis für Arminius' militärisches Geschick, dass er die römische Armee eben in dieses gefährliche Defilee zu bringen gewusst hat, dessen Gleichen selbst in diesem schwierigen Terrain kaum gefunden werden wird.
Theodor Mommsen über »Die Örtlichkeit der Varusschlacht«[37]

Der militärische Erfolg der Germanen wäre an dieser Stelle nicht so durchschlagend gewesen, hätten sie nicht die Eigenschaften des Geländes nicht nur genutzt, sondern auch noch für ihre Zwecke verschärft: In Kalkriese konnten die Archäologen anhand von Resten den germanischen Hinterhalt rekonstruieren. An einer ihnen günstig erscheinenden Engstelle zwischen dem Berg und dem nördlich davon gelegenen Moor errichteten die Germanen am Unterhang des Kalkrieser Berges eine sogenannte Rasensodenmauer. Diese war am Fuß zwischen vier und fünf Meter breit, etwa anderthalb Meter hoch und zumindest stellenweise mit hölzernen Brustwehren versehen.[38]

Dieser Wall war an einigen Stellen unterbrochen, und die einzelnen Abschnitte waren vermutlich zwischen 150 und 250 Meter lang. Die Germanen wussten, dass es in ihrer Heimat zu dieser Jahreszeit ergiebig regnen konnte – was aufgrund des nahen Moores und des vorhandenen Untergrunds die Stabilität solcher Wälle gefährden konnte. Deshalb legten sie Drainagegräben und -gruben an, um das vom Berg ablaufende Regenwasser aufzufangen, ehe es den Wall hätte unterspülen können.[39]

Parallel zur Marschrichtung der Römer – vermutlich auf einer Länge von bis zu zwei Kilometern – hatten die Germanen auf diese Weise ein taktisch höchst wirksames Bauwerk errichtet.[40] Die an mehreren Stellen geschaffenen Durchlässe ermöglichten nicht nur eine eventuell erforderliche Ableitung des Regenwassers, sondern dienten bei einem Kampf auch als ideale Lücken für Ausfälle sowie als Schlupflöcher für Rückzüge hinter den Wall. Dergestalt vorbereitet, brauchten die hier positionierten Kämpfer nur auf die über das offene Gelände herannahenden Römer zu warten: Zwischen Kalkrieser Berg und dem Moor – und entlang des sorgfältig errichteten Angriffswalls der Germanen – erstreckten sich offene, früher einmal besiedelte Flächen. Für die Angreifer waren sie gut einzusehen, für die römischen Legionen dagegen schwierig zu durchqueren: Senken und feuchte Mulden erschwerten ein zügiges und geordnetes Fortkommen.[41]

Die Angriffsplanungen der Germanen gingen an dieser Stelle auf: Wie in einem Defilee – also einem eigentlich festlichen Vorbeimarsch – zogen die römischen Soldaten zwangsläufig nacheinander an den Stellungen der Germanen vorbei. Und immer dann, wenn es diesen aussichtsreich erschien, wieder über eine offensichtlich schwächere Gruppe des Heereszugs herzufallen, taten sie es auch.

Die Germanen versuchten nicht nur, die römischen Legionen durch die wiederholten Attacken aufzureiben, sondern sie auch zu einer feuchten Bruchwaldniederung abzudrängen[42], also in Richtung eines Moores. Durch die Ausgrabungen von Kalkriese wird ersichtlich, dass es den Germanen auf diese Weise schließlich gelang, das Heer der Römer zu spalten. Am Fuß des Kalkrieser Berges setzte sich ein Teil der Armee auf einer nördlicheren Trasse ab, die dicht am Moor entlangführte. Der andere Teil versuchte, den eingeschlagenen Weg am Berg beizubehalten, um trotz der dort zu erwartenden Attacken schneller aus diesem Trichter zu entkommen. Letztlich sollte keine der Varianten den Römern die Chance zur Flucht ermöglichen – sie wurden sowohl am Rand des Moores als auch direkt am Berg in heftige Kämpfe verwickelt.[43]

Den dritten Kampftag überstanden die Legionen nur unter großen Verlusten. Bis heute wurden keine Hinweise darauf entdeckt, dass die Römer an diesem Abend noch ein Lager errichteten. Vielmehr versuchten sie wohl, sich in der Nacht mit einem Durchbruch in Sicherheit zu bringen. Doch längst waren sie viel zu geschwächt, um dem Feind zu entkommen. Und während die Römer fortwährend dezimiert wurden, bekamen die Angreifer laufend Verstärkung.

Die Feinde hingegen, größtenteils nur leicht gerüstet und imstande, ungefährdet anzugreifen und sich zurückzuziehen, hatten weniger unter den Unbilden zu leiden. Außerdem hatte sich ihre Zahl stark vermehrt, da viele von den anderen, welche zunächst nur abgewartet hatten, sich ihnen jetzt – vor allem in Hoffnung auf Beute – anschlossen.
Cassius Dio über die zunehmende Stärke der Germanen[44]

Ob es nun in diesen Tagen wirklich so heftig geregnet hat oder nicht – in späteren Erzählungen bilden Regen, Sturm und der morastige Untergrund die Rahmenbedingungen für die römische Katastrophe. Wir können die Beschreibungen heute wohl am besten als Metaphern des Untergangs lesen und verstehen – tatsächlich herrschte im wahrsten Sinn des Wortes Untergangsstimmung.

Als der vierte Tag graute, befanden sie sich immer noch auf dem Marsche, und erneut überfielen sie heftiger Regen und starker Wind, die sie weder weitergehen noch festen Stand finden, ja nicht einmal mehr die Waffen gebrauchen ließen.
Cassius Dio über den letzten Tag der Varuslegionen[45]

Den letzten Akt der Varusschlacht können wir uns gar nicht schrecklich genug ausmalen, wenn wir versuchen, uns die Szenerie auf dem Schlachtfeld vorzustellen. Wenn in besonders schaurigen Darstellungen vergangener Kriege davon die Rede ist, dass Tote und Verwundete das Feld förmlich bedeckten – in diesem Fall muss es so gewesen sein. Stellenweise lagen die Leichen zuhauf, der Boden war schmierig von Blut und Eingeweiden. Die Ballung von Opfern erklärt sich aus der Beschaffenheit des Ortes: Die Kämpfe – Mann gegen Mann – wurden auf engem Raum ausgetragen. Auf dem Schlachtfeld herrschte eine Gewalt, wie sie bei antiken Auseinandersetzungen eben üblich war.

Eingeschlossen in Wälder und Sümpfe, in einen feindlichen Hinterhalt, wurden sie Mann für Mann abgeschlachtet.
Velleius Paterculus über das Sterben der Legionäre[46]

Gewalt – Die Anwendung von physischem oder psychischem Zwang gegenüber anderen Menschen gibt es sowohl im zwischenmenschlichen Bereich als auch in institutionalisierten Zusammenhängen. Was als Gewalttätigkeit gegenüber anderen toleriert oder sogar erwünscht wird, wurde im jeweiligen historischen Zusammenhang immer wieder neu bewertet. Das »Dezimieren« als Disziplinarmaßnahme in der römischen Armee ist uns heute so fremd wie die Tötung verletzter und kampfunfähiger Gegner auf dem Schlachtfeld – vor 2000 Jahren galt ein solches Verhalten als durchaus »normal«.

Schließlich umzingelten die Germanen die Römer und vernichteten sie. Das Ende der Schlacht signalisiert der Selbstmord des römischen Oberbefehlshabers: Publius Quinctilius Varus, vermutlich zu diesem Zeitpunkt schon verwundet, stürzte sich ins Schwert. Wenngleich die Nachwelt an diesem Schritt gern die Schwäche und Feigheit des römischen Heerführers festmachen wollte, so war dessen Suizid – wie vermutlich der vieler seiner Offiziere – keineswegs abwegig: Sie erwartete schließlich alles andere als eine ehrenvolle Gefangenschaft, sondern im Gegenteil die Hinrichtung. Außerdem wurde der Selbstmord militärischer Führer angesichts einer drohenden Niederlage in der römischen Welt als eine gesellschaftlich akzeptierte und ehrenvolle Entscheidung erachtet.

Varus und die übrigen hohen Offiziere erfasste darüber Angst, sie möchten entweder lebendig in Gefangenschaft geraten oder von ihren grimmigsten Feinden getötet werden – sie waren ja schon alle verwundet –, und das ließ sie eine zwar schreckliche, aber notwendige Tat wagen: Sie begingen Selbstmord.
Cassius Dio über den Selbstmord von Varus[47]

Trotz der anhaltenden Kämpfe versuchten einige Soldaten noch, ihren Oberbefehlshaber zu bestatten, was ihnen aber nicht mehr gelang. Die Nachricht von Varus' Tod verbreitete sich schnell. Die Wirkung war verheerend, der letzte römische Widerstandswille und wohl auch der Überlebenswille der Legionäre brachen zusammen. Die Moral der Soldaten war desolat, das arg reduzierte Heer wird als verängstigt und sogar disziplinlos beschrieben. Doch zumindest die Fälle von innerer Auflösung sind erst nach dem Tod des Varus dokumentiert.

Als sich die Kunde davon verbreitete, leistete vom Rest der Leute, selbst wenn er noch bei Kräften war, auch nicht einer mehr Widerstand, vielmehr ahmten die einen das Beispiel ihres Feldherrn nach, während die anderen selbst ihre Waffen wegwarfen und sich vom Nächstbesten, der da wollte, niedermachen ließen.
Cassius Dio über das Ende der Schlacht[48]

Vielleicht erschien Flucht dem einen oder anderen noch als Möglichkeit. Die Aussichten standen dafür denkbar schlecht – die Germanen waren deutlich überlegen; so blieb nur der Weg durch das angrenzende Moor, der allerdings auch den sicheren Tod bedeuten konnte. Für die römische Armee war eine solche Flucht selbstverständlich ein Akt der Desertion.

Numonius Vala aber, ein Legat des Varus, sonst ein ruhiger und bewährter Mann, gab ein abschreckendes Beispiel: Er beraubte die Fußsoldaten ihres Schutzes durch die Reiterei, machte sich mit den Schwadronen auf die Flucht und suchte den Rhein zu erreichen. Jedoch das Schicksal rächte die Schandtat: Er überlebte seine Kameraden nicht, von denen er desertiert war, sondern fand als Deserteur den Tod.
Velleius Paterculus über einen letzten Fluchtversuch[49]

Und doch waren Fluchtversuche auch erfolgreich – paradoxerweise aufgrund des Verhaltens der Germanen: Ihre Gier nach Beute angesichts des schon fast geschlagenen Feindes war so groß, dass sie das zielgerichtete Kämpfen und das entschlossene Nachsetzen vernachlässigten. Auch die Römer kannten das Prinzip Beute nach einer gewonnenen Schlacht – doch zumindest nach Dafürhalten ihrer Führung erschien das Plündern eines Schlachtfelds während der laufenden Kämpfe in erster Linie als Disziplinlosigkeit. Schließlich konnte dadurch das eigene Kampfverhalten geschwächt werden. Jahre später sollte anderen römischen Legionären dieses Verhalten das Leben retten: Weil germanische Krieger (und zwar erneut unter der Führung von Arminius) sich schon im Gefühl des sicheren Sieges wähnten und lieber plünderten, als zu kämpfen, konnten die Römer noch offenes Gelände erreichen und sich wirksam gegen die Angreifer verteidigen.[50]

Und alle hätten den Tod gefunden oder wären in Gefangenschaft geraten, wenn sich nicht die Barbaren mit der Plünderung der Beute aufgehalten hätten.
Cassius Dio über die plündernden Germanen bei einer späteren Schlacht[51]

Allerdings ist das Bild vom plündernden Germanen, der bei günstiger Situation sofort in Disziplinlosigkeit verfällt, auch ein Zerrbild römischer Autoren sowie der Betrachtung durch die Nachwelt. Dass Soldaten angesichts eines bevorstehenden Sieges ihre »Disziplin« verlieren und zu Plünderern werden, ist keine Besonderheit der Germanen oder anderer antiker Krieger. Bis in unsere Zeit hinein sind solche Phänomene zu beobachten, die den Armeeführungen Sorge bereiten: Die Disziplin löst sich auf, die Autorität der Offiziere wird unterhöhlt, aus einer »Kameradschaft der Kampfgenossen« wird nun oft genug eine »Beutegemeinschaft« der »Plünderer und Leichenfledderer«.[52]

In dem Maße, wie unter den Besiegten die Ordnung zerfällt, treibt der Triumph die Sieger an. Ihre Schlachtordnung löst sich in einzelne Meuten auf, die im Bewusstsein des sicheren Erfolgs die Verfolgung aufnehmen. Sie sind ganz auf Tod und Beute aus.
Der Soziologe Wolfgang Sofsky über das Verhalten im Krieg[53]

Die Germanen rafften in dieser Situation zusammen, was ihnen von Wert erschien. Und das war im Prinzip alles, was die Römer mit sich führten oder am Körper trugen: Dazu zählten selbstverständlich die Waffen, sie konnten schließlich bei weiteren Kämpfen (entweder gegen die Römer oder andere germanische Stämme) eingesetzt werden. Auch die anderen Bestandteile der Ausrüstung waren von Bedeutung; jede Form von Metallen, alle Münzen und Gebrauchsgegenstände des Alltags. Und da auch Kleidung ein begehrtes Gut war, wurden die toten Römer bis auf die Haut ausgezogen.[54]

Von den Plünderungen profitierten nicht nur einzelne germanische Kämpfer. Auch ihrem Anführer eröffneten sich neue Möglichkeiten: Arminius muss nach der Varusschlacht ein finanzkräftiger Feldherr mit einer gut gefüllten Kriegskasse gewesen sein. Jahre später bot er bei einem seiner Feldzüge potenziellen römischen Überläufern einen Sold an, mit dem ein Legionär binnen weniger Tage mehr verdient hätte als nach einem Jahr in der römischen Armee.[55] Der Sieg über die römischen Legionen war für die germanische Seite also zuallererst kein politisches Großereignis, sondern eine sehr lukrative Gelegenheit.

Eine besonders wertvolle Beute stellten für die Germanen die Adler der drei besiegten römischen Legionen dar. Der Verlust dieser Feldzeichen war für die römische Armee insofern äußerst schmerzhaft, als sie, abgesehen vom materiellen Wert (die Adler waren zunächst aus Silber oder versilberter Bronze, später aus Gold), als das bedeutendste religiöse Objekt des Heeres und der

Traditionspflege der jeweiligen Einheit galten. Eine Schlacht zu verlieren war schon schlimm genug – aber dann auch noch den Adler der Legion einzubüßen bedeutete schlimmste Schande. Die militärische Niederlage wurde durch diesen Verlust symbolisch-religiös zum Ausdruck gebracht. Die Germanen konnten hoffen, die Adler später gegen hohes Lösegeld einzutauschen.

Legionsadler – Der Adler (»aquila«) war das Feldzeichen einer Legion. Er wurde nur mitgeführt, wenn die ganze Legion aus ihrem Lager ausrückte. Im Kampf war er zunächst von taktischem Nutzen und wurde stets in der vordersten Linie getragen. Weil der Adler zugleich den Schutzgeist einer ganzen Legion verkörperte, wurde er als Heiligtum verehrt. So salbte man den Adler und brachte ihm Trankopfer.

Ein antikes Schlachtfeld wie das der Varusschlacht wurde systematisch geplündert. Dieser Umstand macht den Archäologen 2000 Jahre später die Arbeit so schwer: Weil ein antikes Schlachtfeld sich den Ärchäologen in der Regel als weitgehend »aufgeräumtes« Feld präsentiert, sind sie auf glückliche Fundumstände angewiesen, etwa wenn ein Teil der Überreste von einem einstürzenden Wall verschüttet und deshalb beim Plündern übersehen wurde, wie es in Kalkriese der Fall war.

Die Gefangenen, vor allem die Offiziere und die Advokaten, wurden ans Kreuz geschlagen oder lebendig begraben oder bluteten unter dem Opfermesser der germanischen Priester. Die abgeschnittenen Köpfe wurden als Siegeszeichen an die Bäume der heiligen Haine genagelt.
Theodor Mommsen in seiner »Römischen Geschichte«[56]

Aber was geschah eigentlich mit den römischen Legionären, die in Gefangenschaft gerieten? Die auch in der Wissenschaft lange aufrechterhaltene Ansicht, dass die Gefangenen von den siegreichen Germanen ausnahmslos niedergemacht wurden, dürfte nicht zutreffend sein. Wahrscheinlicher ist es, dass die einfachen Soldaten und die niederen Ränge fortan als Sklaven dienen mussten. Es gibt Hinweise darauf, dass einige der Gefangenen später von ihren Angehörigen freigekauft wurden, aber danach italienischen Boden nicht mehr betreten durften. Dies ist ein Indiz dafür, dass das Überleben einer solchen Schlacht in der römischen Gesellschaft nicht als individuelles Glück für den Betroffenen aufgefasst wurde, sondern vielmehr als Schande, im schlimmsten Fall sogar als Beleg für persönliche Feigheit.[57]

Wie viele Menschen bei der Varusschlacht starben, lässt sich nur schätzen. Realistischerweise kann man davon ausgehen, dass aufseiten der römischen Armee zwischen 15 000 und 20 000 Menschen getötet wurden.[58] Auf germanischer Seite dürfte die Zahl der Toten deutlich geringer ausgefallen sein. Während die Germanen ihre Toten bestatteten, wurden die getöteten Legionäre zumeist auf dem Schlachtfeld liegen gelassen. Für die geplünderten Leichen der Verlierer interessierten sich die Sieger nicht.

Doch es gab eine Ausnahme: Die Leiche des römischen Oberbefehlshabers Varus war in jedem Zustand für die Germanen von Interesse. Sein Haupt war eine Trophäe. So kam es am Ende der Varusschlacht zu einer makabren »Wiederbegegnung« der Anführer beider Lager: des lebenden Arminius und des toten Varus. Dessen Leichnam hatten die Römer zuvor noch zu verbrennen und beizusetzen versucht, was ihnen aber nicht mehr gelungen war. Germanische Krieger trennten seinen Kopf ab und brachten ihn ihrem Anführer Arminius.

Den halb verkohlten Leichnam des Varus rissen die Feinde in ihrer Rohheit in Stücke. Sie trennten sein Haupt ab und sandten es zu Marbod.
Velleius Paterculus über den Umgang mit dem toten Varus[59]

Wenn man so will, war Arminius der Erste, der die katastrophale Niederlage des römischen Heeres für seine politisch strategischen Zwecke zu nutzen gedachte: Das Haupt des toten Statthalters ließ er dem Markomannenkönig Marbod schicken, der mit seinem Volk im Gebiet des heutigen Böhmen siedelte. Die makabre Trophäe sollte dem König, der sich bis dahin dem Kampf gegen die Römer nicht angeschlossen hatte, auf drastische Weise signalisieren, dass Rom nicht unbesiegbar war. »Kämpfe fortan an unserer Seite!«, besagte die Botschaft; ein großer Sieg war errungen, weitere könnten und würden folgen. Keine Frage: Arminius war der Mann der Stunde. Den Widersachern und Zauderern in den eigenen Reihen hatte er eindrucksvoll demonstriert, wie römische Legionen zu schlagen waren. Und Rom hatte er auf schmerzhafte Art und Weise gezeigt, dass rechts des Rheins auch weiterhin keine reibungslos verlaufende römische Herrschaft möglich war. Dass Rom reagieren würde, musste dem Cherusker klar sein. Er hatte eine Schlacht geschlagen und gewonnen. Jetzt musste er sich auf einen Krieg gefasst machen.

Nach Sieg und Niederlage

Quinctili Vare, legiones redde! –
Quinctilius Varus, gib mir die Legionen zurück!
Der römische Schriftsteller Sueton über die Reaktion von Augustus auf die Nachricht vom Ausgang der Varusschlacht[1]

Ein Kaiser bekommt nicht immer gute Nachrichten. Auch Augustus blieb während seiner langen Regierungszeit davon nicht verschont. Doch diese Meldung, die ein bis zwei Wochen nach der Schlacht im fernen Germanien in Rom eintraf[2], war eine Katastrophe. Dass aufständische germanische Stämme drei Legionen und damit knapp ein Neuntel der römischen Streitmacht vernichtet hatten, verursachte in der Hauptstadt des Imperiums einen Schock. In die Literatur ist Augustus' verzweifelt-entsetzter Ausruf eingegangen, der unglückliche Varus solle ihm doch die verlorenen Legionen zurückgeben. Wenn das Zitat vielleicht auch nicht wortwörtlich stimmen mag, es wäre angesichts der bedrohlichen Situation gut und treffend erfunden: Die Verzweiflung war echt; die Niederlage riss eine empfindliche Lücke in das Netz der militärischen Herrschaft in Mitteleuropa, und es bestand die Gefahr, dass die gesamte römische Nordfront zusammenbrechen könnte.

Damals aber, als Augustus von dem Unglück des Varus unterrichtet wurde, zerriss er, wie einige behaupten, seine Kleider und fühlte tiefe Trauer, nicht nur wegen der gefallenen Soldaten, sondern auch aus Furcht für die germanischen und gallischen Provinzen, besonders aber deshalb, weil er mit einem feindlichen Angriff auf Italien und Rom selbst rechnete.
Cassius Dio über die Befürchtungen des römischen Kaisers[3]

Augustus musste reagieren, auch weil er politisch unter Druck stand: In den vergangenen Jahren hatte er viel Energie und Geld in die Truppen investiert, gerade in jene, die den langwierigen Aufstand in Pannonien niederschlugen, sowie in jene, welche am Rhein stationiert waren und in Germanien operierten. Wegen dieser immensen finanziellen Anstrengungen war es in Rom zu derart gravierenden Engpässen bei der Getreideversorgung gekommen, dass zwischen 5 und 9 n. Chr. Hungerrevolten aufflammten.[4] Und nach der Niederlage von Varus brauchte der Kaiser nun auch noch Ersatz für die geschlagenen Legionen, weshalb viele Veteranen und Freigelassene in die Armee eingezogen wurden – der Herrscher rückte in diesem Moment also vom Prinzip des Berufssoldatentums ab. Wer im wehrfähigen Alter war, sich aber der Einberufung entziehen wollte, wurde einem gefährlichen Losverfahren unterworfen: Von den unter Fünfunddreißigjährigen nahm Augustus jedem Fünften der Ausgelosten sein Vermögen, von den Älteren jedem Zehnten. Zudem verloren sie die bürgerlichen Ehrenrechte. Wenn das auch nichts half, ließ er sogar einige hinrichten.[5]

Die Lage für das Römische Reich schien ernst. Nachvollziehbar war die Sorge des Kaisers, dass germanische Stämme die römische Grenze am Rhein attackieren und sich mit den Galliern im Westen gegen Rom verbünden könnten. Zudem kamen zu der Revolte gegen die Römer 9 n. Chr. noch andere beunruhigende Ereignisse hinzu. Im Gefolge der Varusschlacht eroberten die Germanen nämlich bis auf eines auch sämtliche römischen Kastelle in dieser Region.[6]

Zugleich musste Rom sich vor einem noch breiteren germanischen Bündnis fürchten. Der denkbar schlimmste Fall wäre der Zusammenschluss der unter Arminius siegreichen Stämme mit dem mächtigen Markomannenkönig Marbod gewesen. Doch sei es aus kluger innenpolitischer Berechnung oder gezielter Strategie gegenüber Rom – Marbod ging auf das entsprechende Angebot zum Kampfbündnis nicht ein. Arminius hatte ihm zwar gleich nach der Schlacht den Kopf von Varus überbringen lassen, doch der König wollte weder den Krieg gegen die Römer noch das Haupt ihres Statthalters in Germanien: Marbod ließ den Kopf nach Rom schicken.

Der Kaiser musste angesichts Varus' Niederlage vor allem militärisch reagieren. Zunächst war er gezwungen, einen neuen Statthalter zu benennen, der die Situation stabilisieren und weitere Gefahren abwenden sollte. Augustus setzte auf einen bewährten Mann: Im Jahr 10 n. Chr. übernahm Tiberius abermals den Oberbefehl über die Truppen am Rhein. Er hatte seit dem Jahr 16 v. Chr. bereits dreimal Feldzüge gegen die Germanen angeführt. Und als Stief-, Schwieger- und Adoptivsohn des Augustus besaß er das Vertrauen des Kaisers. In dieser Situation konnte der Kaiser keinen besseren Sachwalter römischer Interessen in dieser Region finden.

Grundsätzlich blieb Rom bei seiner bisherigen Politik: In erster Linie sollte die Rheingrenze zum Schutz Galliens gehalten werden – und aus diesem strategischen Grund waren wiederholte Vorstöße ins rechtsrheinische Germanien erforderlich, um die germanischen Stämme davon abzuhalten, in Gallien einzufallen.[7] Angesichts der aktuellen Unruhen musste den rebellischen Stämmen wieder das römische Machtgefüge aufgezwungen werden. Hierzu dienten die Feldzüge von Tiberius in den Jahren 11 und 12 n. Chr., bei denen er mindestens eine größere erfolgreiche Schlacht schlug und es ihm tatsächlich gelang, Schritt für Schritt die römische Herrschaft wiederherzustellen.

So überschritt er seinerseits mit dem Heer den Rhein und trug den Krieg ins Land des Feindes, während sein Vater und sein Vaterland sich mit der Abwehr begnügt hätten. Er drang ins Landesinnere ein, legte die Grenzwege offen, verwüstete die Äcker, brannte die Häuser nieder, schlug alle, die sich ihm entgegenstellten, und kehrte, mit Ruhm bedeckt und ohne jeglichen Verlust bei seinen Truppen, die er über den Rhein geführt hatte, ins Winterlager zurück.
Velleius Paterculus über Tiberius' Kampf gegen die Germanen[8]

Tiberius demonstrierte militärische Stärke: Seine Soldaten attackierten die aufständischen Stämme, verwüsteten Felder und brannten Häuser nieder. Der römische Oberbefehlshaber reagierte nicht auf germanische Angriffe, sondern er ergriff selbst die Initiative – allein bei der Suche nach Arminius blieb er erfolglos: Der Cherusker stellte sich Tiberius nicht zum Kampf. Gleichwohl wertete Rom seine Vergeltungsmaßnahmen als Erfolg. Die

Strategie der militärischen Einschüchterung schien in Germanien vorerst wieder für Ruhe gesorgt zu haben. Tiberius kehrte als gefeierter Held in die Hauptstadt zurück – hier feierte man nicht nur seine Leistungen in Germanien, sondern man holte erst einmal den Triumphzug nach, mit dem er bereits nach dem erfolgreich niedergeschlagenen Aufstand in Pannonien einige Jahre zuvor geehrt werden sollte. Und als Augustus im folgenden Jahr starb, folgte ihm Tiberius als Kaiser auf den Thron.

Tiberius' Posten am Rhein übernahm der junge Germanicus, ein Sohn des berühmten Drusus, der schon viele Jahre zuvor in dieser Region gegen die Germanen gekämpft hatte. Von seinem Vater hatte der Sohn, der eigentlich Nero Claudius Drusus hieß, auch den Ehrennamen »Germanicus« erhalten.[9] Im Jahr 14 n. Chr. brach Germanicus erstmals nach Germanien auf, wobei dieser Feldzug auch als Reaktion auf eine Meuterei in den rheinischen Truppen gesehen werden muss – die Aussicht auf Krieg und Beute half ihm, die Unruhe unter den Soldaten einzudämmen. Für ihre Unternehmung in Germanien hatten Germanicus und seine Soldaten aus der Varuskatastrophe taktische Lehren gezogen. So ließ der Oberbefehlshaber unterwegs Lager anlegen und sorgsam die besten Marschwege erkunden, zudem zogen leicht bewaffnete Kohorten den Legionen vorweg. Als seine Soldaten einmal während des Marsches angegriffen wurden, waren sie taktisch darauf vorbereitet und konnten den Überfall abwehren.[10]

Germanicus verwüstete das Land – und die antiken Autoren lassen keinen Zweifel an der Brutalität seines Vorgehens. Das war in gewisser Hinsicht eine direkte Folge der Varusniederlage. Eine grausame Kriegführung war den Römern auch vorher nicht fremd gewesen, aber die gezielte Ermordung Wehrloser (vor allem Zivilisten) gehörte nicht zur Praxis bisheriger Feldzüge. Dies lag vor allem daran, dass die Römer in den Jahren zuvor gegen einen Gegner von außen kämpften. Ihn wollten sie besiegen, aber keineswegs vernichten – nicht zuletzt auch deshalb, weil sie ihn langfristig sogar als Bündnispartner zu gewinnen planten. Das sah vom Standpunkt der Römer nach der Varusniederlage völlig anders aus: Sie hatten es bei den am Aufstand beteiligten Stämmen mit Abtrünnigen zu tun. Viele germanische Krieger hatten zuvor an der Seite der römischen Armee gekämpft, ehe sie mit dem Angriff auf die Varuslegionen ihren Treueid gebrochen hatten. So gesehen zogen die Römer unter Germanicus aus ihrer Sicht gegen Fahnenflüchtige und Verräter in den Krieg, die wie entlaufene Sklaven mit aller Härte bestraft werden konnten.[11]

Wer als Angehöriger eines feindlichen Stammes erkannt wurde, lief Gefahr, ohne Rücksicht auf Alter oder tatsächliche Bewaffnung getötet zu werden. Alte, Frauen und Kinder vom Stamm der Marser wurden etwa beim Zug des Germanicus im Herbst 14 n. Chr. erbarmungslos niedergemacht. Römische Kundschafter hatten gemeldet, dass die Germanen ein Fest feierten – und so warteten die Legionäre bis in die frühen Morgenstunden, um dann über die Ahnungslosen herzufallen.

> *Nicht Geschlecht, nicht Alter fand Mitleid. Privathäuser und Heiligtümer, auch der bei jenen Völkerschaften berühmte heilige Bezirk, den sie »Tamfana« nennen, wurde dem Erdboden gleichgemacht. Bei der Truppe gab es keine Verluste, da sie Halbschlafende und Waffenlose oder einzeln Umherstehende erschlagen hatten.*
> Tacitus über den Überfall auf den Stamm der Marser[12]

Germanicus setzte seine auch als römische »Rache- und Wiedereroberungsfeldzüge«[13] oder als »Kolonialkrieg« bezeichneten Operationen fort. Dabei erreichte er im Jahr 16 n. Chr. auch den Ort der Varusschlacht und sorgte für die Beisetzung der unbestatteten Leichen. In seine Zeit als Oberbefehlshaber fällt auch die Wiedererlangung von zwei der drei an die Germanen verlorenen Legionsadler, die aufgrund ihres hohen symbolischen Wertes für die Römer von besonderer Bedeutung waren. Der erste Adler konnte im Jahr 15 n. Chr. bei Kämpfen gegen die Brukterer zurückerobert werden, ein Jahr später wurde der zweite auf dem Gebiet der Marser entdeckt.[14]

In einem nahen Hain sei der Adler einer varianischen Legion vergraben und werde nur schwach bewacht. Sofort wurde eine Abteilung abgeschickt, den Feind von vorne zu einem Kampf herauszulocken, während andere ihn im Rücken umgehen und den Adler ausgraben sollten. Beiden Abteilungen stand das Glück zur Seite.
Tacitus über die Wiedererlangung eines der Legionsadler[15]

Was den dritten Legionsadler anbelangt, so geben die Quellen über seinen Verbleib nur ungenaue Auskunft. Sicher ist, dass auch er bei der Schlacht von den Germanen erbeutet wurde – und vermutlich dauerte es wohl mehr als dreißig Jahre, ehe er wieder in römischen Besitz gelangte. Ein solcher Vorgang war mehr als die bloße Rückgewinnung eines verlorenen Prunkstücks, sie war angesichts der Bedeutung der Adler »gleichbedeutend mit einem Sieg«.[16]

Germanicus wurde in Rom für seine militärischen Erfolge in Germanien gefeiert. Die Abberufung im Jahr 16 n. Chr. bedeutete eine Zäsur der bisherigen Germanienpolitik. Kaiser Tiberius wusste nur zu gut, dass Germanicus nicht nur Erfolge verzeichnen konnte: Seine Feldzüge hatten dem römischen Imperium immense Kosten verursacht, und viele tausend Legionäre waren dabei gefallen. Zu den verlustreichen Waffengängen zählten etwa jene Schlacht 15 n. Chr. an den »pontes longi«, bei der sich vier erheblich dezimierte römische Legionen mit knapper Müh und Not noch an den Rhein retten konnten, sowie im folgenden Jahr die Kämpfe bei Idistaviso und am Angrivarierwall. Im Grunde genommen war die Lage rechts des Rheins immer noch unverändert: Auch wenn der eigentliche Aufstand germanischer Stämme niedergeschlagen war, so konnte von einer römischen Herrschaft und Kontrolle über dieses Gebiet auch nach all den Anstrengungen dieser Jahre keine Rede sein.

Kaiser Tiberius beendete die Feldzüge gegen die Germanen – vermutlich wurden sie ihm schlicht zu teuer. Germanien lohnte aus seiner Sicht den hohen Einsatz an Menschen und wirtschaftlichen Ressourcen nicht – der Wert dieses Landes war für das römische Imperium nicht groß genug, als dass man mit aller Gewalt das Vorhaben einer flächendeckenden Besatzung hätte verwirklichen sollen. Zudem verfolgte Tiberius keineswegs das Ziel einer Expansion bis an die Elbe, wie viele Historiker vermutet haben. Vielmehr stand auch für ihn die Sicherung der Rheingrenze weiterhin im Vordergrund seiner Politik. Und zumindest die folgenden Jahre geben ihm recht: Es wurde stiller an der Rheingrenze.

Diese Ruhe hatte auch damit zu tun, dass Arminius, der cheruskische Anführer in der Varusschlacht, für die Römer bald keine Gefahr mehr darstellte. Zwar hatte er weiter gegen die Römer gekämpft, obwohl er selbst mit seinen Kriegern nicht bis an die Rheingrenze vorgestoßen war. Doch nach dem erfolgreichen Kampfbündnis gegen die Römer hatte Arminius mehr und mehr den Auf- und Ausbau einer machtpolitischen Vorherrschaft angestrebt.[17] Man kann davon ausgehen, dass sein eigentliches Ziel die Alleinherrschaft über ein großes Reich germanischer Stämme war.

Dieses Vorhaben scheiterte letztlich nicht an den Römern. Vielmehr waren es innergermanische Konflikte, die Arminius' ehrgeizige Pläne zunichte machten: Auch weiterhin gab es etwa bei den Cheruskern keinen Konsens, wie man sich in Zukunft gegenüber den Römern verhalten sollte (so ließ sich beispielsweise sein Schwiegervater Segestes von einer Kooperationsbereitschaft nicht abbringen) – und ob man überhaupt von Arminius angeführt werden wollte. Der Konflikt eskalierte im Familienkreis: Zwischen 19 und 21 n. Chr. wurde Arminius von Verwandten ermordet.

Indessen stieß Arminius bei dem Abzug der Römer und nach der Vertreibung von Maroboduus in seinem Streben nach dem Thron auf den Widerstand seiner freiheitsliebenden Landsleute. Es kam zu einer bewaffneten Auseinandersetzung, bei der er mit wechselndem Glück kämpfte und durch die Hinterlist seiner Verwandten fiel.
Tacitus über die Ermordung des Arminius[18]

Als er starb, war Arminius keineswegs der »Befreier Germaniens«, als den ihn Tacitus später darstellte. Er war ein militärisch und politisch begabter junger Mann, der sein Wissen während seiner Zeit in Diensten Roms beachtlich erweitert hatte – die Römer sahen in ihm einen abgefallenen Verbündeten und Verräter. In der Varusschlacht traten er und viele seiner Mitstreiter als römisch geschulte und beeinflusste Germanen gegen die Römer an.[19] Aber es waren nicht »die Germanen«, die da kämpften, sondern einzelne Stämme. Arminius führte kein freiheitsliebendes »Volk« an, sondern eine Koalition aus höchst unterschiedlich motivierten Akteuren. Mit »elementarem Volkszorn« oder gar einer »unwiderstehlichen Massenerhebung gegen Fremdherrschaft« hatte die Schlacht wenig zu tun.[20] Das sind Vorstellungen, denen erst die – deutsche – Nachwelt anhing. Und Arminius war – in einem modernen Sinn – sicherlich nicht der Freiheitsheld, zu dem er später erhoben wurde. Er war einer der führenden politischen Köpfe der Cherusker und strebte nach persönlicher Macht – nach innen wie nach außen.

Während sich die Nachwelt erst nach vielen Jahrhunderten ein

Bild von Arminius und seinen tatsächlichen oder vermeintlichen Verdiensten machte, wurde das Urteil über seinen Kontrahenten nach kurzer Zeit gesprochen: Varus galt in Rom als bedauernswertes Opfer der Germanen. Als sein Haupt dem römischen Kaiser als schauerliche Botschaft überbracht wurde, sorgte Augustus sogar noch für eine ehrenvolle Bestattung in der Familiengruft der Quinctilii. Man hat dies später auch als Zeichen dafür gewertet, dass Augustus und mit ihm die römische Oberschicht keineswegs Varus persönlich für die militärische Niederlage verantwortlich machten – wobei man nicht vergessen sollte, dass sich Augustus nicht ganz aus der politischen Verantwortung stehlen konnte, denn Varus war als Statthalter dem Kaiser als dem obersten Träger des Imperiums direkt unterstellt.[21]

Die römische Regierung dürfte in den Wochen nach der Niederlage sehr wohl über Einzelheiten der Katastrophe unterrichtet worden sein. Aber es ist auch vermutet worden, dass sie nicht übermäßig daran interessiert gewesen sein dürfte, das »Wie« dieser Niederlage allzu publik werden zu lassen.[22] Dass Varus, der Statthalter Roms am Rhein und bedeutender politischer und militärischer Experte, sich von Barbaren hatte überlisten lassen, war weder Ausweis für die Kunst römischer Kriegführung noch Beleg für eine politisch weitsichtige Einschätzung der Lage in Germanien. Offiziell wurde deshalb zwar die eine oder andere Unachtsamkeit der Legionen und mithin ihres Anführers eingeräumt, aber im Wesentlichen die Untreue der Germanen als Ursache für die Katastrophe beklagt.[23] Varus selbst erschien also als bedauernswertes Opfer barbarischen Verrats. Eine Ächtung seiner Person und damit auch der Familie der Quinctilii war zu diesem Zeitpunkt nicht möglich – sie war überdies viel zu eng mit den großen und einflussreichen Aristokratenfamilien Roms verbandelt. Und so blieb auch die Witwe des Varus eine »grande dame« der römischen Gesellschaft.

Erst mit einigen Jahren Verspätung setzte in Rom eine Umdeutung der Schuldfrage ein – eine Umdeutung, die bis heute deutliche Spuren in der Einschätzung der Person und der Verantwortung des Varus für die Katastrophe im »Teutoburger Wald« hinterlassen hat. Der Historiker Velleius Paterculus stellte um 30 n. Chr. das individuelle Versagen des Varus heraus und prangerte dessen persönliche und militärische Unfähigkeit an. Seine Laster und Charaktermängel seien für die Katastrophe verantwortlich – seine Soldaten hingegen seien völlig schuldlos an der Niederlage gewesen.

Der Führer hatte mehr Mut zum Sterben als zum Kämpfen.
Vellius Paterculus über Varus[24]

In Rom hatten sich die Machtverhältnisse verändert. 26 n. Chr. fielen Varus' Witwe und ein Jahr später ihr Sohn den sogenannten »Maiestas«-Prozessen, innerparteilichen Auseinandersetzungen unter dem nunmehr herrschenden Kaiser Tiberius, zum Opfer. Beide wurden aus fadenscheinigen Gründen verurteilt. Damit verschwand diese einst so einflussreiche Familie aus der römischen Geschichte. Nun war auch die Stunde der Abrechnung mit Varus gekommen: Velleius Paterculus war vermutlich der Erfinder jenes Urteils über Varus, das wir heute immer noch in vielen Büchern lesen. Dabei war seine Beschreibung des trägen und habgierigen Charakters vermutlich reine Gehässigkeit.[25]

Das nun entstandene Zerrbild vom unfähigen Statthalter sollte Bestand haben; auch in die deutsche Geschichtsschreibung hat es erfolgreich Einzug gehalten. Der große Althistoriker Theodor Mommsen hatte im 19. Jahrhundert erklärt, Varus sei eben ein Anführer ohne Erfahrung und – schlimmer noch – auch ohne militärische Begabung gewesen[26] weshalb also auch für die Niederlage nicht nur die Unerfahrenheit der jungen Soldaten, sondern

»vor allen Dingen die Kopf- und Mutlosigkeit des Feldherrn« verantwortlich zu machen sei.[27] Und ein heutiger Historiker urteilte unlängst noch: »Varus machte fast alles falsch, was falsch zu machen war!«[28]

Aus einer sachgerechteren Perspektive sollte man ein wenig nachsichtiger mit Varus umgehen. Er trug sicherlich als militärischer Führer die Verantwortung für die Niederlage, doch der Verursacher war er nicht. Vielmehr führte ein Bündel von Gründen zu dieser Katastrophe: Dazu zählte das militärische und politische Geschick des Arminius, verschiedene Gruppen von Aufständischen mit unterschiedlichen Motiven zu gemeinsamem Handeln zu vereinigen. Auch dass mit der Auxiliareinheit des Arminius im Kern der Revolte eine militärisch geschulte und gut organisierte Heereseinheit zur Verfügung stand, stärkte das germanische Vorgehen. Die Durchführung eines Hinterhalts – und damit zumindest eine gewisse Ahnungslosigkeit der Römer – trug ebenfalls zum Erfolg der germanischen Stämme bei, ebenso wie die Wege- und Geländebeschaffenheiten in diesem Teil Germaniens. Das viel zitierte schlechte Wetter mag noch erschwerend hinzugekommen sein.

Die germanischen Stämme gewannen diese Schlacht nicht zufällig. Vielmehr hatten sie einen gut durchdachten Plan in die Tat umgesetzt. Sie hatten ihre Möglichkeiten abgewogen und realistisch eingeschätzt – so wussten sie längst um ihre potenzielle Unterlegenheit bei einer offenen Feldschlacht – und auch das taktische Vorgehen und etwaige Reaktionen der römischen Heerführung mit einkalkuliert.

Die Niederlage des Jahres 9 n. Chr. löste keineswegs die militärische Sogwirkung aus, die manche Beobachter in Rom zunächst befürchtet hatten. Die germanischen Truppen unternahmen keinen gemeinsamen Angriff auf die Grenze am Rhein. Und auch wenn die direkte römische Herrschaft langfristig hinter die

Rheingrenze verlagert wurde, so kann von einer Wende in der römischen Germanienpolitik nur bedingt gesprochen werden: Der Schutz der Grenze zu Gallien war und blieb das oberste Ziel römischer Politik in dieser Region. Und paradoxerweise hatte gerade die Varusschlacht die Stabilität der römischen Grenze entlang des Rheins unter Beweis gestellt, zu deren Sicherung einst mit den Feldzügen in Germanien begonnen wurde.[29]

Langfristig brachte die Varusschlacht keine wirklichen Sieger oder Verlierer. Die Cherusker, bei denen sich Arminius dank seiner Handlungsweise große Verdienste erworben hatte, scheiterten mit dem Versuch, ihre Vormachtstellung innerhalb der germanischen Stämme auszubauen. Ein Grund dafür könnten auch die hohen Verluste an Menschen sein, die die römischen Feldzüge als Antwort auf die Varusschlacht gefordert hatten. Jedenfalls traten die Cherusker als Stamm in der Überlieferung bald nicht mehr in Erscheinung.

Durch diese ewigen inneren und äußeren Fehden ward das Cheruskervolk so geschwächt, dass es seitdem aus der aktiven Politik verschwindet.
Theodor Mommsen über das Schicksal der Cherusker[30]

Die Akteure des Jahres 9 n. Chr. waren abgetreten: Die Cherusker als Stamm existierten nicht mehr, die XVII., XVIII. und XIX. Legion der römischen Armee wurden nie wieder aufgestellt. Arminius war stammesinternen Streitigkeiten zum Opfer gefallen, und Varus galt in Rom nach einigen Jahren als Hauptschuldiger an dem Geschehen. Rom war nicht geneigt, der Varusschlacht einen besonderen Rang im Gedächtnis des Imperiums einzuräumen – und auf germanischer Seite fehlte es an einer Schriftkultur, mit der die Geschichte vom Sieg über die Römer hätte konserviert werden können. So war schon nach wenigen Generationen das Ereignis, das viel später einmal als einer der großen Wendepunkte der Weltgeschichte bezeichnet werden sollte, weitgehend vergessen. Niemand interessierte sich in den folgenden Jahrhunderten so recht für diese Schlacht, und das Wissen um dieses Ereignis verfiel in eine Art Dornröschenschlaf.

Erst anderthalb Jahrtausende später rüttelte ein deutscher Gelehrter an dieser vergessenen Vergangenheit. Der Zufall hatte ihm – ausgerechnet in Rom! – eine Geschichte in die Hände gespielt: die Geschichte von der Varusschlacht und ihres Helden Arminius. Er brachte diese Geschichte nach Deutschland, wo sie eine ungeahnte Begeisterung hervorrief, deren Folgen noch heute spürbar sind...

Teil II

… und was daraus wurde

Hermann wird erfunden

Den genauen Tag kennen wir nicht – ebenso wenig die Woche und den Monat. Es war im Jahr 1507. Einer oder auch mehrere Besucher klopfte beziehungsweise klopften an die Pforte des Benediktinerklosters Corvey an der Weser. Vielleicht gab er (oder gaben sie) sich als müder Quartiersuchender aus, vielleicht auch als Brüder im Herrn auf der Durchreise – auf jeden Fall gewährten die Mönche dem oder den Fremden Unterkunft. Doch diese Gastfreundschaft sollten ihnen die Besucher nicht danken. Denn nachdem sie sich verabschiedet hatten, klaffte in der Bibliothek des Klosters eine Lücke. 44 Pergamente waren verschwunden, und mit ihnen ein Text, den es auf der ganzen Welt kein zweites Mal gab: die ersten sechs Bücher der »Annalen« des römischen Geschichtsschreibers Tacitus.

Wenn man wirklich davon ausgeht, dass es sich in diesem Fall um einen dreisten Diebstahl handelte, so war er einer von vielen, die in diesen Jahren und Jahrzehnten in Europa begangen wurden. Häufige Tatorte waren die Bibliotheken der Klöster, Täter sogenannte Handschriftenjäger in Diensten italienischer Humanisten, die an der Wende zum 16. Jahrhundert systematisch die Klöster des Kontinents durchsuchten, um bis dahin unbekannte antike Schriften aufzustöbern. Wenn sie eine entdeckten, versuchten sie, das Dokument den Besitzern abzukaufen. Sollten diese allerdings daran kein Interesse haben und es bot sich eine günstige Gelegenheit, so langten die reisenden Herren wohl auch einfach mal hin, ohne sich um eine angemessene Entschädigung zu kümmern. Die Auftraggeber in Italien wussten sehr wohl, dass es bei der Beschaffung antiker Texte nicht immer mit rechten Dingen zuging; den Überbringern der Manuskripte sicherten sie deshalb gern und häufig Vertraulichkeit über die Herkunft der Dokumente zu.[1]

> *Wenn ich die Schrift von Cornelius Tacitus erhalte, werde ich sie gut verstecken – denn ich kenne ja das übliche Lied: »Woher stammt sie und wer brachte sie hierher? Wer erhebt den Anspruch, ihr rechtmäßiger Besitzer zu sein?« Aber mache dir keine Sorgen: Nicht ein Wort wird über meine Lippen kommen.*
> Der italienische Humanist Niccolo Niccoli 1427 an seinen Freund Poggio Bracciolini[2]

Das Interesse an antiken Texten war im 15. Jahrhundert so groß wie nie. Italien war dabei, sich seiner einstigen Größe zu besinnen: Antike Schriften kündeten für die Humanisten von einer glorreichen Vergangenheit. Jeder antike Text war nun begehrt – jeder Brief eines römischen Autors eine kleine Kostbarkeit, ganze Werke finanzielle und intellektuelle Schätze. Alle sollten der Wiederentdeckung und Pflege der lateinischen Sprache dienen und schienen Literatur und Wissenschaft in ungeahntem Maße zu fördern.

Die humanistische Bewegung in Italien wurde von den Höfen der Fürsten und von den Päpsten getragen – und so war auch an der Verbreitung des aus Corvey stammenden Textes der »Annalen« von Tacitus ein Kirchenfürst maßgeblich beteiligt: Als die Pergamente 1508 in Rom auftauchten, gelangten sie in die Hände von Giovanni de' Medici, der aus der reichen Florentiner Familie stammte und als gebildeter Humanist und Förderer der Künste galt. Die damals stolze Summe von 500 Golddukaten soll er für die Schrift bezahlt haben. Dieser Giovanni de' Medici wurde 1513 als Papst Leo X. Oberhaupt der Weltkirche – und ging übrigens in die Geschichte ein als verschwendungssüchtiger und selbstverliebter Herrscher.

Doch bei allem kirchenpolitischem Ungeschick Leos X. – für die Geschichte der antiken Texte ist wichtig, dass der Medici auch als Papst seinem Interesse für antike Autoren treu blieb und im Jahr 1515 für eine gedruckte Buchfassung der Tacitustexte sorgte. Dem vermutlich einige Jahre zuvor bestohlenen Kloster im fernen Corvey gegenüber schien das Kirchenoberhaupt allerdings ein schlechtes Gewissen zu haben: Gewissermaßen als Zeichen der Wiedergutmachung ließ er den Mönchen ein besonders prächtiges Druckexemplar zukommen und gewährte der Kirche des Klosters ewigen Ablass.[3]

Humanismus – In einem engeren historischen Sinne bezeichnet der Begriff die Epoche des Renaissance-Humanismus vom 14. bis zum 16. Jahrhundert. Im Zentrum dieser wissenschaftlichen und kulturellen Bewegung stand der Rückgriff auf antike Autoren, etwa Cicero. Von Italien breiteten sich die humanistischen Gedanken in Europa aus, auch maßgebliche Reformatoren wie Melanchthon oder Calvin wurden Träger des Humanismus.

Die humanistische Begeisterung für die Antike rettete zahlreiche Texte vor dem Untergang. Dies zeigt sich auch bei anderen Tacitusschriften: Seine Darstellung »De origine et moribus Germanorum« (»Über Ursprung und Gebräuche der Germanen«), kurz »Germania«, die in den folgenden Jahrhunderten zur wichtigen Quelle für die deutsche Altertumskunde wurde, überdauerte das Mittelalter nur in einer einzigen handschriftlichen Fassung. Dass wir sie heute noch kennen, verdanken wir vielen Zufällen.

Gleiches gilt für die »Annalen« von Tacitus. Auf Wegen, die sich nicht mehr nachverfolgen lassen, gelangte ein Exemplar im frühen Mittelalter in das Benediktinerkloster Fulda. Diese Abtei mit einer umfangreichen Bibliothek galt damals als das Zentrum mittelalterlichen Geisteslebens. Die Kopisten von Fulda waren fleißige Männer, sie fertigten in mühevoller Arbeit kunstvolle Abschriften antiker Texte, darunter auch der »Annalen« des Tacitus. Im 9. Jahrhundert entstand mindestens eine Kopie. Diese umfasste alle der ursprünglich 16 Bände, und auch wenn das Werk vollständig nach Corvey gelangt sein sollte, so gingen mit den Jahrhunderten doch Teile davon verloren. Schließlich waren es nur noch die ersten sechs Bände, die in der Bibliothek des Klosters Corveys die Zeiten überstanden. Wer immer sie von dort 1507 nach Rom schaffte – er rettete ein wichtiges Dokument europäischer Geschichte vor dem Untergang.

Die 44 Pergamente aus Corvey enthielten Textpassagen, die sich mit Arminius und der Varusschlacht beschäftigen. Dazu zählt der Bericht von der Rückkehr römischer Legionäre im Jahr 15 n. Chr. zum Ort der Schlacht, wo sie dann die »bleichenden Gebeine« der Toten bestatteten. Außerdem gibt Tacitus in dieser Passage als einziger antiker Autor den wenngleich vagen, aber entscheidenden Hinweis auf den Schauplatz des Kampfgeschehens: »haud procul Teutoburgiensis saltus«. Und an anderer Stelle der »Annalen« findet sich ein Satz, der in Deutschland für lange Zeit auf besonderes Interesse stoßen sollte. Dort war von Arminius als dem »Befreier Germaniens« die Rede – »liberator haud dubie Germaniae«. Tacitus erklärte den Cherusker in diesem Werk zu einem im Krieg unbesiegten Heerführer, der Rom mutig herausforderte und erfolgreich schlug.

Unstreitig war er der Befreier Germaniens, der das römische Volk nicht am Anfang seiner Geschichte, wie andere Könige und Heerführer, sondern das in höchster Blüte stehende Reich herausgefordert hat, in den einzelnen Schlachten nicht immer erfolgreich, im Kriege unbesiegt.

Tacitus in seinen »Annalen« über Arminius[4]

Diese Charakterisierung des Arminius war bis zum Zeitpunkt des Diebstahls von Corvey im deutschen Sprachraum unbekannt. Das sollte sich erst ändern, als in Italien dieser und andere Texte des antiken Autors gedruckt wurden: 1515 erschien erstmals eine Gesamtausgabe seiner Werke einschließlich der ersten »Annalen«-Bücher aus Corvey, und auch das Werk des Geschichtsschreibers Velleius Paterculus wurde 1520 publiziert.[5] Zunächst erfreute sich der Drucke allerdings nur eine überschaubare Leserschaft, nämlich diejenigen, welche die lateinische Sprache beherrschten. Doch bald erschienen erste Übersetzungen: 1526 eine deutsche Übersetzung der »Germania«, 1535 die erste deutsche Gesamtausgabe.[6]

Die entscheidende (Wieder-)Begegnung mit den Schriften des Tacitus fand allerdings schon im Jahr 1515 in Rom statt. Der Humanist und politische Publizist Ulrich von Hutten entdeckte in den ersten Büchern der »Annalen« des Tacitus die lobende Charakterisierung des Arminius als »Befreier Germaniens«. Dieser Text bot dem Gelehrten ein einzigartiges Argument für eine Auseinandersetzung, die ihn und viele seiner deutschsprachigen Zeitgenossen bewegte. Denn italienische Humanisten und Vertreter der römischen Kurie hatten sich bis dahin genüsslich in demonstrativer Geringschätzung der Deutschen geübt, und viele pflegten noch immer ihre Vorstellung, nördlich der Alpen lebten hauptsächlich »Barbaren«.[7]

Mit der Drucklegung und Verbreitung der »Annalen« und der »Germania« von Tacitus wandelte sich dieser Blick auf die Gegenwart – weil der Blick auf die Vergangenheit eine Korrektur erfuhr: Zwar hatte man vorher schon gewusst, dass es die Varusschlacht als Ereignis und Arminius als historische Gestalt gab, doch für ein wirkliches Heldenepos war die bisherige Quellenlage zu schmal. Außerdem fehlte es an einer positiven Schilderung von Arminius aus römischer Sicht. Genau die lieferte jetzt Tacitus. Mit ihm – so schien es – ließ sich die Geschichte der »Deutschen« neu lesen und deuten. Tacitus kam wie gerufen – und wurde zu einem »Star der europäischen Antikerezeption«.[8] Seine Lobeshymnen über den tapferen Arminius fielen auf fruchtbaren Boden, und allen voran Ulrich von Hutten schneiderte »das Gewand des ›ersten deutschen Helden‹«.[9]

Ulrich von Hutten – Der deutsche Humanist und Publizist (1488–1523) wurde bei seinem Aufenthalt in Rom zu einem entschiedenen Gegner des Papsttums. Anschließend trat er für die Sache Martin Luthers ein, scheiterte allerdings bei seinen politischen Versuchen, gegen die deutschen Fürsten ein starkes Kaisertum zu etablieren. Im 19. Jahrhundert wurde Hutten von der studentischen Jugend wiederentdeckt und als Vorkämpfer für die nationale Einheit in Deutschland gefeiert.

Späteren Generationen war vor allem an Huttens Dialog »Arminius« gelegen. Dieses 1529 posthum erschienene Werk, für das der Humanist die entsprechenden Textpassagen bei Tacitus wie bei Velleius Paterculus als »Steinbruch« genutzt hatte[10], bildete den Auftakt für die deutsche Arminiusbegeisterung. In einem fiktiven Dialog mit antiken Größen wie Alexander, Scipio oder Hannibal fordert der literarische Arminius, dass ihm wie anderen großen Helden des Altertums als bedeutendem Feldherr der Geschichte Anerkennung gebühre.

Im Geist bin ich niemandem jemals Untertan gewesen. Ich war immer auf Freiheit bedacht, denn ich habe immer nur im Sinn gehabt, wie ich dem Vaterland bei sich bietender Gelegenheit helfen könnte.
Arminius im »Dialog« des Ulrich von Hutten[11]

Ullrich von Hutten lässt Arminius als deutschen Freiheitshelden im besten Licht erscheinen: Er tritt als erfolgreicher Stratege auf, der seinen Angriff auf die Römer kühn und furchtlos unternahm, als kluger Staatsmann, der sich Ordnung und Gerechtigkeit verpflichtet fühlt, sowie als einfühlsamer Ehemann und Familienvater, der für sich in Anspruch nimmt, privaten Schmerz und die Fürsorge für das Vaterland strikt trennen zu können. Und bei allen Verdiensten gibt sich der Cherusker in diesem Gespräch überdies noch bescheiden – was seine Tugendhaftigkeit zusätzlich unterstreichen soll.[12]

Das »Urteil« des literarischen Gerichts fällt dementsprechend aus: Es sei angemessen, so erklärt abschließend Minos, der in diesem Text als Richter des antiken Totenreichs fungiert, »dass du, Deutscher, hoch geehrt wirst; es wäre Unrecht, wenn wir deiner Tugenden jemals nicht gedenken würden«[13]. Und so wird Arminius schließlich zum bedeutendsten Feldherrn des Altertums ausgerufen, noch vor Hannibal, Alexander und Cäsar.[14]

Der Cherusker wurde damit zum deutschen Helden stilisiert, und Ulrich von Hutten stiftete mit diesem Text zugleich den deutschen Arminiusmythos. Dies geschah in einer Zeit, als das Ringen um eine deutsche Identität von höchster Aktualität war: An der Spitze des in zahlreiche Kleinstaaten und Fürstentümer zersplitterten Reiches stand ein politisch weitgehend ohnmächtiger Kaiser, die eigentlichen Herrscher waren die vielen größeren und kleineren Landesherren. Auch die römische Kirche wirkte kräftig am Erstarken der Territorialfürsten mit – sie verfügte zuweilen über beeindruckenden Landbesitz, über den zahlreiche Fürstbischöfe oder Fürstäbte herrschten. Angesichts dieser Unzufriedenheit mit der politischen Lage in Deutschland und der wachsenden Kritik am Verhalten der römischen Kirche richtete sich der Blick oft genug zurück in eine vermeintlich bessere Vergangenheit: Der antirömische Impuls des »Arminius-

Dialogs« spielte bei der Rückbesinnung auf eine germanische Vorgeschichte des Volkes eine wichtige Rolle. Und für Ulrich von Hutten selbst war die »Befreiungstat« des Cheruskers ein Vorbild für die in seinen Augen wünschenswerte Befreiung vom römischen Papst.[15]

Ulrich von Hutten schrieb seinen »Arminius-Dialog« auf Lateinisch (übrigens ein sehr elegantes Latein), obwohl zu diesem Zeitpunkt die Vorstellung von der Existenz einer deutschen Nation mit der Hinwendung zur deutschen Sprache einherging. Diese wurde gleich zu Beginn der Reformationsbewegung zu einem regelrechten nationalen Bekenntnis. Sie galt als Ausdruck der Auflehnung »gegen die als römischer Pfaffenbetrug zu entlarvende lateinische Sprachkultur« – und Ulrich von Hutten (der in deutschen Gedichten die Reformationsbestrebungen Martin Luthers begrüßte) dichtete begeistert: »Yetzt schrei ich an das vatterlandt, Teütsch nation in irer sprach.«[16]

Der »Teütsch nation« wurde mit Arminius nun eine probate Symbolfigur zur Verfügung gestellt. Sie stand für zwei große Themen dieser Zeit, für die Freiheit (nämlich vom Joch der Fremdherrschaft – wobei die Reformatoren vor allem auf das Papsttum blickten) und für die Einheit angesichts des territorial und politisch zersplitterten Deutschen Reiches. Damit erhielt der historische Arminius zu Beginn des 16. Jahrhunderts nicht nur eine spezifische politische Bedeutung, die er bis ins 20. Jahrhundert im Kern behielt, sondern er wurde in der Auseinandersetzung mit der römischen Kurie, mit der italienischen, fremdländischen, »welschen« Kultur auch zum idealen Deutschen. Und als solcher verlor er seinen überlieferten Namen. Die Reformatoren gaben ihm jetzt seinen neuen, einen deutschen Namen: Hermann wurde erfunden.

Wenn ich ein poet wer, so wolt ich den celebriren. Ich hab in von hertzen lib. Hat hertzog Herman geheißen.
Martin Luther in seinen Tischgesprächen[17]

Den Namen »Hermann« hat Martin Luther dem Cherusker nicht selbst verliehen, aber höchstwahrscheinlich stammte er aus dem reformatorischen Milieu dieser Jahre.[18] Luther hatte diese Umbenennung des Arminius übernommen und sie zusätzlich populär gemacht – fortan gehörte Hermann zum reformatorischen Inventar. Dabei ist aus heutiger Sicht bemerkenswert, dass im Zuge der Reformation Arminius für aktuelle, antikatholische Zwecke in Anspruch genommen wurde, dass aber der neue Held »als überkonfessioneller Besitz« weiterzuexistieren schien.[19]

Hermann – Der Name verbindet die althochdeutschen Bezeichnungen »heri« (»Heer«) und »man« (»Mann«) zu einer allgemeinen Bezeichnung für »Krieger«. Im Mittelalter trugen verschiedene Herrscher diesen Namen; der um 1150 in Köln geborene Mystiker Hermann von Steinfeld wird als katholischer Heiliger verehrt, sein Namenstag am 21. Mai begangen. Der Vorname erfreute sich in Deutschland vor allem im 19. Jahrhundert größter Beliebtheit; trotz der aktuellen Renaissance alter Vornamen heißen heute allerdings nur wenige Jungen so.

Einen viel größeren Beitrag als Luther am Arminiuskult der Reformationszeit hatte der Theologe und Humanist Philipp Melanchthon. Er sorgte zweimal für den Druck der »Germania« von Tacitus und legte selbst eine Beschreibung von Arminius und der Varusschlacht vor. Für publizistische Wirkung sorgte aus dem Kreis der Reformatoren überdies eine Darstellung des frühneuhochdeutschen Dichters und Lutheranhängers Burkhard Waldis (um 1490–1556). In seiner »Illustrierten Reichschronik«, in der er zwölf »Erzkönige der Deutschen« feiert, preist er den historischen Sieg des Cheruskers, dem dafür »das gantze Teutschland danckt«. Diese Huldigung dürfte innerhalb des gebildeten Bürgertums eine starke Verbreitung erfahren haben.[20]

Arminius, den man nennt Herman,
Ein junger Held, ein kühner Man,
Von leib und gmüt wol aufferwachsen,
Geborn vom Hartz, ein Fürst zu Sachsen.
Der Dichter Burkhard Waldis über »Hermann« 1543[21]

Die Humanisten hatten wenig Interesse an dem eigentlichen historischen Ereignis, also der Varusschlacht. Vielmehr konzentrierten sie sich in ihrer Begeisterung für Arminius/Hermann auf die alten Germanen und unterstrichen deren Bedeutung für die Deutschen in der Gegenwart. Die unhistorische Gleichsetzung »der Deutschen« und »der Germanen« hatte hier ihren Ursprung. »Germanien« und die »Germanen« waren fortan aus deutschem Nationalgefühl und deutscher Ideologie nicht mehr wegzudenken. Mehr noch: Die Germanen längst vergangener Zeiten wurden zu Vorbildern der in längst vergangenen Zeiten schwelgenden Deutschen erklärt.

Diese Inanspruchnahme der Varusschlacht für aktuelle politische Belange zeigt sich beispielhaft an einem 3000 Seiten umfassenden Roman, der in den Jahren 1689 und 1690 publiziert wurde und bei seinem Erscheinen auf enthusiastische Zustimmung stieß.[22] Sein Autor Daniel Caspar von Lohenstein erlebte diesen Erfolg nicht mehr. Sein »Arminius« war postum erschienen, sechs Jahre nach seinem Tod.

Groszmüthiger Feldherr Arminius oder Hermann,
Als Ein tapfferer Beschirmer der deutschen Freyheit,
Nebst seiner Durchlauchtigten Thusznelda

In einer sinnreichen Staats- Liebes- und Helden-Geschichte
Dem Vaterlande zu Liebe
Dem deutschen Adel aber zu Ehren und rühmlichen Nachfolge
In Zwey Theilen vorgestellet
Vollständiger Titel des Werkes »Arminius« von Lohenstein

Als Lohensteins Text erschien, bejubelten manche Zeitgenossen ihn als das große Nationalepos; und tatsächlich war er ein monumentales Werk, das an Umfang und Materialfülle nahezu alle Romane dieser Zeit übertraf. Der eigentlichen Erzählung ist zuweilen nur schwer zu folgen, denn zahlreiche Einschübe oder Parallelgeschichten leiten den Leser in immer neue Geschichtsstränge. Diese Informationsfülle war gewollt: Lohenstein hatte es sich in den Kopf gesetzt, eine Universalgeschichte zu entwerfen – und so reicht seine Abhandlung der »Teutschen« von der Urgeschichte der Menschheit bis zur Biografie des Arminius, umfasst dabei aber auch die Geschichte der Römer und Griechen, der Perser, Tataren oder Chinesen.[23] Das Wissen seiner Zeit fand Eingang in dieses Werk. Weil er aber möglichst alle Ereignisse und Epochen der Weltgeschichte zur Verherrlichung des Germanentums nutzen wollte, geriet ihm in der Darstellung einiges durcheinander, was nur Leser nicht stören mag. So wird die Mutter des karthagischen Feldherrn Hannibal als deutsche Fürstin ausgegeben, Medea aus der griechischen Mythologie darf in zweiter Ehe gar einen deutschen Fürsten heiraten – und selbst Odysseus verbrachte einige Zeit in Deutschland, nicht ohne auf seinen Reisen segensreich einige Städte zu gründen.[24]

Doch bei aller Materialfülle: Die Varusschlacht wird in diesem Roman zum Dreh- und Angelpunkt der Weltgeschichte. Alle Erzählungen streben diesem Punkt zu – ab dem Jahr 9 n. Chr. spielt sich die germanische und nachgermanische Geschichte bis in die Gegenwart hinein ab.[25] Und die Varusschlacht erhielt bei Lohenstein eine elementar politische Bedeutung: Indem er – wie im ausführlichen Titel angekündigt – diese Geschichte dem deutschen Adel zur »rühmlichen Nachfolge« vorlegte, forderte er die deutschen Fürsten auf, sich einträchtig um einen der Ihren zu scharen, um gemeinsam der Bedrohung entgegenzutreten. Dabei verlangte er zwar nicht die Unterwerfung der Fürsten unter einen Kaiser, appellierte aber an die freiwillige Anerkennung eines Souveräns. In Lohensteins Gegenwart hieß dies: die Anerkennung und Unterstützung des deutschen Kaisers Leopold I.

Dieser Herrscher aus dem Haus der Habsburger wurde 1658 Kaiser des Heiligen Römischen Reiches und musste sich in seiner Regierungszeit vor allem militärischen Auseinandersetzungen stellen. Dazu zählten zum einen die Kriege mit den Türken (in diesen Zeitraum fallen auch der sogenannte große Türkenkrieg und die Belagerung Wiens durch die Türken 1683), zum anderen mit Frankreich unter dem »Sonnenkönig« Ludwig XIV. Vor diesem politisch so brisanten Hintergrund verfasste der schlesische Autor Daniel Caspar von Lohenstein sein monumentales Geschichtswerk – und damit wird auch verständlich, was Türken, Franzosen oder Habsburger mit Arminius und der Varusschlacht zu tun haben: Sie sind die aktuellen Akteure, deren Auftreten sich anhand einer historischen Vorlage verstehen lässt – und die wiederum den Schlüssel zur erfolgreichen Überwindung der aktuellen Bedrohung liefert.

Lohenstein legt in seinem Roman die Karten auf den Tisch und spart nicht mit aktuellen Bezügen: Sein Hermann selbst ist niemand anderer als Leopold I., und in einem Jagdhaus des Herrschers hängen zwölf Bilder mit den Vorfahren Hermanns, deren Lebensläufe die Geschichte des habsburgischen Kaiserhauses darstellen.[26] Auch wenn dies aus heutiger Sicht skurril erscheinen mag – hier zeigte sich die Absicht, die eigene Geschichte auf die Vergangenheit zu gründen und aus dieser lernen zu wollen.

Geschichtspolitik – Geschichte ist zunächst nichts anderes als die Summe aller Ereignisse der Vergangenheit – entscheidend ist allerdings, was daraus gemacht wird: Wer immer Geschichte erzählt, erzählt nämlich »seine« Geschichte, setzt eigene Schwerpunkte und lässt eigene Interpretationen einfließen. So lässt sich Geschichte auch politisch nutzen: Wer das richtige historische Argument anführt, wähnt sich im Vorteil. Und zuweilen entbrennen um die Deutung von historischen Ereignissen regelrechte geschichtspolitische Kämpfe. Geschichte kann also zur politischen Waffe werden – und wer die Meinungsführerschaft um die Interpretation der Geschichte erlangt, kann sich Hoffnungen machen, auch bei der Gestaltung der Zukunft Anerkennung und Unterstützung zu erfahren.

Daniel Caspar von Lohenstein lieferte mit seinem Roman ein eindrucksvolles Beispiel für Geschichtspolitik – und es lässt sich bereits erahnen, dass Arminius und die Varusschlacht in kommenden Jahrhunderten immer neue geschichtspolitische Interpretationen erfahren konnten: Jede Zeit sah sich ihrer spezifischen Bedrohung – ihren »Römern« – ausgesetzt; jede Zeit wünschte sich für ihre Nation einen Beschützer und Befreier: nämlich ihren eigenen Helden »Hermann«, und oft genug sehnten sich manche nach einer neuen »Varusschlacht«, nach einem glanzvollen militärischen Sieg über den aktuellen Gegner. Bei all diesen Konstruktionen aus der Geschichte sollte auch für die Zukunft unverzichtbar sein, was seit der Wiederentdeckung des Arminius durch Humanisten und Reformatoren unverzichtbar schien: Freiheit und Einheit.

Mit der Wiederentdeckung der antiken Schriften durch die Humanisten ging in Deutschland also die Erfindung von Hermann einher: Ein Held war geboren, der Retter der deutschen Freiheit und das Vorbild für deutsche Einheit. Sein historisches Handeln galt in diesen Jahren als identitätsstiftende Befreiungstat. Mit Arminius und der Varusschlacht schien die deutsche Geschichte ihren Anfang und Ursprung gefunden zu haben.

Der Held auf der Bühne

Hatten Humanisten und Reformatoren erfolgreich für die Eindeutschung von Arminius gesorgt und Hermann als ersten Deutschen zum festen Bestandteil des historischen Denkens gemacht, so erlebte die historische Figur vor allem im 18. Jahrhundert eine wichtige Erweiterung: Hermann wurde zum Helden fiktionaler Erzählungen oder Bühneninszenierungen. Eindrucksvoll zeigte sich, dass die Autoren immer mehr ihr Interesse am faktischen Geschehen des Jahres 9 n. Chr. verloren. Ihnen ging es um die Bewertung des Ereignisses: Im Mittelpunkt aller Inszenierungen stand Arminius/Hermann als Vorbild der Deutschen.

Die Reaktionen des Publikums veranschaulichen, wie populär dieser Stoff war – kein Wunder, erlebte das 18. Jahrhundert doch eine regelrechte Begeisterung für das Germanentum. Auf der Suche nach einer eigenständigen deutschen Identität griffen die Intellektuellen erneut auf die Darstellung der Germanen bei Tacitus zurück und stilisierten sie zu Protagonisten deutscher Eigenschaften und Qualitäten. Zu Recht ist diese Entwicklung als »Selbstidentifizierung der Deutschen mit den Germanen« bezeichnet worden.[1] Kaum eine literarische Gattung, in der Hermann und die Seinen nicht gepriesen wurden.[2] Hermannopern und noch mehr Thusnelda- und Germanicusstücke entstanden, in der Zeitspanne zwischen 1750 und 1850 waren es mehr als 200 Schauspiele und Opern.[3]

Die aufgeklärten Autoren dieser Zeit arbeiteten in ihren Darstellungen vor allem die deutschen Tugenden heraus, die sie in dem historischen Kontext entdeckt haben wollen. Jetzt wurde es zuweilen wichtig, »physisch direkt von den Cheruskern abzustammen und damit auch im 18. Jahrhundert noch immer von echtbürtiger Germanenart zu sein«[4]. Der angebliche kulturelle

Rückständigkeit der Germanen wird in der deutschen Aufklärungszeit verneint. Es werden vielmehr die »wahren Tugenden« der Vorfahren herausgestellt: Die Germanen seien keineswegs raue und einfältige »Klötze« gewesen, erklärte in diesem Sinn der Osnabrücker Staatsmann und Geschichtsschreiber Justus Möser. Vielmehr hätten die adligen Herren Germaniens durchaus Sinn für Theater oder Baukunst besessen, und bei der Kleidung hätten die Germanen sogar einen besseren Geschmack als die Römer bewiesen.[5]

Die Römer, welche so viele Völker bezwungen, haben einzig und allein den Deutschen die Ehre erzeigt, ihre Einrichtungen und Sitten mit Aufmerksamkeit zu betrachten. Diese Ehre ist ihnen nicht umsonst widerfahren, und man hat recht zu glauben, dass eine Nation, welche sich eine so schmeichelhafte Beobachtung zugezogen, solche nicht bloß durch eine besondre Art von Wildheit verdienet habe.
Justus Möser in seinen »Patriotischen Phantasien«[6]

Aber Möser interessierte sich nicht nur für eine kulturelle Aufwertung der Germanen, sondern er brachte auch einen aktuellen politischen Aspekt zur Sprache: nämlich das Ringen um nationale Einheit vor dem Hintergrund bestehender Einzelinteressen verschiedener Fürsten. Möser wurde deshalb auch zugeschrieben, er habe im Wesentlichen »die deutsche Verfassungsproblematik« im Blick gehabt.[7]

Übrigens formulierte Möser zugleich eine eigentümliche Kontinuität von den Germanen bis zu den niedersächsischen Bauern. Die germanischen Eigenschaften erschienen jetzt als deutsche Eigenschaften – und oft als spezifisch norddeutsche, niedersächsische Eigenschaften. Ohnehin weist die Beschäftigung mit Arminius Mitte des 18. Jahrhunderts einen regionalen Schwerpunkt auf: Vor allem rund um den Harz, im Braunschweigischen und

Westfälischen war diese Heldenfigur beliebt – nicht zuletzt, weil hier immer wieder Versuche unternommen wurden, den Ort der Varusschlacht zu finden.

Doch die Indienstnahme des historischen Stoffes kannte zuweilen auch keine regionalen Grenzen. Dem heldenhaften Hermann wurde im 18. Jahrhundert etwa auch in Dänemark gehuldigt.[8] Wie bedeutend dort die Beschäftigung mit dieser »Geschichte« für den deutschen Kulturraum war, zeigen Leben und Werk des Dichters Friedrich Gottlieb Klopstock (1724–1803). Dieser verbrachte ab 1751 einige Jahre am Königshof in Kopenhagen, wo er zum Mittelpunkt eines dänisch-deutschen Kreises von Dichtern und Aufklärern wurde. Dessen Mitglieder entwickelten alsbald ein leidenschaftliches Interesse für die germanische Vorzeit und die Hermannfigur. Früher als anderswo in Deutschland scheint dieses Faible für die germanische Geschichte ausgeprägt gewesen zu sein, was zugleich mit dem Ehrgeiz der einheimischen Forscher zusammenfiel, die dänische Vorgeschichte zu untersuchen.[9]

So schrieb Klopstock in Dänemark Oden wie »Hermann« oder »Hermann und Thusnelda«, zudem erschien in dieser Zeit »Hermanns Schlacht« (er widmete dieses Werk Kaiser Joseph II.), ein »Bardiet« – womit das Schlachtgeschrei der Germanen gemeint war – »für die Schaubühne«. Viele Jahre später (inzwischen lebte Klopstock in Hamburg) folgten dann die Dramen »Hermann und die Fürsten« und »Hermanns Tod«. Klopstock erzählt in seinen Bühnenwerken die Arminiusgeschichte von der Schlacht bis zum Tod des Cheruskers. Sie alle sind durchdrungen von seiner Absicht, Hermann als deutschen Nationalhelden zu präsentieren, der dem Freiheitswillen der Germanen (gemeint sind hier selbstverständlich wieder die »Deutschen«) durch seine Fähigkeit zur Schaffung eines einheitlichen Willens zum Sieg verhilft.

Wir kühnes Volk, wir haben Jünglinge
Mit leichten Blumenschilden und schönen Wunden,
Die lieber sterben, als leben,
Wenn's gilt für die Freiheit!

Wir kühnes Volk, wir haben Männer und Greise
Mit großen, schönen Narben der Schlacht,
Die lieber sterben, als leben,
Wenn's gilt für die Freiheit!
Bardenchor in Klopstocks »Hermanns Schlacht«[10]

Klopstock zeichnete das Bild einer altgermanischen Gesellschaft, in der die Bedingungen einer natürlichen und freiheitlichen Lebenswelt zu finden sind – und dies in klarem Kontrast zur eigenen Gegenwart. Die Gedanken einer nationalkulturellen Erneuerung und einer Aufklärung in Deutschland werden miteinander verknüpft.[11] Klopstock griff die aufklärerischen Ideale von Freiheit, Tugend und Vaterland auf, um sie zunächst an dem historischen Stoff zu entwickeln – und dann nutzte er die stilisierte und ferne Germanenwelt dazu, sie der Gegenwart als Spiegel und Vorbild vorzuhalten.

Bei Klopstock wie zuvor auch bei Möser wird erkennbar, wie sich die Autoren des historischen Stoffes bemächtigten und eigene Wünsche und Vorstellungen in ihre Erzählung von Arminius und den Germanen einfließen ließen; sie betrieben damit eine »intellektuelle Kompensation realer nationaler Mangelzustände«[12]. Zudem lässt sich eben auch an Klopstocks Werken nachvollziehen, wie aus seiner »Vergangenheitsutopie« eine »Zukunftsutopie« geformt wurde[13] – auch hier also waren die Prinzipien geschichtspolitischen Handelns am Werk.

Auch wenn Klopstocks Hermanndramen auf den Bühnen vergleichsweise erfolglos blieben, so wurden sie bei ihrem Erscheinen doch begeistert aufgenommen und von vielen Zeitgenossen als Kritik am Absolutismus verstanden.[14] Klopstock beließ es nicht bei der Dichtung seiner Hermanndramen. Er engagierte sich auch für den Bau eines Denkmals für seinen Helden, fertigte eigene Zeichnungen an (die leider nicht überliefert sind) und machte sich bereits Gedanken über die Inschriften des Monuments.[15] Weder Denkmal noch Inschriften wurden verwirklicht.

Durch die »Hermannsschlacht« und die Zueignung derselben an Joseph den Zweiten hatte Klopstock eine wunderbare Anregung gegeben. Die Deutschen, die sich vom Druck der Römer befreiten, waren herrlich und mächtig dargestellt, und dieses Bild gar wohl geeignet, das Selbstgefühl der Nation zu erwecken.
Goethe über Klopstocks »Hermanns Schlacht«[16]

An den Bemühungen um Rehabilitierung der Germanen waren weitere Autoren der Zeit beteiligt, etwa Johann Gottfried Herder. Entschieden wehrte auch er sich gegen den Vorwurf, die Germanen seien Barbaren gewesen. Vielmehr wies er auf ihre ungeheure geschichtliche Bedeutung hin. Die alten Deutschen hätten nämlich die Welt von dem »abgematteten, im Blute liegenden Leichnam« der römischen Welttyrannis befreit.[17]

Die Schwärmerei von einem deutschen Befreier, von deutscher Freiheit und Einheit mag im 18. Jahrhundert zuweilen ein wenig abstrakt gewesen sein – doch das änderte sich radikal, als mit Napoleon ein Imperator auf den Plan trat, der Europa und Deutschland mit seiner Machtpolitik veränderte: Jetzt konnten deutsche Patrioten einen veritablen Gegner ins Visier nehmen, jetzt bestimmte tatsächlich ein fremder Okkupator in deutschen Landen die Geschicke, jetzt ging es tatsächlich gegen einen schier übermächtigen Feind, jetzt sehnte man sich wie nie zuvor nach einem Befreier. Und mitten hinein in diese Stimmung dichtete Heinrich von Kleist sein Drama »Die Hermannsschlacht«. Die Beschäftigung mit dem Thema erreichte eine neue Qualität.

Mit Napoleon waren in der Tat gravierende politische Umwälzungen eingetreten: Nachdem er 1802 zunächst als »Konsul auf Lebenszeit«, seit 1804 schließlich als französischer Kaiser agierte, triumphierte er als militärischer Führer über Europa. Nach der Niederwerfung Österreichs 1805 und Preußens 1806 hatte er aus deutscher Perspektive eine Ära beendet: nämlich die tausendjährige Geschichte des Heiligen Römischen Reiches. Auch wenn dieses Reich längst ein schwerfälliges und keineswegs mehr machtvolles Gebilde war, so bedeutete die Niederlegung der Krone durch den letzten Kaiser im Jahr 1806 doch eine wichtige Zäsur: Das alte Reich war zerschlagen, aber ein neues Deutschland war nicht in Sicht – stattdessen lediglich Napoleon.

Und der organisierte Deutschland und Europa nach seinen Interessen; neue Königreiche wurden gegründet (darunter das nur wenige Jahre bestehende »Königreich Westfalen«), die linksrheinischen Gebiete wurden ein Teil Frankreichs. Auf dem Höhepunkt seiner Macht – nach dem Frieden von Tilsit 1807 – beherrschte Napoleon als unumstrittener Imperator fast ganz Europa von Spanien bis an die russische Grenze. In den besetzten Ländern wurde die französische Herrschaft weithin als Fremdherrschaft empfunden und zunehmend abgelehnt. Und immer wieder kam es zu vereinzelten Erhebungen. Die Bereitschaft zum Widerstand wuchs und stärkte das Nationalgefühl, auch und vor allem in Deutschland. Was in den Jahrzehnten zuvor bereits immer wieder zum Ausdruck gekommen war, erwachte jetzt in der Ablehnung der Unterwerfung durch Napoleon als neues Nationalbewusstsein. Und dieses Nationalbewusstsein wurde zur entscheidenden Antriebsfeder der Freiheitsbewegung jener Jahre.

Freiheit – »Freiheit« ist zunächst ein Gegenbegriff zu »Knechtschaft« des Einzelnen und zur Unterdrückung ganzer Gesellschaften. Als historisches Vorbild politisch freier Gesellschaften gilt oft das antike Griechenland: Bürger erkannten sich wechselseitig als Freie und Gleiche an – und schlossen Nicht-Bürger doch aus. Zudem ist die Geschichte seit der Antike voll mit Beispielen eklatanter Verletzungen von Freiheit. Die Besetzung und Ausbeutung ganzer Länder durchzieht als Herrschaftsprinzip die Geschichte – bis zu Napoleon und Deutschland im Zweiten Weltkrieg. Bis heute stellt sich Freiheit weltweit als ein rares Gut dar, so ist beispielsweise »unfreie« Arbeit bis hin zur Sklaverei noch immer verbreitet. Den Deutschen verbrieft das Grundgesetz: »Die Freiheit der Person ist unverletzlich.«

Es entstand eine neue politische »Ideologie«, in welcher der Wille zur Nation und zum Nationalstaat als höchstes Ziel deklariert wurde. Aus einer Denkkategorie wurde ein Handlungsziel – verfochten allen voran vom Philosophen Johann Gottlieb Fichte (mit seinen »Reden an die deutsche Nation« 1806/07) und dem Publizisten Ernst Moritz Arndt, der zum Propheten »des Kreuzzugs gegen den Weltfeind und Dämon Napoleon« wurde.[18] Diese Bewegung prägte auch Heinrich von Kleist, als er 1808 sein Drama »Die Hermannsschlacht« verfasste. Dieses Stück hatte eine Auswirkung wie kein anderer Text im 19. Jahrhundert und prägte die Geschichte von Arminius und der Varusschlacht.

Noch will kein Hermann uns erstehn,
Noch winkt kein Retter mit dem Schwerdte;
Der Lüge bunte Fahnen wehn,
Und Frevler folgen ihrer Fährte.
Ernst Moritz Arndt 1813[19]

Wie sehr Kleist vom patriotischem Eifer erfasst war, zeigt ein bizarrer Spaziergang, den er im Jahr 1809 – ein Jahr nach Entstehen der »Hermannsschlacht« – unternahm: Im April 1809 hatte Kleist in Dresden zufällig die Bekanntschaft des vierundzwanzigjährigen Friedrich Christoph Dahlmann gemacht. Der Altphilologe, der später als Historiker, Politikwissenschaftler und Abgeordneter der Frankfurter Paulskirchenversammlung von sich reden machte, stieß bei Kleist in Sachen Patriotismus auf uneingeschränkte Resonanz – und so machten sie sich auf nach Wien, vor dessen Toren sich eine Schlacht zwischen der napoleonischen Armee und dem österreichischen Heer anbahnte. Österreich hatte zu diesem Zeitpunkt erneut den Krieg gegen Frankreich versucht – und deutsche Patrioten begrüßten diesen Schritt als mögliche Entscheidung auf dem Weg zur Freiheit.

Die Wanderer Kleist und Dahlmann ereichten nach einem Monat den Ort des Geschehens: Beim Dörfchen Aspern hatten es die Österreicher unter schweren Verlusten geschafft, Napoleon die erste Niederlage in einer Landschlacht beizubringen, wodurch der Mythos seiner Unbesiegbarkeit erstmals durchbrochen war. Während die Nachricht des Sieges bei allen national gesinnten Deutschen für patriotische Hochstimmung sorgte, besuchten Kleist und Dahlmann den Schauplatz des entsetzlichen Gemetzels. Sie durchschritten eine grauenhafte Kulisse, mussten im wahrsten Sinne des Wortes über Leichen steigen, und Dahlmann zog einem toten Franzosen sogar einen Brief an die Eltern aus der Tasche – als wenig geschmackvolle Erinnerung an diesen vermeintlich guten Tag für Deutschland. Bleibt noch zu erwähnen, dass die siegreichen Österreicher die beiden fremden Wanderer argwöhnisch beobachteten, sie zunächst für französische Spione hielten – und erst ziehen ließen, nachdem sich Kleist den verhörenden Offizieren gegenüber als Poet ausgegeben hatte und sie mit seinen patriotischen Gedichten hatte überzeugen können.[20]

Heinrich von Kleist – Der Schriftsteller (1777–1811) führte ein bewegtes Lebens mit verschiedenen beruflichen Versuchen und Enttäuschungen. Als Vierzehnjähriger musste er, der Familientradition entsprechend, Soldat werden, erst sieben Jahre später gelang ihm die Entlassung aus dem Militär. Ein begonnenes Studium brach er ab und widmete sich der Schriftstellerei. Schließlich wurde er vor allem mit der »Hermannsschlacht« zum politisch engagierten Autor. Kleist war der Dramatiker der Befreiungskriege gegen Napoleon, deren Ende er allerdings nicht mehr erleben sollte: 1811 nahm er sich das Leben.

In seiner »Hermannsschlacht« stilisiert Kleist die Varusschlacht zum epochemachenden Waffengang, in dem die Römer nur schlecht maskierte Franzosen waren. Auch sonst waren alle Beteiligten bei diesem Drama – das in »Cheruska« spielt, eben Deutschland – einfach und politisch aktuell zu entschlüsseln: Gegen die Römer (die Franzosen) erhoben sich die Cherusker (die Preußen) gemeinsam mit den Sueben (den Österreichern), während die uneinigen Germanenfürsten dieses Stückes die Rheinbundstaaten der Gegenwart darstellten. Und wenn ein germanischer Stammesführer zu Beginn des Dramas bitterlich beklagt, dass sein Land von den scheinbar übermächtigen Römern besetzt ist, dann spiegelte sich darin das bittere Empfinden patriotisch gesinnter Deutscher aus Kleists Gegenwart.

Es ist umsonst,... wir sind verloren!
Rom, dieser Riese, der, das Mittelmeer beschreitend,
Gleich dem Koloss von Rhodos, trotzig,
Den Fuß auf Ost und Westen setzet,
Des Parthers mutgen Nacken hier,
Und dort den tapfern Gallier niedertretend:
Er wirft auch jetzt uns Deutsche in den Staub.
Kleists »Hermannsschlacht«, 1. Akt, 1. Auftritt[21]

Bei dieser politischen Stoßrichtung konnte das Drama während der französischen Besatzungszeit selbstverständlich nicht einfach veröffentlicht oder aufgeführt werden. Selbst patriotisch gesinnte Verleger wagten es nicht, das Stück in ihr Programm aufzunehmen und damit die Zensurbehörden auf den Plan zu rufen. Vielmehr wurde der Text nur »unter dem Siegel des Schweigens von Hand zu Hand« weitergegeben oder bei geheimen Treffen vorgetragen.[22] Kleist war einmal selbst anwesend, als der mit ihm befreundete Dahlmann diesen Text im Mai 1809 in einem gemeinsamen Freundeskreis in Prag vortrug.

Einen glühenderen Freund des deutschen Vaterlandes hat es nie gegeben als ihn, und er ist an gebrochenem Herzen über die Leiden der Zeit gestorben. ... Für sein bestes Werk halte ich die am wenigsten besprochene Hermannsschlacht.
Dahlmann über seinen Freund Kleist 1840[23]

Tatsächlich blieb es um das Stück in der Öffentlichkeit lange still. Erst 1821 – zehn Jahre nach Kleists Tod – wurde es erstmals gedruckt. Doch auch jetzt hielten sich die Rezensenten zurück; kurz nach den auf die Bekämpfung liberaler und nationaler Bestrebungen gerichteten Karlsbader Beschlüssen blieb die öffentliche Auseinandersetzung mit einem solchen Werk angesichts staatlicher Zensurmaßnahmen schwierig. Und auch danach veränderte sich die Situation kaum – wenn man von der wohl lokalpatriotisch motivierten Aufführung 1839 in Detmold absieht.[24]

Einen Krieg, bei Mana! Will ich
Entflammen, der in Deutschland rasselnd,
Gleich einem dürren Walde, um sich greifen,
Und auf zum Himmel lodernd schlagen soll!
Hermann in »Die Hermannsschlacht« von Heinrich von Kleist[25]

Uns bleibt der Rhein noch schleunig zu ereilen,
Damit vorerst der Römer keiner
Von der Germania heilgem Grund entschlüpfe:
Und dann – nach Rom selbst mutig aufzubrechen!
Hermann in »Die Hermannsschlacht« von Heinrich von Kleist[26]

Doch langfristig hatte das Drama weitreichende Folgen, denn auf diesem Text gründet sich die moderne Rezeptionsgeschichte der Varusschlacht-Tradition. Im Vorfeld und infolge der Reichsgründung von 1871 erlebte er schließlich den Durchbruch und wurde zu einem zentralen Symbol deutscher Einheit. Schon 1858 hatte der Historiker Heinrich von Treitschke das Stück gelobt, weil es helfen könne, den »Hader der deutschen Fürsten« zu überwinden und damit letztlich »ihre Einigung durch Hermanns Überlegenheit« herbeizuführen.[27]

Der deutschen Einigung von 1871 war allerdings keineswegs nur die Überwindung fürstlichen Haders vorausgegangen. Gerade der Dualismus von Preußen und Österreich hatte eine Reichsgründung lange verhindert. Zudem führte der Weg dorthin bekanntlich zwischen 1864 und 1870 über die drei sogenannten Einigungskriege gegen Dänemark, Österreich und schließlich Frankreich. Der Sturm nationaler Begeisterung kreiste dabei stets um die Frage der deutschen Einheit, die man angesichts der Geschichte nun umso schmerzlicher vermisste und von der man hoffte, dass sie endlich Wirklichkeit werde. Rückblickend erscheint es, dass der Wunsch nach nationaler Einheit weniger eine Hoffnung auf etwas Zukünftiges war, sondern vielmehr »eine dem deutschen Volke wesenhafte Eigenschaft, die nur neu zu beleben war«[28]. Und ganz ohne Frage glaubte man 1871, mit dem neuen Kaiser Wilhelm I. an der Spitze endlich das einige Deutschland geschaffen zu haben.

Einigkeit – Wie »Freiheit« zielt auch dieser Begriff auf die Überwindung eines Missstandes: Zerstrittenheit und Zwietracht erscheinen als Übel. Uneinigkeit wurde gerade mit Blick auf eine Nationbildung als Hindernis, aber auch als Moment der Schwächung verstanden. Nur ein einiges Deutschland, so hieß es, könne ein starkes, ein mächtiges Deutschland sein. Dass Einigkeit sprichwörtlich stark macht, galt eben auch in nationalem Sinne. Dass nationale Einheit aber zugleich regionale Besonderheiten zulassen darf und kann, beweist der deutsche Föderalismus: Seit dem Kaiserreich gibt es die Tradition starker Länder mit eigenen Kompetenzen etwa in der Kulturpolitik – die deutsche Einheit hat zumindest daran keinen Schaden genommen.

Einigkeit und Recht und Freiheit
Sind des Glückes Unterpfand.
Hoffmann von Fallersleben in seinem »Lied der Deutschen« 1841

Mit der Reichseinigung geriet Kleists »Hermannsschlacht« zum umjubelten Bühnenstück: In Berlin wurde es 1875 gleich zweimal aufgeführt, als Inszenierung des Berliner Hoftheaters und als Gastspiel des Meininger Hoftheaters. Für manche Zeitgenossen war es angesichts dieses Jubels nur ein kleiner Schritt, Hermann den Cherusker jetzt mit Otto von Bismarck gleichzusetzen, dem das Verdienst der Reichseinigung zugeschrieben wurde.[29]

Die »Hermannsschlacht« sollte – wenngleich sie nicht zu den literarischen Meisterstücken Heinrich von Kleists zählte – auch in Zukunft immer dann aufgegriffen werden, wenn das Thema »Einheit« aktuell wurde. Das galt für die Jahre nach der Reichsgründung ebenso wie beispielsweise 1913 anlässlich der Hundertjahrfeier der Völkerschlacht bei Leipzig, zu der es unzählige Neuinszenierungen dieses Stückes gab. Bei der Einweihung des Völkerschlachtdenkmals wurde das Drama als Festspiel aufgeführt.[30] Auch hier dürfte es für Initiatoren und Publikum wichtig gewesen sein, dass Kleist, wie der Schriftsteller Klabund einmal erklärte, in dieses Drama »seinen Napoleonhass gegossen« habe.³¹

Ich habe in der Teestunde ... den Frauen die »Hermannsschlacht« vorgelesen, mit großem Erfolg.
Theodor Storm 1885 in einem Brief an den Schriftsteller Paul Heyse³²

Auch wenn Kleist am Ende des 19. Jahrhunderts mit seinem Hermann eine zentrale Figur auf der geschichtspolitischen Bühne der Varusschlacht geschaffen hatte, so war zugleich das Werk des Dramatikers Christian Dietrich Grabbe (1801–1836) von Bedeutung. Auch Grabbe war wie Kleist an einer aktuellen Inszenierung des Stoffes gelegen. Doch stellte er nicht den deutsch-französischen Gegensatz in den Mittelpunkt, sondern wollte ein Bekenntnis zu seiner lippischen Heimat (und damit ungefähr der vermuteten Örtlichkeit der Varusschlacht) und zur deutschen Nation ablegen. Die Motive für das literarische Werk des schon von Krankheit und Alkoholismus schwer gezeichneten Grabbe waren »die Sehnsucht nach einem freien, einheitlichen Deutschland; das Bekenntnis zum Vaterland, zum Volk, zur Einheit von historischer Einzelgestalt und Volk, das Bewusstsein von der Bedeutung des historischen Vorganges für die deutsche Geschichte«³³. Die Begeisterung für Grabbes Drama hielt sich allerdings zunächst in Grenzen, weshalb eine Aufführung ausblieb. Erst fast ein Jahrhundert nach seinem Tod sollte diese Version der »Hermannsschlacht« in Deutschland Karriere machen, nachdem die Nationalsozialisten in Grabbe einen »völkischen Visionär« ausgemacht hatten und seine Werke eine kurzzeitige Renaissance erfuhren.

Während also im 18. und im 19. Jahrhundert verschiedene große und kleine Dichter daran mitwirkten, dass Hermann als Held der deutschen Literatur und vor allem auf der Bühne von einer »nationalen« historischen Tat zeugte und dem Publikum

Hoffnung auf deutsche Freiheit und Einheit machte, brachten nur wenige so viel – deutsche – Selbstironie auf wie der ins Exil getriebene Heinrich Heine. In seinem 1844 erschienenen satirischen Versepos »Deutschland. Ein Wintermärchen« spottete er lustvoll: »Wenn Hermann nicht die Schlacht gewann / Mit seinen blonden Horden, / So gäb es die deutsche Freiheit nicht mehr, / Wir wären römisch geworden.«[34]

Das ist der Teutoburger Wald,
Den Tacitus beschrieben,
Das ist der klassische Morast,
Wo Varus stecken geblieben.

Hier schlug ihn der Cheruskerfürst,
Der Hermann, der edle Recke;
Die deutsche Nationalität,
Die siegte in diesem Drecke.
Heinrich Heine in »Deutschland. Ein Wintermärchen« 1844[35]

Dass die »deutsche Nationalität« einst in einem »Drecke« siegte, betrachteten weite Teile des deutschen Publikums als Zumutung. Heine war zwar nicht der Einzige, der der Germanenbegeisterung und dem Arminiuskult seiner Zeit distanziert gegenüberstand, aber sein Spott erlangte nicht zuletzt auch wegen der rasch eingeleiteten Verbotsmaßnahmen eine weite und anhaltende Popularität.

Gottlob! Der Hermann gewann die Schlacht,
Die Römer wurden vertrieben,
Varus mit seinen Legionen erlag,
Und wir sind Deutsche geblieben!

Wir blieben deutsch, wir sprechen Deutsch,
Wie wir es gesprochen haben;
Der Esel heißt Esel, nicht asinus,
Die Schwaben bleiben Schwaben.
Heinrich Heine in »Deutschland. Ein Wintermärchen« 1844[36]

Doch auch Heine, der übrigens der Varusschlacht als einem Akt der Befreiung durchaus positiv gegenüberstand[37], konnte mit seinem Spott kaum etwas gegen die grassierende Begeisterung für »Hermann den Cherusker« und seine Germanen ausrichten. Die Schar seiner Verehrer war gewachsen und gewachsen, und bereits am Beginn des 19. Jahrhunderts hatten sich immer mehr Befürworter der Idee gefunden, dem Nationalhelden endlich ein Denkmal zu setzen. Mitten im Teutoburger Wald, so der Plan, sollte ein monumentales Bauwerk an ihn erinnern. Das Projekt nahm zwar viel mehr Zeit in Anspruch als ursprünglich gedacht, aber letztlich entstand ein Gebilde, das wie kein anderes Dokument bis in die Gegenwart hinein die Erinnerung an Arminius und die Varusschlacht prägte: das Hermannsdenkmal bei Detmold.

Ein Denkmal

Der Weg zum Denkmal war lang. Heute sieht man dem Monument in der ostwestfälischen Provinz nicht an, dass das Projekt mehrfach vom Scheitern bedroht war. Und doch erlangte es für viele Jahrzehnte den Status einer nationalen Pilgerstätte, an der die Geschichte von Arminius und der Varusschlacht wie an keinem anderen Ort als Geburtsstunde der deutschen Nation gefeiert wurde.

Die ersten Ideen für ein Hermannsdenkmal entstanden bereits im 18. Jahrhundert. Zu ihnen zählt das Vorhaben des Landgrafen

Friedrich Ludwig von Hessen-Homburg, der darin 1782 auch von dem Dichter Friedrich Gottlieb Klopstock unterstützt wurde, der zu diesem Zeitpunkt das erste seiner drei Hermanndramen verfasst hatte. Doch die unterschiedlichen Varianten dieses Denkmals – mal schwebte dem Initiator ein Tempelbau vor, dann wieder eine riesige Säule – blieben reine Theorie. 1813/14 schließlich entwarf der Architekt Karl Friedrich Schinkel einen Arminius hoch zu Ross, wie er mit einer Lanze einen schon zu Boden gegangenen Legionär tötet. Bei Schinkels Skizze wie bei anderen Vorschlägen dieser Zeit ist die antifranzösische Gesinnung kaum zu übersehen: Der Sieg über Napoleon erinnerte eindrücklich an den Sieg des Arminius – und die gegen Frankreich ziehenden Verbündeten erschienen schlicht als »Cherusker« und »Enkel Hermanns«.[1]

Denkmal – Der Bau eines Denkmals soll an ein bestimmtes Ereignis oder besonders verehrte Menschen erinnern und diese Erinnerung über die Zeiten hinweg bewahren. Schon in der Antike waren solche Monumente populär und gerade bei den Römern als politische Denkmale sehr verbreitet. Im Mittelalter waren solche Denkmale seltener, das 19. Jahrhundert brachte in Deutschland den Höhepunkt des Denkmalkults. Politisch ebenso bedeutsam wie der Bau eines Denkmals kann sein Sturz sein – erinnert sei an die Zerstörung einer übergroßen Statue des Diktators Saddam Hussein in Bagdad durch US-Soldaten.

Schließlich nahm sich ein Baumeister aus dem Königreich Bayern der Sache an: Ernst von Bandel. Geboren 1800 im fränkischen Ansbach, erlebte er als Kind die Besetzung seiner Heimat durch die Franzosen. Diese Erfahrungen hat er selbst in seinen Lebenserinnerungen als prägend beschrieben, sodass der antifranzösische Impuls des späteren Hermannsdenkmals seine Entsprechung im persönlichen Erleben des jungen Ernst von Bandel hat. Er – so die von ihm kolportierte Anekdote – habe als Kind immerhin den Mut besessen, den einziehenden Besatzern am elterlichen Gartenzaun lauthals ein mutiges »Das ist ja Gesindel!« zuzurufen, wofür ein französischer Soldat ihm eine »gewaltige Ohrfeige« versetzte, »dass ich in den Garten zurückflog«.[2]

Schon früh interessierte sich Bandel für die Phasen deutscher Geschichte, die ihm und vielen seiner Zeitgenossen – wie etwa Heinrich von Kleist – als historische Parallele zur aktuellen nationalen Notlage erschienen: die Auseinandersetzungen zwischen Römern und Germanen und die Varusschlacht. Noch als Architekturstudent fertigte er im Alter von 19 Jahren einen ersten Entwurf für ein Hermannsdenkmal, mit dem er den deutschen Kampf gegen die Franzosen würdigen wollte. Dann trat Bandel einige Jahre als Bildhauer in den Dienst des bayerischen Königs, ehe er Mitte der 1830er-Jahre in einer Zeit der Arbeitslosigkeit mit der Realisierung seines Denkmalplans begann.[3] Der Mann aus Franken brauchte für sein Monument einen symbolträchtigen Platz – und den möglichst mitten im Teutoburger Wald. Da sich dieser nicht vom Schreibtisch aus finden ließ, machte sich der Künstler selbst auf Entdeckungsreise ...

Es war der Sommer 1836 schon fast verstrichen, da nahm ich meinen alten Reisegefährten, meinen Rucksack auf den Rücken, um in den Teutoburger Wald zu wandern und mir eine Stelle zu suchen, auf der ich mein Wollen endlich zum Vollbringen führen könnte.
Ernst von Bandel über die Suche nach einem Platz für sein Hermannsdenkmal[4]

Der Franke durchstreifte die Gegend rund um Detmold, damals ein Städtchen mit rund 4000 Einwohnern, das etwa 30 Kilometer östlich von Bielefeld lag und in dem bis zur Revolution von 1918 die Fürsten zu Lippe residierten. Unweit Detmolds erklomm Bandel schließlich auch einen über 380 Meter hohen Berg des

Teutoburger Waldes, die sogenannte Grotenburg, wo sich Reste eisenzeitlicher Besiedlung fanden. Hier glaubte er den richtigen Platz gefunden zu haben:

Ich erkannte diesen Berg, der kegelförmig sich in Mitte der Haupttäler des Gebirges erhebt, als einen geeigneten Punkt für das Denkmal, von dem man in alle Täler schauen und auf dem ein Denkmal von weitester Ferne erschaut werden könnte. Ich fand auf der Bergkuppe einen zusammengetragenen kleinen Haufen Steine und sagte zu meinem Begleiter: »Hier werde ich ein Denkmal errichten.«
Ernst von Bandel in seinen Erinnerungen[5]

Seiner Frau schrieb Bandel, auf einer Wanderung habe ein Hirte »vom römischen Räuber Varus« erzählt.[6] Daraus leiteten manche Historiker ab, dass es im Teutoburger Wald noch mündliche Überlieferungen zur Geschichte der Varusschlacht gegeben habe – was allerdings doch sehr optimistisch interpretiert scheint. Ernst von Bandel war sich ohnehin sicher, endlich den besten Standort für sein Denkmal gefunden zu haben, und viele Zeitgenossen waren von dieser Wahl wohl begeistert.

Der Ort der Errichtung könnte, auch abgesehen von den lokalen Traditionen, nicht besser gewählt werden, wenn eine poetische Illusion uns in die Jahrhunderte der deutschen Heroenzeit versetzen soll. ...Wer sagt euch, dass der Holzbauer, der dort mit der blank geschliffenen Axt auf seiner Schulter, selbst eine patriarchalisch ungeschliffene Figur im groben Kittel, dem ausgefahrenen Geleise eines Hohlweges folgt, nicht einer der deutschen freiheitsschwärmenden Jünglinge ist, der zu seinem langlockigen, bärenhäutigen Brüdern eilt, um in der Dörenschlucht und im Pass am Falkenberge auch sein Trinkhorn mit Römerblute zu füllen?
Der liberale Schriftsteller Ferdinand Freiligrath über den Ort des Hermannsdenkmals[7]

Der Bau eines Denkmals war mit erheblichen finanziellen Aufwendungen verbunden – und Ernst von Bandel keineswegs in der Lage, das ganze Projekt aus eigener Tasche zu bezahlen. Deshalb suchte er und fand bald Unterstützung vor allem in der Region selbst. Der in Detmold herrschende Fürst Leopold II. begrüßte die Idee des Denkmals und wurde dessen Förderer: Er spendete großzügig für das Bauvorhaben, stellte zwischenzeitlich auch Bandel und seiner Familie das fürstliche Palais als Wohnung und erwarb Kunstwerke Bandels, darunter eine lebensgroße Statue der Thusnelda.[8]

Die langfristige Finanzierung des Denkmalbaus sollte allerdings der »Verein für das Hermanns-Denkmal« garantieren, den fünf Mitglieder der lippischen Regierung gründeten. Am 20. Februar 1838 wendete sich der Verein erstmals mit einem Spendenaufruf an die deutsche Öffentlichkeit. Nicht nur erste Spenden trafen ein, sondern es bildeten sich auch einige Nebenvereine in anderen Orten, wobei in den kommenden Jahren vor allem die »Ableger« in Berlin und Hannover besonders aktiv wurden.[9] Mit seiner Verankerung in etwa 30 deutschen Städten wurde der Denkmalverein für einige Jahre zu einer der wichtigsten nationalen Bewegungen. Es gelang ihm, für das symbolträchtige Vorhaben Spenden aus nahezu allen Staaten des deutschen Bundes zusammenzutragen.[10]

Die aufflammende Begeisterung und der Eingang der ersten Spenden ließen Ernst von Bandel rasch zur Tat schreiten: Am 9. Juli 1838 wurde auf der Grotenburg mit den Ausschachtungsarbeiten begonnen. Zu diesem Zeitpunkt war allerdings noch unklar, wie das Denkmal aussehen sollte. Bandel hatte zwar der Öffentlichkeit – und damit den potenziellen Spendern – ein Modell vorgestellt, das auch als Lithografie vertrieben wurde. Es stellte Arminius mit hoch aufgerecktem Schwert dar, der auf der Spitze eines Felsens stand, der wiederum auf einem Kuppelbau thronte.

Gegen diesen Entwurf gab es vielerlei Einwände. Für Bandel und sein Vorhaben war allerdings nur die Kritik maßgeblich, die von einflussreicher und finanzkräftiger Seite kam. So meldete sich der bayerische König Ludwig I. bei dem Detmolder Verein, um seine Ansicht kundzutun, dass der Felsen unter den Füßen des Arminius durch eine massive Kuppel ersetzt werden solle. Der Monarch aus dem fernen München legte zur Verdeutlichung auch eine Skizze bei – und zugleich wurde der königliche Wunsch mit dem Hinweis verbunden, dass von seiner Befolgung eine beträchtliche Geldzuwendung für den Denkmalsbau abhängig sei.[11] In Bayern zeigte man übrigens auch eigenes Interesse an Arminius: So zierte den unter Ludwig I. über dem Donautal bei Donaustauf errichteten Ruhmestempel »Walhalla« in den Giebelfriesen auf der einen Seite die Gründung des Deutschen Bundes von 1815 – und auf der anderen Seite die Varusschlacht.

Wirkliche Konkurrenz erhielt Bandel mit seinem Vorhaben schon wenige Monate nach Baubeginn: Über den Berliner Denkmalsverein brachten Schinkel und der ebenfalls hoch angesehene und einflussreiche Bildhauer Christian Daniel Rauch einen Alternativvorschlag vor. Das Duo favorisierte den Bau eines hohen Felsens, auf dem eine Hermannsfigur stehen sollte mit der riesigen Inschrift »Hermann, Befreier Deutschlands«. Bandel lehnte den Vorschlag rundweg ab. Doch dass der Berliner Vorstoß schließlich nicht von Erfolg gekrönt war, lag weniger an seinem Einspruch: Vielmehr hatten verschiedene Denkmalvereine mit der Rückforderung ihrer Gelder gedroht, sollte man sich für die Alternative von Schinkel und Rauch entscheiden.[12]

Und doch reagierte Bandel auf Wünsche aus Berlin – genau genommen auf den Wunsch des preußischen Kronprinzen und späteren Königs Friedrich Wilhelm IV.: Vermutlich hegte der andere Vorstellungen für den Unterbau des Denkmals, die nun berücksichtigt wurden. Wie im Falle des bayerischen Königs hatte sich Ernst von Bandel zu Korrekturen bewegen lassen, da der

Kronprinz mehrfach mit Spenden für das Denkmalprojekt seine Großzügigkeit unter Beweis gestellt hatte – einen solchen Gönner durfte er nicht vergraulen. Die Lithografie mit dem ursprünglichen Entwurf wurde daraufhin aus dem Verkehr gezogen, und Ernst von Bandel legte 1840 einen neuen Entwurf mit leicht verändertem Unterbau vor. In dieser Form sollte das Denkmal schließlich realisiert werden.[13]

Ich wusste und hatte den nicht zu erschütternden Glauben, dass, wenn ich nur ausdauernd treu am Werke bliebe, ich auch trotz allem Entgegentreten doch zu meinem Ziele gelangen würde.
Ernst von Bandel über seine Arbeit am Hermannsdenkmal[14]

Bandel sprach in seinen Lebenserinnerungen gern davon, dass er sich stets gewiss war, sein Denkmalprojekt auch tatsächlich zu vollenden. Aber die Schwierigkeiten auf diesem Weg waren unübersehbar und begleiteten das Vorhaben von Beginn an. Immer wieder war die Finanzierung zentrales Thema der Auseinandersetzungen, die der Bildhauer mit dem Denkmalverein vor Ort debattierte. Dabei verschloss sich Bandel, der sich selbst als eigensinnigen Kerl bezeichnete, zuweilen vollständig der Diskussion: Das Ansinnen des Vereins, er möge vor Baubeginn eine Kostenübersicht zur Begutachtung und Genehmigung vorlegen, tat er als »lächerliche Zumutung« ab[15] – der vermeintlich große Künstler wollte sich mit den kleinlichen Bedenkenträgern aus der Provinz nicht über Gebühr abgeben und sich schon gar nicht von ihnen kontrollieren lassen.

Auf seiner Baustelle war er hingegen der unumschränkte Herrscher. Er leitete und überwachte den Fortgang der Arbeiten persönlich. In der Abgeschiedenheit des Ortes bildete sich eine eigene kleine Gemeinschaft heraus, in welcher der Bildhauer seinen Führungsanspruch in so ziemlich allen Dingen des Lebens beanspruchte und durchsetzte. Als im ersten Jahr des Baues sechs Arbeiter an Lungenkrankheiten infolge der Staubeinwirkung gestorben waren und ein Arzt wohl nicht ganz in Kenntnis der wahren Ursache vor allem übermäßigen Branntweinkonsum als Todesursache diagnostizierte, ließ Ernst von Bandel den Genuss von Alkohol verbieten und hielt die Arbeiter an, leichten Kaffee mit viel Milch zu trinken. Für dieses Vorgehen bekam Bandel übrigens Applaus von der damaligen Mäßigungsbewegung – und zumindest nach seiner eigenen Aussage dankten ihm schließlich seine Arbeiter dafür, dass sie durch ihn zu Abstinenzlern geworden waren.

Die Leute dankten mir später dafür, dass ich ihnen das Branntweintrinken abgewöhnt, und wurden durch ihr fortanes nüchternes Leben in jeder Hinsicht zufriedener, ordentlicher in ihren häuslichen Verhältnissen.
Ernst von Bandel in seinen Erinnerungen[16]

Die erste öffentliche Begeisterung für Bandels Bau ließ bald nach, und der Bauherr spürte dies schmerzlich an der zurückgehenden Spendenbereitschaft. Er selbst sollte schließlich sogar sein gesamtes, nicht unerhebliches Privatvermögen in das Projekt investieren und sich zudem verschulden.[17] Doch auch das reichte nicht aus, und schon wenige Jahre nach Baubeginn verfiel die Baustelle allmählich. Der Denkmalverein musste sich zeitweilig verschulden, um die notwendigsten Arbeiten finanzieren zu können. Die letzten noch vorhandenen Gelder wurden verbraucht, um die Kuppel des fertigen Unterbaus mit einer Konstruktion aus Zink abzudecken. 1846 ruhten die Arbeiten auf dem Gelände vollständig. Als schließlich 1850 ein schon fertig gegossener Arm der Hermannsfigur und weitere Kupferteile gestohlen wurden, brachte man das noch verbliebene Kupfer im Keller einer Detmolder Schule in Sicherheit. Die kleine Werkstatt auf der Grotenburg wurde aufgrund wiederholter Beschädigungen abgerissen. Der Bau des Hermannsdenkmals kam nach acht Jahren völlig zum Erliegen. Vom großen Vorhaben kündete lediglich der knapp 18 Meter hohe Unterbau. Der »Schöpfer des Hermannsdenkmals«, Ernst von Bandel, hatte sich wegen des Streits mit den Förderern vor Ort verabschiedet – jahrelang sollte er Detmold meiden und es ablehnen, mit einzelnen Herren des Denkmalvereins zu verhandeln.[18] Übrigens sollten sich die Beteiligten noch Jahrzehnte später wiederholt ob der Verwaltung des Geldes in den Haaren liegen.[19]

Die Zurückhaltung bei potenziellen Geldgebern in dieser Phase des Denkmalbaus ist unterschiedlich interpretiert worden. Die eigentliche Ursache dürfte keineswegs eine fehlende Bekanntheit des Hermannmythos gewesen sein. Stattdessen haben Historiker einen gewissen Argwohn konservativer Kreise vermutet: Sie hätten zu dieser Zeit weniger an Hermann selbst Anstoß genommen, wohl aber an »der ihnen zu freiheitlichen, zu volks- und zu wenig fürstenbezogenen Art der Denkmalsbewegung«.[20] Die Obrigkeit hatte offenbar zunehmend Schwierigkeiten mit einem Arminius (und seinem Denkmal), der zur Symbolfigur für die Forderung nach einem deutschen Nationalstaat wurde. Denn damit geriet er »in Gegensatz zu den deutschen Fürsten, die an der staatlichen Einheit wenig Interesse hatten«.[21]

Tatsächlich erweckte die nationale Begeisterung den Argwohn der Fürsten. Deutlich zeichnete sich der Gegensatz zwischen dem regierenden Adel und der bürgerlich geprägten Nationalbewegung ab. Bandel selbst lieferte in seinen Erinnerungen das entsprechende Stichwort, als er anlässlich der Grundsteinlegung notierte, »man fürchtete einen dem Hambacher ähnlichen Zusammenlauf«.[22] Ob diese Äußerung tatsächlich gefallen war oder Bandel sie nur entsprechend interpretiert hatte – zweifelsohne hatte das Hambacher Fest 1832 die deutschen Fürsten nachhaltig beeindruckt. 30 000 Menschen hatten sich am Hambacher Schloss in patriotischer Begeisterung getroffen, um ihre Entschlossenheit zu demonstrieren, für die Erringung von Einheit und Freiheit gegen die Fürsten zu kämpfen.

Ja, er wird kommen, der Tag, wo ein gemeinsames deutsches Vaterland sich erhebt. ... Hoch lebe jedes Volk, das seine Ketten bricht und mit uns den Bund der Freiheit schwört. ... Wir selbst wollen, wir selbst müssen vollenden das Werk, und ich ahne, bald, bald muss es geschehen, soll die deutsche, soll die europäische Freiheit nicht erdrosselt werden von den Mörderhänden der Aristokratie.
Der Jurist und Publizist Philipp Jakob Siebenpfeiffer zu den Teilnehmer des Hambacher Festes 1832[23]

Das Begehren von Einheit und Freiheit – zu diesem Zeitpunkt schon längst Kern des Arminiuskults – war eine revolutionäre Forderung, da sie mit dem Kampf gegen die Fürsten verknüpft wurde. Ihre Weigerung stehe der Schaffung eines deutschen Nationalstaats entscheidend entgegen. So wurden die Fürsten »mehr und mehr zum Gegenbild des Arminiusmythos«. Der Gegensatz zwischen dem deutschen Adel und der bürgerlichen Nationalbewegung war nicht mehr zu übersehen. Die auf einer Massenveranstaltung wie dem Hambacher Fest laut gewordene Kritik musste die aristokratische Obrigkeit ernst nehmen, und sie reagierte auf entsprechende Ereignisse mit weiteren Repressionen. Dazu zählte die Unterdrückung der Presse- und Versammlungsfreiheit ebenso wie die Verhaftung von Teilnehmern des Hambacher Festes.

Tatsächlich verbanden sich in dieser Zeit liberale Hoffnungen mit dem Arminiusmythos. So waren in den 1840er-Jahren auch die nationaldemokratischen Linken daran beteiligt, Arminius zum nationalen Helden zu stilisieren.²⁴ Auch bei den Burschenschaften, die sich nach 1815 für die nationale Einigung Deutschlands und die Einführung politischer Reformen einsetzten, wurde der Cherusker als nationaler Held gefeiert. Karl Follen, einer der Revolutionäre der Burschenschaft, brachte 1818 die Wertschätzung zum Ausdruck, als er in einem Gedicht den »alten Hermann« als »Freiheitsgott« pries.

> *Der alte Hermann regt sich wild*
> *der Freiheitsgott im Eichengrab*
> *und hoch vom Himmel winket mild*
> *der uns der Seelen Freiheit gab.*
> *Am Bundesbanner wonnevoll*
> *Kreuz, Schwert und Eiche glühn*
> *auf Teutoburger Rütli soll*
> *ein Eden uns erblühn.*
> Karl Follen im Jahr 1818²⁵

Zu den Unterstützern des Bandel'schen Denkmalprojekts zählte eine große Anzahl derer, die sich ausdrücklich als liberal verstanden und sich »Freunde der Freiheit« nannten. Auch der Schriftsteller und radikale Demokrat Ferdinand Freiligrath – der in Detmold geboren wurde und dessen Wort deshalb in der Region auch etwas galt – griff im Jahr 1842 das historische Thema auf. Zwar war Arminius in den Jahren vor dem Umsturz von 1848/49 als historische Figur im liberalen Lager präsent, doch zum Helden der Revolution stieg er keineswegs auf. Aber – darauf hat der Historiker Thomas Nipperdey hingewiesen – immerhin wurde Arminius auch kein Held der Reaktion.²⁶

Was die Aneignung der historischen Figur in diesen Jahren so außergewöhnlich machte, war die übernationale Bedeutung, die Arminius und seinem Wirken zugeschrieben wurde. Die Befreiung vom römischen Joch, so die Annahme, sei doch viel mehr als eine Einzeltat gewesen: Die Varusschlacht könne vielmehr auch den anderen Nationen Europas zeigen, wie und dass eine Befreiung von fremden Despoten möglich sei. Und Gründung und Erhalt der Nation sei das gute Recht des Volkes. Arminius und die Varusschlacht erlangten damit geradezu weltgeschichtliche Bedeutung, weil sie aus dieser Perspektive die historische Begründung für die Eigenständigkeit und damit auch die Vielfalt der Nationen lieferte. Arminius wurde zum Symbol gegen Zentralisierung, gegen alle imperialen Bestrebungen von Rom bis Napoleon.[27]

Auch die übrigen Völker der Erde wurden frei durch den Teutoburger Sieg, der das Weltreich und seine Tyrannei stürzte. Volk und Völker leben seitdem im freien friedlichen Verkehr miteinander, alle sich wechselseitig dem Ziele entgegentragend, das den Menschen gestellt ist.
Der Vorsitzende des Detmolder Denkmalvereins 1841[28]

Doch dem Fortgang der Arbeiten am Hermannsdenkmal bei Detmold war die Begeisterung für den Arminiusmythos wenig förderlich. Mehr als 15 Jahre – zwischen 1846 und 1862 – ruhte die Baustelle. Ernst von Bandel war nach Hannover gezogen, wo er seine Frau und seine sieben Kinder mit Gelegenheitsarbeiten als Steinmetz ernähren musste. Und doch war er weiterhin entschlossen, sein Denkmal fertigzustellen; in Hannover mietete er eine eigene Werkstatt, in der er die mächtige Figur des Hermann gießen wollte. Erst 1862 erlebte das ehrgeizige Vorhaben den Durchbruch: Der hannoversche Verein initiierte eine neue Spendenaktion. Erneut erging ein Aufruf an »alle Deutschen«, sich an diesem Werk zu beteiligen. 1863 konnte Bandel die Arbeit am Denkmal wiederaufnehmen.[29]

Die Jahre der Einigungskriege verliehen dem Vorhaben neuen

Schwung. Zwar bewirkten die Kriege von 1864 (gegen Dänemark) und 1866 (gegen Österreich) im Land zunächst eine gewisse Geldnot, zugleich fand die nationale Sache mit all ihren Facetten breite öffentliche und politische Zustimmung. Konkrete Unterstützung erhielt das Denkmalprojekt vom preußischen König. Dieser stellte eine größere Spende in Aussicht und stattete dem Bildhauer 1869 einen demonstrativen Besuch in seiner Werkstatt in Hannover ab. Dabei sagte er weitere Fördergelder zu und forderte Bandel auf, mit seinem Besuch beim Künstler Werbung für das Projekt zu machen. Tatsächlich wurde bald darauf eine Zeichnung publiziert, die Wilhelm I. mit Ernst von Bandel neben dem überdimensionalen Kopf der geplanten Hermannsfigur zeigt.[30]

Arminius galt zu diesem Zeitpunkt längst als »erster Märtyrer für die Einheit Deutschland«, als »der erste deutsche Staatsmann«[31] oder schlicht als »erster Deutscher«[32]. Sogar Freimaurerlogen schmückten sich mit seinem Namen, etwa 1844 die Bielefelder Loge »Armin zur deutschen Treue« oder später – 1893 – die Breslauer Loge »Hermann zur Beständigkeit«.[33]

Lediglich vereinzelte Stimmen fielen nicht begeistert in den Hermannkult jener Jahre mit ein.[34] Und nur wenige Gelehrte brachten so viel Nüchternheit auf wie der große Althistoriker Theodor Mommsen, der die historische Tat des Cheruskers sachlich bewertete und den viel umjubelten Helden auch noch despektierlich als »verschlagen« charakterisierte – eine Eigenschaft, die Hermannverehrer wie einen Ernst von Bandel sicherlich wenig begeistern konnte. Kritische Stimmen gab es da häufiger über Heinrich von Kleist und seine »Hermannsschlacht« zu hören. Der 1919 ermordete sozialistische Politiker Kurt Eisner prangerte das Drama als eine »schäumende Tragödie des Hasses« an, in der Kleist auf plumpe Weise die Ausrottung der Fremden propagiere.[35]

Arminius war der tapfere und verschlagene und vor allen Dingen glückliche Führer in dem Verzweiflungskampf um die verlorene nationale Unabhängigkeit; nicht weniger, aber auch nicht mehr.
Theodor Mommsen in seiner »Römischen Geschichte«[36]

Es ergoss sich auch Spott über das geplante Denkmal bei Detmold. Karl Marx hatte bei einem Besuch in Hannover die Gelegenheit, einen Teil der Arbeiten zu betrachten – und lästerte über das schleppende Tempo des Denkmalsbaus, das ihn allzu sehr an die mühselige Schaffung eines deutschen Nationalstaats erinnerte: »Das Zeug wird ebenso langsam fertig wie Deutschland.«[37] Und als das Denkmal schließlich doch vollendet war, äußerte zumindest Friedrich Engels ätzende Kritik: Er bezeichnete das Bauwerk schlicht als »kindisch«.[38]

Der Hermannskopf, so kolossal,
dass du daneben ein Kind,
sieht herzlich dumm-ehrlich aus.
Karl Marx in einem Brief an Friedrich Engels am 7. Mai 1867[39]

Gleichwohl findet sich weder bei Marx noch bei Engels bei aller Kritik an ihrer Gegenwart und den deutschtümelnden Erscheinungen rund um das Denkmal eine radikale Umdeutung des Hermannmythos. Vielmehr konnten auch sie Arminius und der Varusschlacht viel Gutes abgewinnen. Engels fand klare Worte bei der Verurteilung der Römer und vor allem ihres Statthalters Varus, den er – streng der vernichtenden Charakterisierung des antiken Autoren Velleius Paterculus folgend – als träge und raffgierig darstellte. Um den Römer herum drängte sich, so Engels, ein »Schwarm von Sachwaltern und Ferkelstechern«, alles »reine Gurgelschneider«, die nur die »Aussaugung des Landes« im Sinn hatten. Ihr schäbiges Ansinnen scheiterte nach Engels' Interpretation schlicht an den Fähigkeiten von Arminius – deshalb gelte dieser als »ein großer Staatsmann und bedeutender Feldherr«.⁴⁰

Solche Äußerungen trafen schon eher den Puls der Zeit: Hatten die ersten beiden Einigungskriege 1864 und 1866 dem Arminiuskult und dem Bau des Hermannsdenkmals bereits zusätzlichen Schwung verliehen, so brachten der militärische Sieg über Frankreich und die Reichsgründung 1871 den Höhepunkt der Arminiusbegeisterung. Doch noch fehlten Ernst von Bandel und den Befürwortern des Hermannsdenkmals – dessen Grundsteinlegung inzwischen schon 33 Jahre zurücklag – die finanziellen Mittel, ihr Werk zu vollenden. Hilfe erwartete man nun von den Mitgliedern des Deutschen Reichstags: In einer Petition hatte der »Verein für das Hermannsdenkmal zu Hannover« das Parlament ersucht, 10 000 Taler zur Fertigstellung des Bauvorhabens zu bewilligen. Ein solches finanzielles Ansinnen musste im Reichstag selbstverständlich diskutiert werden – und damit wurde der historische Arminius während der Sitzung am 5. Mai 1871 im unmittelbaren politischen Zugriff der Zeit debattiert.⁴¹

Der katholische Abgeordnete August Reichensperger nutzte die Gelegenheit zu ironischen Bemerkungen über die grassierende Lust an Denkmalbauten. Er zeigte sich zwar nachsichtig mit der nationalen Begeisterung im Land, die nun an immer neuen Orten nach nationalen Denkmalen rufe. Allerdings, so gab der Zentrumspolitiker zu bedenken, müsse man zuweilen den Eindruck haben, dass die örtlichen Befürworter solcher Projekte wohl auch den eigenen Geldbeutel im Blick hätten: Ein regelmäßiger Zustrom zahlungskräftiger Besucher sei doch sicherlich nicht unwillkommen ...

Es erscheint ziemlich natürlich, dass, wo irgend ein schöner Punkt mit einer Fernsicht ist, die Anwohner auf den Gedanken kommen, denselben zur Errichtung eines Monuments zu benutzen. Dem Erhabenen gesellt sich denn auch das Nützliche in der Regel bei; denn wenn ein solches Monument einmal in den Baedeker übergegangen ist, so erweist es sich zugleich als eine Art von Nahrungsquelle für den betreffenden Ort.

Der Reichstagsabgeordnete August Reichensperger 1871[42]

Aber auch das katholische Zentrum widersetzte sich nicht dem Antrag, finanzielle Unterstützung zu gewähren. »Fast ausnahmslos das ganze Haus«, so vermerkt es das Protokoll, befürwortete die Petition und ersuchte den Reichskanzler, der Bitte um Unterstützung nachzukommen.[43] Allerdings hatte der historische Arminius zuvor eine neuartige Umdeutung erfahren; der nationalliberale Abgeordnete Dove erinnerte seine Parlamentskollegen an einen Ausspruch Theodor Mommsens, wonach der Cherusker zweifelsfrei der Befreier Deutschlands, zugleich aber auch »das erste Opfer des deutschen Partikularismus« gewesen sei.[44] Diesem starken historischen Argument konnten sich die Parlamentarier wenige Wochen nach der feierlichen Gründung des Deutschen Reiches nicht entziehen. Wer wollte in der Stunde der Erfüllung der Einheitsbewegung schon beschuldigt werden, einem zentralen Symbol der deutschen Einheitsbewegung den nötigen Respekt zu verweigern? Der Reichstag befürwortete also den Zuschuss in Höhe von 10000 Talern, der Kaiser legte 1874 noch einmal 9000 Taler dazu.[45]

Karl Marx hatte einige Jahre zuvor noch gespottet, der Bau des Hermannsdenkmals werde ebenso langsam fertig wie Deutschland – jetzt war das Deutsche Reich gegründet, ehe das geplante Symbol für Freiheit und Einheit vollendet war. Seine Fertigstellung dauerte noch vier Jahre: Vom 14. bis zum 16. August 1875 wurde das Denkmal offiziell eingeweiht, oder, wie es Ernst von Bandel ausdrückte, es sollte »dem Deutschen Volke übergeben werden«.[46]

Für Detmold war dies ein Großereignis. Die ganze Nation blickte auf das Residenzstädtchen – schließlich hatten auch Kaiser und Kronprinz ihr Kommen angekündigt. Zahlreiche Komitees wurden gegründet, um die erwartete große Anzahl Besucher aufzunehmen, zu verpflegen und unterzubringen (da die Zahl der Gästebetten nicht ausreichte, mussten zahlreiche Privatunterkünfte bereitgestellt werden). Eine logistische Herausforderung war der Transport der Denkmaltouristen. Die Stadt war noch nicht an das Eisenbahnnetz angeschlossen. Pferdefuhrwerke aus weiter entfernten Stationen wie Bielefeld oder Herford schufen Abhilfe.[47]

Die Feierlichkeiten begannen mit der Einweihung eines anderen Denkmals, nämlich des Kriegerdenkmals für die Gefallenen des Deutsch-Französischen Krieges 1870/71 in Detmold; Kriegervereine und Schulen nahmen teil. Am 15. August zogen dann Kaiser samt Gefolge in das Städtchen ein. Es gab das standesgemäße Glockengeläut, den Kanonensalut, einen Triumphzug durch die Menschenmenge und abends einen Fackelzug auf dem Marktplatz.[48] Der Detmolder Bürgermeister hielt eine kurze Ansprache und begrüßte Kaiser Wilhelm I. – was konnte man angesichts des Anlasses anderes vermuten – als Erben Hermanns. Den Tag beschlossen patriotische Gesänge, allen voran die Lobeshymne auf das preußischer Herrscherhaus (»Heil Dir im Siegerkranz«) sowie die antifranzösische »Quasi-Nationalhymne des Reiches« (»Die Wacht am Rhein«).[49]

Am folgenden Tag pilgerten die Besucher – wir dürfen allerdings annehmen, dass der Kaiser gefahren wurde – den rund einstündigen Fußweg zum Denkmal auf der Grotenburg hinauf. Rund 30000 Menschen sammelten sich auf dem festlich geschmückten Festplatz mit Tribünen für die Redner, die Presse sowie für den Kaiser.[50] Von dem riesigen Volksfest profitierten viele Einheimische: Ein regelrechtes Amüsiergelände wurde eingerichtet, mit

22 »Wirtschaftszelten« sowie 20 »Filialen« des Gasthauses »Zur Grotenburg« – von billigem Schnaps über Bier, Weine von der Mosel und Bordeaux und Champagner aus Frankreich war alles zu haben. Besonders geschäftstüchtige Detmolder hatten die Fenster zu den Straßen vermietet, die der Festzug passieren sollte.[51]

Wie bei jeder vergleichbaren Großveranstaltung gab es eine Festrede. Und damals wie heute gab und gibt es Festredner, die bei dieser Gelegenheit viel zu lange – und schlicht zu langweilig – auftreten. Jedenfalls strapazierte der Geheime Regierungsrat Preuß aus Detmold an diesem 16. August 1875 die Geduld seiner Zuhörer so sehr, dass er vom Lärmen der ermüdeten Menge und »Schluss«-Rufen unterbrochen wurde.[52] Als die Rede überstanden war, wurde die schwarz-weiß-rote Fahne an der Kuppel des Denkmals gehisst, und mit einem Handschlag zwischen dem Kaiser und Ernst von Bandel war die öffentliche Ehrung des Erbauers abgeschlossen. Dieser hatte seinen Lebenstraum nach siebenunddreißigjähriger Bauzeit verwirklicht. Seinen Triumph konnte er allerdings nicht lange genießen: Ein gutes Jahr später starb Ernst von Bandel im Alter von 76 Jahren.

Wir stehen wieder da, geehrt und gefürchtet im Rate der Völker, ihnen nicht bloß ein Volk der Denker und Dichter, sondern nun auch wehrbereit und waffengewaltig, ein Volk der selbstbewussten Tatkraft – und empfinden wird deren Wucht ein jeder, der es wagen sollte, uns ferner zu stören in dem Werke des Friedens, das wir nun vorhaben.
Der Festredner Preuß bei der Einweihung des Hermannsdenkmals am 16. August 1875[53]

Deutschland »war wieder wer« – so drückten es die Worte des Festredners aus. Und wer es wagen wollte, diesem neuen Deutschen Reich die Stirn zu bieten, der bekäme wie einst unter Arminius die militärische Wucht des Volkes zu spüren. Die Zuhörer dürften dieses Gefühl nationaler Stärke – das in Wirklichkeit ein »starkes und langfristig gefährliches Minderwertigkeitsgefühl großer Teile Deutschlands gegenüber den anderen europäischen Nationen« war[54] – geteilt haben, und so mancher ausländische Beobachter mochte im neuen Hermann auf der Grotenburg im Teutoburger Wald einen grimmigen und angriffslustigen Feind sehen:

Die Muse hat eben, mag sie singen, malen oder meißeln, in Deutschland keinen anderen Zweck mehr, als die rachsüchtigen Instinkte der germanischen Race zu erregen. ... Bandel hat seinem Arminius dicke Lippen, wilde nach Westen gerichtete Augen, einen grausamen Zug und das Ansehen einer Rothaut mit einem Kinnbart gegeben.
Aus einem französischen Zeitungsartikel im August 1875[55]

Über dem fast 27 Meter hohen Sockel erhebt sich eine fast ebenso große Figur, Hermann, der sein Schwert in Siegerpose in die Luft reckt. Angesichts der Begeisterung um das Deutsche Reich meinten nicht wenige Zeitgenossen, dort oben über dem Teutoburger Wald sinnbildlich auch einen anderen großen Preußen zu erkennen: Ihnen galt Reichskanzler Otto von Bismarck als Erbe im Sinne der cheruskischen Befreiungstat, andere sahen hingegen in Kaiser Wilhelm I. den legitimen Nachfolger des Arminius.

Hermann der Cherusker war es, der einstmals jene abgewehrt, unser Kaiser ist es, der uns gegen diese vertheidigt. Armin und Wilhelm – und ob fast zwei Jahrtausende zwischen ihnen liegen, unser Volk sieht sie wie Brüder beisammen stehen und streiten für ein und dasselbe Heiligthum, das deutsche Vaterland.
Das »Berliner Tageblatt« am 17. August 1875[56]

Der lang getrennte Stämme vereint
mit starker Hand,
der welsche Macht und Tücke
siegreich überwand,
der längst verlorene Söhne heimführt
zum Deutschen Reich,
Armin, dem Retter, ist er gleich.
Inschrift zu Ehren Wilhelms I. auf dem Hermannsdenkmal

Die Botschaft des riesenhaften Hermannsdenkmals war unmissverständlich: Letztlich werde Deutschland seine Einheit und seine Freiheit nur im militärischen Kampf gegen die Feinde von außen erringen und bewahren können. Und dieser äußere Feind war niemand anderer als das 1870/71 geschlagene Frankreich, dessen Truppen unter Napoleon Deutschland auch zu jener Zeit besetzt hielten, als Heinrich von Kleist die »Hermannsschlacht« schrieb und der junge Ernst von Bandel seine ganz eigenen negativen Erfahrungen mit den Besatzern gemacht hatte.

Das Denkmal galt nicht nur als Symbol des jüngsten Sieges über Frankreich, sondern war auch eine permanente militärische Warnung an das Nachbarland. Wenige Monate vor der Einweihung hatte im April und Mai 1875 die »Krieg-in-Sicht-Krise« die Deutschen verunsichert: In Frankreich waren Voraussetzungen für eine Stärkung der Armee geschaffen worden, woraufhin Reichskanzler Bismarck eine Pressekampagne lancierte – der erste große Bericht erhielt den Titel »Ist Krieg in Sicht?«. Das deutsche Ziel, Frankreich einzuschüchtern und politisch zu isolieren, wurde zwar nicht erreicht; unter russischer Führung wurde die Krise diplomatisch beigelegt. Aber der Öffentlichkeit war ganz im Sinne Bismarcks erneut vor Augen geführt worden, dass Frankreich die außenpolitische Bedrohung der Stunde war und blieb – und die Interpretation des Hermannsdenkmals war in diesem Sinne geprägt.

Nur weil Deutsches Volk verwelscht und durch Uneinigkeit machtlos
 geworden,
konnte Napoleon Bonaparte, Kaiser der Franzosen,
mit Hilfe Deutscher Deutschland unterjochen
Da endlich 1813 scharten sich um das von Preußen erhobene Schwert
alle deutschen Stämme, ihrem Vaterlande
aus Schmach die Freiheit erkämpfend.
Inschrift auf dem Hermannsdenkmal

Was einst die Römer waren, verkörperten jetzt die Franzosen. In einem allgemeineren Sinne waren es zugleich alle, von denen man annahm, sie könnten Einigkeit und Freiheit der Deutschen bedrohen. Dazu zählte auch das, was »welsch« erschien, also »romanisch«, mithin »undeutsch« und fremd.

Welsch – Ursprünglich eine Bezeichnung für keltische Völker, wurden später die romanischen Länder wie Italien oder Frankreich so benannt. Während der Begriff in der Schweiz keinen negativen Beiklang entwickelte (noch heute ist von der Französischen Schweiz als »Welschland« die Rede), wurde er in Deutschland zum Schimpfwort. In der politischen und nationalen Auseinandersetzung gerade mit Frankreich wurde es zum Gegenbegriff des vermeintlich Deutschen. Der Welsche galt als Fremder – und oft genug als Feind.

Die Symbolik des Hermannsdenkmals richtete sich in diesen Tagen allerdings nicht allein gegen einen äußeren Feind. Die offizielle preußisch-protestantische Machtelite sah auch zahlreiche Feinde im Inneren. Dazu zählten alle, die als angebliche Separatisten die jüngst errungene Einheit gefährdeten, als politische Gegner die preußisch-deutsche Monarchie kritisierten oder im Verdacht standen, von einer anderen Macht beeinflusst zu werden. Dieser Verdacht richtete sich besonders gegen die Katholiken im

27 »Arminius den man nent Herman« – der alte Held erhielt einen neuen Namen und begann seine Karriere. Der Auszug aus der »Illustrierten Reichschronik« von Burkhard Waldis (1490–1556) zeigt den Cherusker mit dem abgetrennten Haupt von Varus.

28 Darstellung zu Daniel Caspar von Lohensteins Arminius-Roman aus dem Jahr 1689/90. Das Motto »Eintracht lässt hoffen« verweist auf einen der zentralen Aspekte des entstehenden Arminius-Mythos.

29 So schön träumte sich Deutschland die Varusschlacht: »Hermann unterredet sich nach erfochtenem Sieg mit Thusnelda« lautet der Titel dieses Gemäldes von Johann Heinrich Tischbein dem Älteren aus dem Jahr 1782.

30 Arminius und die Seinen schlugen die Römer – und wurden dafür als Figuren an der Nordfassade der Walhalla verewigt.

31 Thusnelda als Gefangene Roms: Gemeinsam mit ihrem Sohn Thumelicus wird sie 17 n. Chr. in einem Triumphzug vorgeführt (Gemälde von Karl Theodor von Piloty, 1873).

32 Ernst von Bandel stellt sich 1875 dem Fotografen: Mit den Insignien des Baumeisters verweist er stolz auf das Modell seines Denkmals.

33 Und für seine Arbeit erhält Bandel Dank und Händedruck von Kaiser Wilhelm I.

34 Der Monarch informiert sich bei einem Werkstatt-Besuch über den Fortgang der Arbeiten.

35 30 000 Menschen sollen zur Einweihung des Hermannsdenkmals gekommen sein – nach 37-jähriger Bauzeit war das Monument endlich fertig.

36 Die Denkmalseröffnung blieb in Zeiten des Kulturkampfes nicht ohne antikatholischen Unterton. Und so entstand auch diese Karikatur mit dem Titel »Gegen Rom«, die Arminius und Luther zeigt: »Ich habe gesiegt«, verkündet stolz der Erste – »Ich werde siegen«, verspricht der Zweite.

37 Auch in den fernen USA wollten die Arminius-Freunde Großes leisten: Das Foto zeigt die Arbeiten für das Hermannsdenkmal in New Ulm.

38 1897 wurde das amerikanische Denkmal eingeweiht – es war mit 31 Metern deutlich kleiner als das Vorbild.

39 Das Detmolder Hermannsdenkmal als Touristenmagnet in landschaftlich reizvoller Lage (undatierte Fotografie des frühen 20. Jahrhunderts)

40 Festumzug zur 1900-Jahr-Feier der Varusschlacht in Detmold. Auch Thusnelda (vor ihr Arminius) rollt standesgemäß durch die Stadt.

41 So viel Ordnung muss sein: »Germanen« und Polizist stellen sich zum Gruppenfoto.

42 Frauenverbände 1925 beim Besuch des Hermannsdenkmals. Disziplin und Ordnung sind auch hier angebracht – unter dem gestrengen Blick der Männer.

43 Feierlicher Abschluss des Hermannslaufs 1925: Mitglieder der Deutschen Turnerschaft demonstrierten für die Einheit Deutschlands.

44 Ein Aufmarsch ganz anderen Zuschnitts: Der nationalistische »Stahlhelm« stellte 1925 auf der Grotenburg seine militaristische und antirepublikanische Gesinnung zur Schau.

45 Hermann und das Hakenkreuz – NSDAP-Plakat zur Landtagswahl in Lippe am 15. Januar 1933.

46 Und wieder andere Fahnen am Hermannsdenkmal – hier beziehen Mitglieder des rechtskonservativen »Jungdeutschen Orden« 1925 Stellung.

47 Die Nazis kommen: Erinnerungsfoto an eine NSDAP-Kundgebung 1932.

48 Die Nazis sind da: Wahlhelfer in SA-Uniform 1933.

49 Das Schwert mit der Inschrift von Deutschlands Einigkeit und Hermanns Stärke hatte im Krieg Schaden genommen.

50 Auch der Held war Kriegsinvalide – Reparaturarbeiten nach den Kriegsbeschädigungen, 1952.

51 Fackeln, Fahnen, FDP: Die liberale Partei nutzte das Hermannsdenkmal nach dem Aufstand vom 17. Juni 1953 als Ort für nationale Inszenierungen.

52 Die Hermannsschlacht von Heinrich von Kleist brachte Hermann und seinen Sieg auf die Bühne. Eine Zeichnung für ein Hermann-Kostüm von Herzog Georg II. von Meiningen Mitte der 1870er Jahre.

53 Arminius als Held in der DDR: Szenenphoto aus der Inszenierung des Harzer Bergtheaters 1957.

54 Auch der Film entdeckte die Varusschlacht: Szene aus dem 1922 gedrehten Streifen »Die Hermannsschlacht«.

55 Wie wahr: Theater ist schöner als Krieg. Intendant Claus Peymann sorgte 1982 mit seiner Inszenierung des Kleist-Dramas in Bochum für Aufsehen.

56 Deutschland dein Held: Anlässlich der Fußball-Europameisterschaft 2008 staffierten die Betreiber des Miniaturwunderlands in Hamburg die Figur des Hermannsdenkmals dem Anlass entsprechend aus.

Lande: Die Reichsgründung wurde vom sogenannten »Kulturkampf« begleitet, der harten politischen Auseinandersetzung zwischen Staat und katholischer Kirche.

»Reichsfeinde« – Zwar sonnte sich das 1871 ausgerufene Kaiserreich im Glanz seiner Gründung – gleichwohl kam es gerade in diesen Jahren ohne die Agitation gegen seine vermeintlichen Feinde im Inneren nicht aus. Dazu zählten zunächst die Katholiken, die aufgrund ihrer zunehmend enger werdenden Bindung an Rom der nationalen Unzuverlässigkeit verdächtigt wurden, aber auch nationale Minderheiten wie Polen, Elsässer oder Welfen, für die Antisemiten im Land auch die Juden. Mit besonderem Eifer agitierten konservative und nationale Kräfte zudem gegen die Sozialdemokraten, die bis 1890 als »Reichsfeinde« den Repressionen durch das sogenannte »Sozialistengesetz« ausgesetzt waren.

Die Unterdrückung der Katholiken während des Kulturkampfs bildete nur die politische Spitze eines mentalen Eisbergs: Die deutsche Gesellschaft vor und nach der Reichsgründung war konfessionell tief gespalten. Von dieser Zerrissenheit war der Alltag der Deutschen geprägt – das begann beim konfessionell getrennten Schulbesuch und endete bei zahllosen privaten Konflikten, wenn sich Katholiken und Protestanten ineinander verliebten und eine sogenannte konfessionelle »Mischehe« drohte. Es gab »so viele Katholikenfresser und so viele Protestantenfresser«[57], dass ein friedliches Miteinander der Konfessionen lange unmöglich blieb.

Auch die Erinnerung an Arminius und die Varusschlacht erhielt vor diesem Hintergrund eine konfessionelle Prägung. Dies lässt sich am Hermannsdenkmal ablesen. Schließlich war das Fürstentum Lippe, in dem auch Detmold und das Hermannsdenkmal lagen, ein fast ausschließlich protestantisches Land. Katholiken waren dort nicht nur eine Seltenheit, sondern waren und blieben auch in vielerlei Hinsicht Fremde. Auch Ernst von Bandel hatte übrigens als Protestant seine Erfahrungen mit der Konfessionsspannung gemacht – so notierte er spottend in seinen Erinnerungen, dass wohl kein Protestant sich längere Zeit in Rom aufhalten könne, »ohne öfter von Bekehrungsversuchen zur allein selig machenden Kirche belästigt zu werden«.[58]

Folglich durfte bei der Einweihung des Denkmals antikatholische Polemik nicht fehlen. Eindeutig gegen alle vermeintlichen »Reichsfeinde« waren die Worte des lippischen Generalsuperintendenten gerichtet, der in seiner Ansprache von den Deutschen sprach, welche die Herrlichkeit des neuen Reiches nicht nachempfinden könnten – und damit zielte der protestantische Gottesmann direkt auf die katholische Kirche und Rom. Der Auftritt eines protestantischen Geistlichen war übrigens auf ausdrücklichen Wunsch des Kaisers ins Programm aufgenommen worden.[59] Symbolträchtig für den protestantisch-nationalen Charakter der Kundgebung war auch der Umstand, dass im Vorfeld der Feier der von Protestanten wie Katholiken gleichermaßen gesungene Choral »Lobet den Herren« durch das protestantische Lied »Ein feste Burg ist unser Gott« ersetzt wurde.[60] Wohl aus Sorge vor protestantischer Polemik waren katholische Würdenträger den Feierlichkeiten dann auch ferngeblieben.[61]

Gott sei es geklagt, dass es noch Deutsche gibt, denen die Herrlichkeit des Deutschen Reiches ein Dorn im Auge ist und die mit aller Macht dem deutschen Geiste entgegenarbeiten. Bleibt das deutsche Volk aber nur seinem Glauben und dem Bekenntnis des Gekreuzigten treu, so werden ihm seine Feinde nichts anhaben können.
Der lippische Generalsuperintendent bei der Einweihung
des Hermannsdenkmals am 16. August 1875[62]

Auch in der Begleitpublizistik war die konfessionelle Polemik voll ausgeprägt. Am eindrucksvollsten ist sicherlich eine Karikatur aus der satirischen Zeitschrift »Kladderadatsch«, in der Arminius und Martin Luther Seit' an Seit' erschienen – gemeinsam gegen Rom. Während der Cherusker sich seinen historischen Sieg bereits auf den Schild schreiben konnte (»Ich habe gesiegt«), musste die vermeintlich ebenfalls historische Tat des Reformators auch nach einigen Jahrhunderten noch auf sich warten lassen (»Ich werde siegen«). Ein lippischer Pastor setzte in einer Schrift zur Einweihung des Hermannsdenkmals den »Ultramontanismus« sogar mit einer »heidnisch-jüdischen Entartung« gleich. An anderer Stelle wird die katholische Kirche als »Macht der Finsterniß« bezeichnet und dem römischen Gegner des Arminius gleichgestellt.[63]

Wie aber vor fast zwei Jahrtausenden germanische Kraft über die Macht des kaiserlichen Roms triumphierte, so wird auch die Kraft des neuen Deutschlands siegreich sich erheben über die Anstrengungen des päpstlichen Roms!
Festschrift zur Einweihung des Hermannsdenkmals 1875[64]

Auch liberale Blätter kommentierten den historischen Vergleich der Einigung germanischer Stämme durch Arminius und die Gründung des Deutschen Reiches unter Wilhelm I. Zugleich wurden auch die Bemerkungen zur Beurteilung des antiken Rom angesichts des aktuellen ultramontanen Katholizismus aufgegriffen. An einer Stelle wurde Arminius' Kampf gegen Rom mit dem Luthers verglichen, an anderer Stelle wurden führende Vertreter des Katholizismus verunglimpft, weil sie zu einer Wallfahrt ins französische (!) Lourdes aufbrachen, »gerade in denjenigen Tagen, an welchen die Varusschlacht geschlagen ist, für deren Helden das dankbare Vaterland eben ein spätes Denkmal errichtet hat«. Derart schrille Töne veranlassten die konservative »Kreuz-Zeitung« zur Mahnung, die »schöne vaterländische Festfeier« auf der Grotenburg nicht durch den Kulturkampf stören zu lassen.[65]

Das Hermannsdenkmal war in diesen Jahrzehnten mit einem sehr viel größeren Bauvorhaben Symbol für den mühsamen und langwierigen Weg zur deutschen Einheit: dem Kölner Dom. Die Kathedrale stand lange Zeit als unvollendetes Bauwerk inmitten der Stadt, ehe nationalpolitische Bestrebungen dazu führten, dass kein Geringerer als der – protestantische – preußische König Friedrich Wilhelm IV. zum maßgeblichen Förderer des katholischen Bauwerks wurde. Der 1880 abgeschlossene Weiterbau wurde unter der Protektion des Königs zur nationalen Sache, der Dom zum Nationaldenkmal.[66]

Mit der feierlichen Einweihung des Hermannsdenkmals ging eine außerordentliche Baugeschichte zu Ende. Mancher Beobachter meint rückblickend, dass eigentlich schon mit dem Jahr 1875 Arminius als nationaler Mythos an Einfluss verlor – an einer Stelle ist von einem »Abstieg vom nationalen Mythos zum bloßen Objekt der touristischen Vermarktung einer Region« die Rede.[67] Doch Arminius trat als historische Figur im kollektiven Gedächtnis der Deutschen keineswegs hinter einen allgemeineren Mythos der Germanen zurück. Vielmehr blieb »Hermann« auch in den nächsten Jahrzehnten ein unverzichtbarer Held der deutschen Nationalgeschichte.

So griffen auch antijüdische Gruppierungen jener Jahre auf ihren »Hermann« zurück, etwa als sich 1893 die »Antisemiten Deutschlands« mit Unterstützung der lippischen Fürstenfamilie am Hermannsdenkmal versammelten. Das Denkmal zierte ein Flugblatt dieser Gruppierung, in dem unverhohlen zum Massenmord an den Juden aufgerufen wurde.[68]

Selbst örtliche Sozialdemokraten, die als »Reichsfeinde« durch die Inszenierungen rund um das Hermannsdenkmal eigentlich ausgegrenzt werden sollten, versuchten sich dieses nationalen Symbols zu bedienen, um sich gerade nicht ins Abseits schieben zu lassen: Die entstehende lippische SPD griff in einem Flugblatt von 1884 auf die Figur des Arminius als Wahlhelfer zurück, in dem dieser als demokratischer Revolutionär herhalten musste, der für aktuelle Forderungen wie niedrigere Steuern einstand.

> *Bald, so ruft der Freiheit Stimme,*
> *Wirst du, Hermann, Führer sein,*
> *Wirst mit deiner Donnerstimme*
> *Triumphe an Triumphe reih'n.*
> *Dann geht für uns auf ein Morgen,*
> *Frühling zieht durch unsere Brust*
> *Und unter deinem Schwert geborgen,*
> *Genießen wir der Freiheit Lust.*
> Aus einem Flugblatt der lippischen SPD 1884[69]

Auch das Hermannsdenkmal blieb ein Ort der Inszenierung nationaler Selbstbestätigung. 1900 Jahre nach der Varusschlacht trafen sich im Jahr 1909 Zehntausende zu einem zehntägigen Volksfest an dem Monument. Dem geplanten Charakter der Veranstaltung entsprechend, lud der örtliche Festausschuss an erster Stelle ultranationalistische Verbände ein: etwa den »Reichsverband zur Bekämpfung der Sozialdemokratie«, den »Alldeutschen Verband« oder die »Deutsche Kolonialgesellschaft«.[70]

Gleichwohl reichte dieses Treffen nicht an das Fest zur offiziellen Einweihung heran – und das keinesfalls deshalb, weil der Kaiser nicht nach Detmold anreiste. Die Arminius- und Germanenenthusiasten ließen sich dadurch nicht davon abhalten, ihre Erinnerung an die Varusschlacht gebührend zu feiern und ein nationales Volksfest auszurichten. Dabei zogen als Höhepunkt des Festes rund 900 »Germanen« mit 200 Pferden und Zugtieren durch das Residenzstädtchen, um nach erklärtem Willen »den Siegeszug der Deutschen nach der Schlacht im Teutoburger Wald« darzustellen. Die kostümierten Arminiusfreunde stellten verschiedene historische Szenen nach, von denen sie sich wünschten oder vorstellten, dass es sie so oder so ähnlich tatsächlich gegeben hatte.[71]

Festlich geschmückte Frauen bringen den Kriegern in irdenen Töpfen und Hörnern Met entgegen, einige tragen die Waffen der Verwundeten, andere haben den heimgekehrten Gatten neben sich, zu dem der Knabe an des Vaters Hand stolz emporblickt.
Szene aus dem Festumzug zur 1900-Jahr-Feier der Varusschlacht in Detmold[72]

Anlässlich dieses Jubiläums schien es nicht abwegig, die Varusschlacht nicht nur als »eines der größten Ereignisse unsrer Geschichte« zu bezeichnen, sondern als »vielleicht das größte schlechtweg«.[73] Schließlich hatte sich bis zu Beginn des 20. Jahrhunderts Arminius in weiten Kreisen der deutschen Öffentlichkeit als erster Deutscher etabliert. Der Mythos um seine Person und das Deutschtum schlechthin »wurde zur wahrhaft herrschenden deutschen Ideologie, zur wahrhaft und interessiertermaßen herrschenden ratio deutschen Denkens bis in die neueste Zeit«.[74] So wie »Hermann« als erster Deutscher angesehen wurde, so galt die ihm zugeschriebene nationale Befreiungstat als der Moment, in dem Deutschland entstand. Vom Tag der Varusschlacht an standen – zumindest in der retrospektiven Erzählung des 19. Jahrhunderts – die Themen von Freiheit und Einheit als Grundfragen der deutschen Nation zur Lösung an, die erst mit der Reichsgründung 1871 gelöst schienen.

Übrigens fand die Geschichte des Hermannsdenkmals noch eine überraschende Fortsetzung – dies allerdings sehr weit entfernt vom Teutoburger Wald: 1897 wurde ein weiteres Denkmal errichtet, das dem Bandel'schen durchaus nachempfunden wurde, mit 31 Metern allerdings deutlich kleiner, wenngleich immer noch imposant, ausfiel. Deutsche Auswanderer in New Ulm südwestlich von Minneapolis im US-Staat Minnesota hatten es errichtet. Denn für viele der deutschen Emigranten besaß der Cheruskerfürst auch in ihrer neuen Heimat höchst aktuelle Bedeutung: Mitte des 19. Jahrhunderts verglichen deutsche Siedler ihre Straßenschlachten mit der englischstämmigen Bevölkerung und die blutigen Fehden mit den Indianern mit dem Kampf der Germanen gegen die Römer und wünschten sich zur Unterstützung einen Hermann herbei. Und so waren es wohl die Kämpfe mit den Sioux während der 1860er-Jahre, welche die Bewohner von New Ulm auf die Idee zum Bau eines Hermannsdenkmals brachten.[75]

Die Erinnerung an Arminius wurde in den USA getragen von den sogenannten »sons of Herman«, den »Hermannssöhnen«. Als solche schlossen sich deutsche Auswanderer erstmals 1840 zusammen, um ihr kulturelles Erbe zu pflegen. Aus den ersten »Logen« dieser Organisation entstand schließlich ein »Orden der Logen der Hermannssöhne«, dem Ende des 19. Jahrhunderts 500 Gruppierungen mit etwa 33 000 Mitgliedern in 38 US-Staaten angehörten. 1884 kamen auch eigenständige Frauenlogen hinzu, die sich meist »Thusneldalogen« nannten.[76]

Wieder in die Kriege

Arminius hatte im 19. Jahrhundert viele Freunde gefunden. Doch während diese sich um ihren historischen Helden scharten, definierten sie zugleich stets diejenigen, die ihrer Meinung nach nicht zu ihnen und nicht zu ihrer Gemeinschaft gehören sollten. So gesehen hatte der von ihnen konstruierte Arminius also Freunde und Feinde. Bei dieser Identitätsfindung half wesentlich die Forderung nach Einigkeit und Freiheit, die den Kern des politischen Arminiuskults ausmachte. Sie definierte stets die vermeintlichen Gegner des nationalen Projekts: Die Forderung nach Freiheit verwies auf äußere Feinde, die Forderung nach Einigkeit auf innere. Somit war der Arminiuskult immer auch offensiv ausgerichtet. »In einer Welt voller neidischer Feinde«, so hat es der Historiker Dieter Timpe formuliert, »gab es überall Varusse, die nach einem Arminius verlangten.«[1]

Ganz in diesem Sinne waren sowohl bei der Einweihung des Hermannsdenkmals 1875 als auch bei der 1900-Jahr-Feier der Varusschlacht 1909 die Erinnerung an Arminius »von den Veranstaltern und Rednern gegen vermeintliche innere und äußere Gegner instrumentalisiert« worden.[2] Dabei hatte sich die Bewertung der »Reichsfeinde« zwischen der Reichsgründungszeit und dem Ausbruch des Ersten Weltkriegs durchaus verändert: Galten bei der Denkmalseinweihung 1875 auf dem Höhepunkt des Kulturkampfs die Katholiken als die größten Reichsfeinde, so war deren Integration in die Gesellschaft des Kaiserreichs bis 1914 zwar keineswegs abgeschlossen, aber erheblich fortgeschritten. An ihre Stelle traten nunmehr die Sozialdemokraten als wichtigster innenpolitischer Gefahrenherd. Zugleich wurden die Juden als permanente Feinde nationaler Einheit denunziert.

Und diese nationale Einheit wurde zu Beginn des Ersten Weltkriegs in besonderem Maße zum politischen Programm erhoben. In einer Welt voller Feinde, so die Vorstellung, musste man die Reihen schließlich fest schließen. Dabei unterstützte der Arminiusmythos die Vorstellung, es sei in erster Linie die Einigkeit, die Deutschland stark und letztlich anderen Nationen überlegen mache. Kaiser Wilhelm II. nutzte diese Denkfigur in den Tagen, als er die deutschen Soldaten in den Krieg schickte. Er kenne keine Parteien mehr, er kenne nur noch Deutsche hatte er bei Ausbruch des Krieges voller Pathos ausgerufen. Ohne »Stammesunterschiede« und ohne »Konfessionsunterschied« gelte es gemeinsam zu kämpfen, weil das Reich so – und nur so – unbesiegbar sei. Diese feierliche Erklärung stimmte zwar nicht, und sie ließ sich auch historisch keineswegs belegen, taugte aber für die nationale Propaganda sehr gut.

Noch nie ward Deutschland überwunden,
wenn es einig war.
Wilhelm II. am 6. August 1914 »An das deutsche Volk«

Dass Arminius für die weitere deutsche Geschichte von wesentlicher Bedeutung blieb, bezweifeln einige Historiker. In den Schulbüchern sei Arminius schließlich nach der Einweihung des Hermannsdenkmals 1875 immer häufiger von Wilhelm I. und Bismarck als Symbolen für die Einheit des Vaterlandes abgelöst worden, insofern »erstarrte der Erinnerungsort Arminius im Augenblick seines größten Triumphes zum Denkmal seiner selbst«.[3] Allerdings wird dabei übersehen, dass die Begeisterung für Arminius das 19. Jahrhundert sehr wohl überdauerte. Und auch die damit verbundene Gleichsetzung von Germanen und Deutschen reichte bis tief ins 20. Jahrhundert hinein und hielt die Erzählung vom »ersten Deutschen« am Leben. So konnte im Jahr 1909 ein württembergischer Lehrer und späterer Politiker behaupten, Arminius habe den Deutschen ihre Nationalität gerettet, indem er die Römer besiegt habe: »Dass wir noch Deutsche sind, verdanken wir ihm.«[4]

Als diese Deutschen 1914 in den Krieg zogen, war die Erinnerung an Arminius und die Varusschlacht wieder – und nun vor dem kriegerischen Hintergrund – lebendig. So erklärt sich auch der Rückgriff auf Heinrich von Kleist und seine »Hermannsschlacht« gerade in diesem Moment. Für viele Patrioten war der Dramatiker jetzt der Dichter der Stunde. In der Theatersaison 1914/15 wurde dieses Drama in Berlin gespielt – mit denkbar aktuellen Bezügen: Während der Aufführungen wurden zwischen den Akten Siegesmeldungen von der Westfront eingeschoben.[5] Das antike Schlachtfeld der Varusschlacht ging eine eigentümliche Symbiose ein mit den Schlachtfeldern des Ersten Weltkriegs. Das »deutscheste aller Dramen«, so erinnerte sich später der Darsteller des Hermann in diesem Stück, sollte »hinaus ins deutsche Volk getragen« werden.[6]

> *Als im Herbst 1914 die Spielzeit im Schiller-Theater mit einer Neueinstudierung von Heinrich von Kleists »Hermannsschlacht« eröffnet wurde, gingen die Wogen der Begeisterung hoch. Wie oft wurde damals nach der Vorstellung von der Bühne herab irgendein großer Waffengang verkündet! Dann kam es wohl vor, dass alle im Theater stehend das Deutschlandlied sangen!*
> Erinnerung des Hermann-Darstellers Georg Paeschke[7]

Hermann der Cherusker begleitete die deutschen Soldaten wie das Theaterpublikum im Lande in die Schlachten der Gegenwart. In der kriegerischen Not der Stunde sollte er Trost spenden und Hoffnung sein – und vor allem den Glauben an einen siegreichen Ausgang des Krieges festigen. So erinnerte beispielsweise der Berliner Geschichtsprofessor Oskar Fleischer 1915 an die »wuchtigen Schläge«, die deutsche Männer seit Hermann dem Cherusker an die »Lateiner« ausgeteilt haben. Und er verwies darauf, dass am Wesen des Germanenvolkes einst »die Seele der Welt genesen soll«.[8] Genau dies, so gab er mit dem historischen Argument zu verstehen, müsse und werde sich nun wiederholen.

Und immer wieder wurde Kleist ins Feld geführt. Zuweilen wurden der Dramatiker und der historische Arminius sogar in eins gesetzt.[9] Kleists erkennbar antifranzösische Haltung kam vielen zum richtigen Zeitpunkt, um ihn als volkstümlichen Kameraden für ihren Kampf zu vereinnahmen. So gab ein patriotisch gestimmter Schriftsteller den Soldaten 1915 den humoristisch gemeinten Rat, »an Kleists Geburtstag sollst du dich besaufen«. Denn schließlich sei Kleist der »erste großartige Soldatendichter«, der mit seiner Wildheit und seiner Entschlossenheit die Soldaten zum Sieg tragen könne.[10]

Also, an Kleists Geburtstag sollst du dich besaufen.... Und dann sollt ihr sie hören, die wundervollen, patriotischen Rasereien von Heinrich von Kleist. Und dann müsste zum Sturmangriff geblasen werden. Ich sage euch, bei Gott, wir würden hundertfach siegen. Überhaupt, wir würden immer siegen, wenn wir die »Hermannsschlacht« dieses vulkanischen Engels singen könnten. Was ist ein Regimentsmarsch dagegen?
Aus: »Das lachende Soldatenbuch« 1915[11]

Bekanntermaßen trugen weder Kleist noch Sturmangriffe, noch sonstige Attacken die deutsche Armee zum Sieg. Am Ende stand die bittere Niederlage. Auch die Schlachten des Jahres 1918 vermochten daran nichts zu ändern – auch nicht jene an der »Hermannsstellung« in Nordfrankreich in den beiden letzten Kriegsmonaten. Die Niederlage des Jahres 1918 konnten die meisten Deutschen nur schwer überwinden. Natürlich gab man äußeren Feinden die Schuld an der Katastrophe, aber rasch fand man wieder einen Feind im Inneren, den man verantwortlich machte. Das war die Geburtsstunde der »Dolchstoßlegende« – und wieder findet sich eine Verbindung zu Arminius.

Die Dolchstoßlegende – Die Kriegsniederlage von 1918 wurde in weiten Teilen der deutschen Öffentlichkeit weder verstanden noch innerlich akzeptiert. Vielmehr machte rasch die Anschuldigung die Runde, das »im Felde unbesiegte Heer« sei von demokratischen und sozialistischen Kräften hinterrücks gemeuchelt worden: mit einem Dolchstoß. Obwohl diese

Behauptung jeder Grundlage entbehrte, griff sie immer weiter um sich. Gemeinsam mit der Kriegsunschuldlegende wurde die Dolchstoßlegende zentrales Propagandaargument der rechten und nationalistischen Hetze gegen die Weimarer Republik.

Die Dolchstoßlegende ließ sich mühelos mit dem Arminiusmythos verknüpfen: Schließlich sei der gegen die Römer erfolgreiche Cherusker durch die Hand übelwollender Verwandter gestorben, nicht im Kampf gegen die äußeren Feinde. Nach dieser Interpretation war Arminius also (ganz so, wie man es den deutschen Soldaten und der Öffentlichkeit nach der Kriegsniederlage 1918 suggerieren wollte) im Felde unbesiegt. Stattdessen sei er Opfer ehrloser innerer Feinde geworden – und ebendiese inneren Feinde sahen nationale und konservative Kräfte jetzt am Werk.

Bald entbrannte in Germanien ein mörderischer Volkskrieg. Hermann wurde beschuldigt, er strebe nach der Alleinherrschaft, und fiel, nachdem die Parteien mit wechselndem Kriegsglück gestritten hatten, 21 n. Chr., im zwölften Jahre nach dem Siege im Teutoburger Walde, unter dem Dolche der Meuchelmörder.
Aus einer Betrachtung über die Varusschlacht und das Hermannsdenkmal 1925[12]

Die deutsche Geschichte wurde in der Weimarer Republik in hohem Maße für den politischen Deutungskampf der Gegenwart genutzt. Der Historiker Edgar Wolfrum diagnostizierte den »Bürgerkrieg der Erinnerungen« – und »Hermann der Cherusker« sei in diesem Bürgerkrieg zum Feldzeichen geworden.[13] Im nationalen Lager waren die Blicke in die Zukunft gerichtet, in der man sich ein neues, kraftvolleres Reich erhoffte. Arminius wurde »zur Galionsfigur des nationalen Lagers«.[14] Wenn manche Historiker rückblickend davon sprechen, dass die Wogen der Arminiusbegeisterung nach dem verlorenen Ersten Weltkrieg nicht mehr so hoch schlugen wie noch in den Jahren des Kaiserreichs, dann bleibt festzuhalten, wie sehr diese historische Gestalt in den nationalen und völkischen Kreisen der Weimarer Republik eine politische Aktualisierung erfuhr.[15]

Für die Anerkennung in diesen politischen Lagern steht der Umstand, dass rechtsnationale Schriftsteller sich gern des Pseudonyms »Arminius« bedienten.[16] Und erklärtermaßen rechts stehende Autoren verfassten Beiträge für »Arminius. Kampfschrift für deutsche Nationalisten«, die zeitweise von Ernst Jünger herausgegeben und von Hermann Ehrhardt, einem führenden radikalen Rechten, finanziell unterstützt wurde. Der »Arminius« erschien in der Nachfolge des »Völkischen Kuriers« in München – und verantwortliche Autoren wie Ernst Jünger rückten in unmittelbare Nachbarschaft zu nationalsozialistischen Agitatoren wie Joseph Goebbels oder Alfred Rosenberg.[17]

Angesichts der Begeisterung für die Symbolfigur Arminius kann es kaum verwundern, dass sie auch regelmäßig in die Polemik gegen den Versailler Vertrag eingebracht wurde. Im Widerstand gegen diesen »Schandvertrag« erschien Arminius als Lichtgestalt, die dem Feind nicht zu Diensten sein wollte, sondern sich die Freiheit mit der Waffe in der Hand erkämpfte. Sein Bruder Flavus hingegen, der fast 2000 Jahre zuvor an der Seite der Römer weitergekämpft hatte, trug in dieser Agitation das »Brandmal des Vaterlandsverräters«.[18]

Das Hermannsdenkmal bei Detmold wurde nach 1918 zum Treffpunkt nationalistischer, völkischer, antisemitischer und später nationalsozialistischer Gruppierungen. Sie alle trugen ihr Leiden an der nationalen Lage der Gegenwart zum Denkmal, versicherten sich besserer Tage und nahmen dafür ihren selbst erwählten Helden in Anspruch. So etwa die im Deutschen Sängerbund organisierten Männer, die 1924 beim nationalen Bundesfest in Hannover zusammenkamen. Zum Abschluss fuhren sie mit Sonderzügen zum Hermannsdenkmal bei Detmold, um sich – in den Worten ihres Vorsitzenden – zum »vaterländischen Treueschwur« zu vereinen. Gegen den Versailler Vertrag wolle man »im Sinne Armins arbeiten« – und wünschte unverhohlen eine »Befreiungstat«, also den militärischen Revancheschlag gegen den französischen Erzfeind.[19]

Das Gedächtnis an diese weltgeschichtliche Tat lebt durch die Jahrhunderte fort und ist uns heute wieder Beispiel und Vorbild. Die Aufgabe, die sich Armin stellte, ist heute auch die unsrige; in seinem Sinne wollen wir am Aufstieg und an der Wiederaufrichtung unseres Vaterlandes arbeiten.
Der Vorsitzende des Deutschen Sängerbundes am 27. August 1924 am Hermannsdenkmal[20]

Eindeutig revanchistische Töne beherrschten auch den 50. Jahrestag der Einweihung des Hermannsdenkmals im August 1925. Voller Empörung wurde gegen den Versailler Vertrag gewettert, und der lippische Generalsuperintendent sprach als offizieller Vertreter der evangelischen Kirche in seiner Festpredigt den meisten Anwesenden aus dem Herzen, als er die Hoffnung ausdrückte, »dass aus der Schandennacht ein neuer lichter Tag voller Ehren anbrechen wird«. Der deutschnationale Reichstagsabgeordnete Gottfried Reinhold Treviranus verspottete bei dieser Gelegenheit den Völkerbund, der einige Jahre zuvor gegründet worden war, um neue Wege der internationalen Konfliktbewältigung zu gehen, als »Komödienhaus der Völker«.[21] Der Beitritt des Deutschen Reiches zum Völkerbund stand zu diesem Zeitpunkt unmittelbar bevor – und da erschien Arminius als probates politisches Symbol, um gegen diesen Schritt zurück auf die internationale Bühne zu polemisieren.

Zur Inszenierung des Denkmalfestes von 1925 zählte auch der sogenannte »Hermannslauf«, mit dem die Deutsche Turnerschaft den Willen der Deutschen zur Einheit demonstrieren wollte. Dazu legten über 130 000 Turnerinnen und Turner mehr als 18 000 Kilometer zurück. Ursprünglich hatten die Initiatoren 16 Hauptläufe geplant, bei denen die Teilnehmer aus allen Himmelsrichtungen von den Grenzen des Deutschen Reiches sternförmig nach Detmold gelangen sollten. Doch die Nachfrage im Land war so groß, dass zahlreiche Nebenläufe organisiert werden mussten – und so gab es bald »kaum noch eine historische Stätte in Deutschland, keine größere Stadt, die nicht in die Streckenführung einbezogen wurde«.[22]

Am Ziel angekommen, übergaben die Läuferinnen und Läufer Urkunden von Vereinen, Kreisen und Gauen der Deutschen Turnerschaft sowie Erklärungen der an der Strecke gelegenen Städte und Gemeinden zur nationalen Einheit. Und auch Reichspräsident von Hindenburg hatte in einem Grußwort die Idee des »Hermannslaufs« gelobt: Dieser solle daran erinnern, »dass wir Söhne eines Vaterlandes sind und dass wir nur dann Gegenwart und Zukunft meistern können, wenn wir einig sind und treu«.[23] Damit war der »Hermannslauf« zu einer politischen Kundgebung für Volk und Vaterland geworden, zu einer nationalen Wallfahrt, mit der die Rücknahme der Gebietsabtretungen infolge des Versailler Vertrags gefordert wurde.[24] Für die Initiatoren waren »Einheit und Freiheit« aktuell wie selten – den äußeren Feinden des Ersten Weltkriegs hatte man sich beugen und sogar Teile des Landes abtreten müssen, als innere Feinde hatte man bei der deutschnational ausgerichteten Turnerschaft alle gemäßigten und linken Kräfte ausgemacht. Da nimmt es nicht wunder, dass sich so mancher beim Anblick des Hermannsdenkmals einen neuen »Retter« wünschte ...

Gehen wir ans Werk, nicht mit klingenden Worten und mit Schaum oder Schein, sondern mit ernster Arbeit und mit gläubigem Herzen. Kommen wir selbst nicht ans Ziel, so arbeiten wir den Kindern und einem künftigen Befreier Deutschlands vor.
Der Vorsitzende der Deutschen Turnerschaft 1925 am Hermannsdenkmal[25]

Anders als bei der Einweihung des Hermannsdenkmals waren fünfzig Jahre später die führenden Vertreter des Staates 1925 nicht nach Detmold gereist. Daraus lässt sich allerdings nicht schließen, dass der Ort und die Erinnerung an Arminius und die Varusschlacht als politisches Symbol irrelevant geworden wären. Vielmehr war das Denkmal für die Demokraten uninteressant geworden, während sich nationale und rechte Kräfte umso entschlossener um ihren Hermann scharten: Das Denkmal wurde »zu einer symbolischen Waffe in der Hand der rechten Eliten«.[26] Dafür sorgten auch die Feiern des »Stahlhelms« und des »Jungdeutschen Ordens«.[27] Damit knüpfte der Ort an Funktionen an, die er schon vor dem Ersten Weltkrieg als Symbol nationalistischer, völkischer und antisemitischer Politikveranstaltungen besessen hatte. So hatten sich dort beispielsweise zu Pfingsten 1893 Angehörige der antisemitischen »Deutsche-Social-Reform-Bewegung«, der Vereinigung der Antisemiten Deutschlands, zu einer mehrtägigen Zusammenkunft eingefunden, wobei die lippische Fürstenfamilie die Führungsspitze dieser Organisation bei sich willkommen hieß[28] – zu den Reichsfeinden der Kaiserzeit zählten für antisemitische Gruppierungen sowie für Teile der deutschen Öffentlichkeit eben immer auch die Juden.

Wie schon zu Beginn des Ersten Weltkriegs fanden auch Heinrich von Kleist und seine »Hermannsschlacht« in der Weimarer Republik wieder zunehmend Anhänger. Wer an die Lebzeit von Heinrich von Kleist denke, so brachte ein Autor 1927 seine Unzufriedenheit mit der Demokratie von Weimar zum Ausdruck, der könne die Gegenwart nur als »eine närrische, zerwühlte, undeutsche Zeit« bezeichnen.[29] Und seine »Hermannschlacht«, eiferte sich ein anderer, sei ein probates Mittel »zur Anfachung des deutschen Zornes und des brennenden Verlangens nach Vergeltung und Wiedergutmachung des gehäuften, uns zugefügten Unrechts«.[30] Schließlich gehe es, so ein weiterer Zeitgenosse, »gegen fremde Störer«, die »unschädlich« gemacht werden müssten, sollten sie, wie es eine Autorin befürchtete, »uns ihre Herrschaft aufzwingen«.[31]

In der »Hermannsschlacht« besitzt das deutsche Volk, das, immer wieder unterdrückt, sich immer wieder allein befreit hat, als einziges Volk in seiner Kunst die symbolisch ewig-gültige Gestalt des wahren Befreiers. Darum ist die »Hermannsschlacht« die herrlichste Freiheitsdichtung der Weltliteratur.
Der Schriftsteller Hermann Stodte 1930[32]

Im rechten Lager war der Arminiusmythos zugleich früh mit dem Rassegedanken verknüpft worden. Dafür steht beispielhaft eine Abhandlung von Arthur Moeller van den Bruck (1876–1925), der als herausragender Denker der sogenannten »Konservativen Revolution« galt, die in den 1920er-Jahren maßgeblich daran beteiligt war, den Nationalsozialisten den Weg zur Macht zu ebnen – van den Bruck selbst hatte mit seinem gleichnamigen, 1923 erschienenen Buch den Begriff »Drittes Reich« geprägt, den die Nazis schließlich aufnahmen. Die Germanen wurden als »Arier« bezeichnet und zugleich zu den kriegerischsten und »geistigsten« Vertretern dieser »Rasse« erklärt. Das ganze Weltbild der Germanen sei vom Willen zum Kampf geprägt gewesen, letztlich sei deren ganze Existenz zu der Zeit auf den Krieg ausgerichtet gewesen. In diesem Bild vom germanischen Leben erschien Arminius als Kämpfer für das »Volkstum«, der »zum ersten Male die Rasse des Nordens« gegen die Völker des Mittelmeeres geführt habe.[33]

Der germanische »Barbar« war in dieser Interpretation selbstverständlich nicht etwa rückständig. Vielmehr wurde die Wildheit von Arminius und seinen Mannen als Beleg für den Kampfeswillen und für den Erfolg ihrer »Rasse« angesehen.

Aber wir ahnen sein Gesicht, das barbarisch schöne, das plötzlich vor dem klassisch schönen auftauchte, mit Zügen, die jung, wild und lebendig waren, ganz unvergleichbar den harten, kalten, bronzenen Mienen der Römer, und mit einem Blick, der schwer, ernst und halb tierhaft noch und doch schon in einer großen Begeisterung entzündet war.
Arthur Moeller van den Bruck über Arminius 1909[34]

Die Germanen und damit Arminius wurden hier und an anderer Stelle zu »Ariern« stilisiert, die sich welthistorisch im Kampf der »Rassen« befanden. Zugleich wird die Jugend als Sinnbild besonderer revolutionärer, weltverändernder Kraft hervorgehoben. Damit vereinnahmten die jungen Revolutionäre der Gegenwart die germanischen Führer von einst für ihre Agitation vom Kampf zwischen Jung und Alt, zwischen Neuem und Altem. Nicht Klugheit und Alter, so hieß es bei Moeller van den Bruck, machten Weltgeschichte, sondern Jugend und Begeisterung. Und die Varusschlacht liefere dafür ein sinnfälliges Beispiel – dass es historisch nicht haltbar war, war für diese Argumentation vollkommen belanglos:

Die Alten unter den Cheruskern sahen nach Rom und erhofften Vorteile für sich und ihr Volk von der neuen Verbindung. Die Jungen dagegen, die noch der Erde, dem Dunst des Waldes und dem Wachsen seiner Bäume nahe waren, konnten und wollten sich kein anderes Leben denken als ein selbst geschaffenes.
Moeller van den Bruck über den angeblichen jugendlichen Charakter des germanischen Kampfes[35]

Auch der maßgebliche NS-Ideologe Alfred Rosenberg verknüpfte bereits in der Weimarer Republik den Arminiusmythos und die Werke Heinrich von Kleists mit genuin völkischem und rassistischem Denken. Er bediente sich simpler historischer Analogien: Man wisse, so schrieb er beispielsweise 1927 im nationalsozialistischen »Völkischen Beobachter«, dass »heute Juden, Polen und Franzosen die ganze Brut« seien, die »in den Leib Germaniens sich eingefilzt« hätten »wie ein Insektenschwarm«. Für diese Feinde dürfe man fortan keine Rücksicht mehr aufbringen, vielmehr seien Hass und Rache gefragt, um mit ihnen fertig zu werden.[36] Der rassistische Kern der NS-Bewegung ist in solchen Äußerungen unübersehbar, wobei Arminius als Identifikationsfigur diente.

Wir wissen auch, was wir zu sagen haben, wenn Angstmänner ihre Feigheit mit der Bemerkung bemänteln wollen, »es gäbe doch auch gute Juden«: dasselbe, was Kleist den Hermann sagen ließ, als seine Gattin ihn um das Leben der »besten Römer« bat: »Die Besten, das sind die Schlechtesten.« Denn diese machen uns mürbe im Kampfe gegen die andern. So ist Kleist unser.
Der NS-Ideologe Alfred Rosenberg im Jahr 1927[37]

Ebenso wie andere Gruppierungen im nationalen und völkischen Lager nahm auch die NSDAP den Arminiusmythos früh in ihre Agitation auf. Zudem nutzte die Partei das Hermannsdenkmal für propagandistische Zwecke, erstmals in den Jahren 1925 und 1926. Adolf Hitler besuchte im November 1926 das Denkmal (und hinterließ im Gästebuch der Wirtschaft auf der Grotenburg ebenso pathetische wie nichtssagende Einträge). Mühelos identifizierten sich die Nationalsozialisten mit dem Denkmal. Arminius, das Hakenkreuz und der neue »Führer« Adolf Hitler wurden miteinander verschmolzen.

Das Monument selbst blieb für die NSDAP in erster Linie von regionalem Nutzen. Die lippische NSDAP band es wiederholt in ihren Wahlkampf ein, und seine Silhouette war gemeinsam mit Hitlers Porträt auch auf Plakaten abgebildet. Auf Reichsebene griff die Partei in ihrer Propaganda seltener auf die Symbolik des Hermannsdenkmals zurück. Schließlich fand dort keine der vielen nationalsozialistischen Großveranstaltungen statt, und als Anfang 1933 Spitzenfunktionäre der NSDAP in Lippe weilten, besuchten sie die Grotenburg lediglich »inoffiziell« als Touristengruppe.[38]

Dabei war für die NSDAP die Landtagswahl am 15. Januar 1933 im Kleinstaat Lippe-Detmold mit seinen rund 170 000 Einwohnern von zentraler Bedeutung geworden: Diese Wahl wollte die Partei nutzen, um nach den Verlusten bei der Reichstagwahl im November 1932 reichsweit wieder Stärke und Zuversicht zu beweisen. Zwei Wochen lang wurde das Land flächendeckend mit NS-Propaganda eingedeckt, und alle NS-Größen wurden ins Rennen geschickt: Hermann Göring und Joseph Goebbels traten in Lippe ebenso auf wie Adolf Hitler selbst, der in elf Tagen siebzehn Reden hielt. Das Ergebnis fiel für die NSDAP erfreulich aus, sie steigerte ihren Anteil von 34,7 auf 39,5 Prozent. Die Gunst des deutschen Volkes, so tönte die NS-Propaganda, sei wiedergewonnen.[39] Die Nationalsozialisten in Lippe-Detmold feierten anschließend nicht nur ihren Erfolg, sondern reklamierten gegenüber der Parteiführung auch fortan das Verdienst für sich, dem »Führer« durch die entscheidende »Schlacht« die »Machtergreifung« am 30. Januar 1933 erst ermöglicht zu haben. Von ihrem Verständnis her war es da naheliegend, ihren regionalen Helden Arminius und ihr politisches Idol Adolf Hitler gleichzusetzen.

Adolf Hitler, unser Kanzler, der schon fast einen übermenschlichen Kampf gegen das Hauptübel unserer Zeit, die marxistisch verseuchten Führer der deutschen Arbeiter, führte, schlug auch seine entscheidende Schlacht in unserem Lipperlande.
Erklärung eines Geschenks »lippischer Arbeiter an den Volkskanzler« im Mai 1933: eine Hermannsfigur samt Hakenkreuzfahne und Hitlerporträt.[40]

Doch die von den Nationalsozialisten so ersehnte neue Zeit nach der Machtübernahme brachte den Parteigenossen in Lippe zumindest keine neue Anerkennung ihres Arminius: Im fernen Berlin wollte man das Hermannsdenkmal nicht zum Symbol der neuen Macht küren und musste die Mitstreiter in Detmold enttäuschen: Der Detmolder Bürgermeister hatte sich Anfang 1933 voller Hoffnung an das Reichspropagandaministerium von Joseph Goebbels gewendet, dass es doch nun an der Zeit wäre, das Hermannsdenkmal offiziell zur »Wallfahrtsstätte der deutschen Nation« zu erheben. Schließlich habe es an diesem Ort schon viele »vaterländische Veranstaltungen« gegeben (und weitere seien zu erwarten), sodass das Monument »auch eine symbolische Bedeutung für die Freiheitsbewegung der Jetztzeit« habe. Doch das Propagandaministerium wollte diese offizielle Weihe des Denkmals nicht vornehmen. Dieses sei doch wohl schon längst eine »nationale Wallfahrtsstätte«, hieß es aus Berlin diplomatisch, eine zusätzliche Auszeichnung deshalb auch nicht nötig – eine klare Absage für das Detmolder Ansinnen.[41]

Wenn auch die nationale Beachtung des Denkmals nachließ, so ging die lokale und regionale unter den Vorzeichen der neuen Herrschaft weiter: 1934 versammelten sich dort rund 5000 Parteimitglieder (darunter auch Parteiprominenz), der »Deutsche Automobil-Club« beging 1935 die Walpurgisnacht auf der Grotenburg (und feierte »stolz und beglückt« den »Führer«), auch Veranstaltungen der lippischen Hitlerjugend und der »Deutschen Arbeitsfront« wurden hier abgehalten.[42]

Die Zurückhaltung des Propagandaministeriums im Jahr 1933 wie auch der gesamten Partei gegenüber dem Hermannsdenkmal und seiner Nutzung ist verschieden interpretiert worden: Eine Begründung war, dass die Diktatur nicht zu sehr auf »alte«, also schon im Kaiserreich vaterländisch genutzte Stätten zurückgreifen wollte, um die neue Herrschaft mit »modernen« Mittel zu inszenieren. Zudem wurde darauf hingewiesen, dass nationalsozialistische Massenaufmärsche andere räumliche Voraussetzungen benötigten als jene auf der Grotenburg.[43] Überdies dürfte den Machthabern das Hermannsdenkmal schlicht zu abgelegen für riesige Inszenierungen gewesen sein – in den großen Städten, etwa in München oder Berlin, schließlich auf dem Reichsparteitagsgelände in Nürnberg, ließen sich entsprechende Veranstaltungen leichter und effektvoller umsetzen, weil auf die städtische Infrastruktur zurückgegriffen werden konnte. Der Nationalsozialismus schuf sich eigene und neue Symbole seiner Herrschaft. Das Hermannsdenkmal rückte in den Hintergrund der nationalpolitischen Symbolik.

Zumindest Ende der 1930er-Jahre dürften auch außenpolitische Befindlichkeiten eine Rolle gespielt haben. Schließlich war die Analogie des Kampfes zwischen Germanen und Römern ja auch der zwischen Deutschen und Italienern der Gegenwart – was angesichts der »Achse« Berlin–Rom unter den Diktatoren Hitler und Mussolini publizistisch nicht hilfreich gewesen wäre. Den Verbündeten südlich der Alpen wollte man nicht verprellen, und so erging anlässlich des Staatsbesuchs Benito Mussolinis im Jahr 1936 von der Reichskanzlei die Anweisung, das Hermannsdenkmal aus dem offiziellen Besuchsprogramm auszusparen.[44]

Aber ungeachtet dieser Rücksichtnahme darf die ausbleibende Auszeichnung des Hermannsdenkmals nicht als Akt der Distanzierung des NS-Systems zum Arminiusmythos gewertet werden. Auch wenn Arminius nicht das Zentrum nationalsozialistischer Geschichtsbetrachtung bildete[45], so blieb er als Held der Germanen auch während des »Dritten Reiches« fester Bestandteil der historischen Erzählung. Es war die Zeit der besonders waghalsigen Ahnenreihen, die von Hitler über Bismarck und Friedrich den Großen bis zurück zu Luther und schließlich bis zu Arminius reichten, weil dieser mit seiner siegreichen Schlacht »die lateinische Durchdringung des deutschen Raumes verhindert« habe.[46] Der von den Nationalsozialisten geförderte Schriftsteller Hans Henning Freiherr von Grote legte schon 1932 »Das Schicksalsbuch des deutschen Volkes« vor, das den bezeichnenden Untertitel »Von Hermann dem Cherusker bis Adolf Hitler« trug.[47] Mitte der 1930er-Jahre wurden in Berlin historische Ausstellungen gezeigt, die ebendiese Kontinuität pflegten und die angestrebte »Erziehung zum Nationalstolz« fördern sollten.[48] Dazu passt, dass Adolf Hitler jetzt manchem als neuer »Hermann« erschien.[49] Ohne Frage stieg die Gestalt des Hermann »zu einem der wichtigsten mythischen Symbole im Instrumentarium der konservativen, speziell auch der nationalsozialistischen Ideologie« auf.[50]

Und auch die Nationalsozialisten nutzten für ihre Zwecke Heinrich von Kleist und seine »Hermannsschlacht«: Für NS-Reichsdramaturg Rainer Schlösser war Kleist »der rechte Kronzeuge für unser neues bluts- und ehrbewusstes Wollen«, und er erinnerte daran, wie sehr Kleist »seine völkische Not in der ›Hermannsschlacht‹ geradezu herausschrieb«.[51] An anderer Stelle ließ er keinen Zweifel daran, dass der von Heinrich von Kleist dargestellte deutsche Held letztlich an den »Führer« seiner Gegenwart erinnere, der die Deutschen von ihren inneren Feinden befreie.[52]

Schwingt mit – und ihr werdet wissen, was die »Hermannsschlacht« ist: summa historiae, Inbegriff aller deutschen Geschichte seit zweitausend Jahren, das deutsche Schicksal. Das heißt: von Feinden umstellt, von Verrätern umgarnt. ... Das heißt: heute im tiefsten Schacht der Schmach schmachten, um vielleicht morgen schon auf den Trümmern der Tyrannei die Fahnen wiedergewonnener Freiheit aufzupflanzen, wenn der ewig zu seinen Deutschen wiederkehrende eine, der große Opferbereite, der sich für sein Volk in die Schanze schlägt, erstand.
Reichsdramaturg Rainer Schlösser 1934[53]

Kleist und seine Hermannsschlacht erlebten auf deutschen Bühnen eine Renaissance: Von rund 20 Aufführungen in der Spielzeit 1932/33 schnellte die Anzahl auf fast 150 in der folgenden Spielzeit 1933/34. Bei den Bochumer Kleistwochen 1936, welche die NS-Propaganda als »Markstein in der Geschichte des nationalsozialistischen Theaters« feierte, geriet das Stück zu einem ästhetisch wirkungsvollen politischen Manifest im Sinne des NS-Systems.[54] Die übergroße Bedeutung des historischen Stoffes wurde allenthalben betont, und der »Völkische Beobachter« bewertete nach einer Aufführung im Berliner Admiralspalast den Jubel der Zuschauer als »einen Jubel und einen Dank an jene, die heute wieder wie damals die gewaltige Durchbruchsschlacht zur deutschen Einigkeit und Freiheit schlagen«.[55]

Wie bereits erwähnt, konnte Arminius ohne große Probleme in die NS-Ideologie integriert werden – sowohl das Prinzip des Führertums als auch der Rassegedanke ließen sich am historischen Vorbild erweisen. Allen Ernstes schrieb man der erfolgreich geschlagenen Varusschlacht angesichts der vermeintlichen deutschen »Volksgemeinschaft« das Verdienst zu, vor fast 2000 Jahren verhindert zu haben, dass die Deutschen ein »Mischvolk« geworden seien.[56]

Germanien war befreit; deutsche Art, deutsche Sitte, die Reinheit des deutschen Bluts waren gerettet vor der Gefahr der Verwelschung, gerettet durch die Tat des ersten großen politischen Führers der deutschen Geschichte.
Aus einem Geschichtsbuch für Volksschüler 1939[57]

Die Varusschlacht wurde den deutschen Schülern als »Freiheitsschlacht im Teutoburger Wald« nahegebracht. Dabei wurden nicht allein die persönlichen Eigenschaften des Arminius herausgehoben, sondern vor allem seine Fähigkeiten als Heerführer. Dieser Aspekt gewann für das NS-System an Bedeutung, je länger der Zweite Weltkrieg dauerte. Die Varusschlacht diente als historisches Anschauungsobjekt. Früh klang die Warnung vor der Uneinigkeit an. Wie schon am Ende des Ersten Weltkriegs, als die Dolchstoßlegende und der Tod des Arminius durch die Hand seiner cheruskischen Verwandten verglichen wurden, erschien jetzt auch die mögliche Uneinigkeit der Deutschen als Gefahr für diesen Waffengang: »Mit Waffen sind sie unüberwindlich«, so wird in einem Geschichtsbuch ein angeblicher Römer über die Germanen zitiert. Aber um diese zu schlagen, gebe es einen einfacheren Weg: »Überlassen wir sie ihrer eigenen Zwietracht.«[58]

Als ich zur Schule ging während des II. Weltkriegs, feierte der Deutschlehrer die Hermannsschlacht als Modell der Kriegsführung Hitlers.
Erinnerung des Germanisten Wolfgang Wittkowski[59]

Nicht nur im Geschichtsunterricht hatte Arminius seinen festen Platz, auch im Deutschunterricht. So fehlte es nicht an Richtlinien, wie im Sinne des NS-Staates mit dem historischen Stoff und der Bearbeitung durch Heinrich von Kleist umzugehen sei. An die Oberstufe erging die Aufforderung, Hermann als »Tatmenschen«

darzustellen, der als Anführer seines Volkes nur den »bedingungslosen Vollzug im Banne völkischen Urgesetzes« kannte.[60] Und als Thema für Schulaufsätze im Deutschunterricht präsentierte ein Autor im Jahr 1941 zunächst ein Hitlerzitat (»Nicht die Zahl gibt den Ausschlag, sondern der Wille«) und empfahl dann folgende Aufgabe: »Weise die Richtigkeit dieses Ausspruches an Kleists ›Hermannsschlacht‹ nach!«[61] Angesichts der sich allmählich abzeichnenden Verschlechterung der prekären Kriegslage schien die Auseinandersetzung mit diesem Zitat angebracht…

In den »Tagen der Wiedergeburt und der neuen Reichsverteidigung«, erklärte im Kriegsjahr 1940 der Münsteraner Germanistikprofessor Heinz Kindermann, ein NSDAP-Mitglied, gelte es, den »Hermannmythus Grabbes« wiederaufzunehmen. Denn gerade auf der Suche nach dem eigentlichen Wesen des Volkes könnten die Deutschen von ihren Dichtern lernen: Ihnen komme die Aufgabe zu, »unser Volk nach Irrwegen der Schwäche und Entartung wieder zurückzuleiten zur blutseigenen Lebensform«.[62]

Der 1836 gestorbene Dramatiker Christian Dietrich Grabbe und seine »Hermannsschlacht« genossen im »Dritten Reich« besondere Popularität. Das Stück wurde erst 1934 uraufgeführt, insgesamt gab es in den folgenden Jahren elf weitere Inszenierungen. Der nationalsozialistischen Vereinnahmung des Autors schloss sich auch die Germanistik an[63], die den Arminiusstoff in der deutschen Dichtung nach den Maßgaben der NS-Ideologie abhandelte. Von Grabbe und von anderen Dichtern lernen hieß beispielsweise für den Germanisten und überzeugten Nationalsozialisten Kindermann, auch in der Gegenwart siegen zu lernen. Damit stellte er wie andere den Arminiusmythos in die Sache der Nazis und des Zweiten Weltkriegs. Arminius hatte also wieder einmal Kriegsdienst zu leisten…

In die Kriegszeit fiel auch die letzte große Veranstaltung der

Nationalsozialisten am Hermannsdenkmal: 1941 die Hundertjahrfeier der Grundsteinlegung. Wenige Wochen nach dem deutschen Überfall auf die Sowjetunion gedachten Abordnungen von NS-Organisationen des Erbauers des Hermannsdenkmals, vor allem aber Arminius' und Adolf Hitlers – der große Heerführer aus der Geschichte wurde noch einmal neben den »größten Feldherrn aller Zeiten« gestellt.[64]

1838 begann Großdeutschlands Kupferschmied den Bau seines Mahnmals. Genau ein Jahrhundert später wurde Großdeutschland Wirklichkeit durch des Führers Tat.
Aus der Denkschrift zur Hundertjahrfeier der Grundsteinlegung 1941[65]

Der Traum von einem »Großdeutschen Reich« war schon bald darauf geplatzt. Die Deutschen hatten halb Europa in Schutt und Asche gelegt, Millionen Menschen waren ermordet, und das eigene Land war stellenweise nur noch eine Trümmerwüste. Auch das Hermannsdenkmal im abgelegenen Lipperland hatte den Krieg nicht schadlos überstanden: Das Monument hatte zumindest noch so große Symbolkraft, dass alliierte Soldaten es als Zielscheibe benutzten und erheblich beschädigten. Arminius war in die Kriege gezogen – in den Ersten Weltkrieg, dann, während der Weimarer Republik, in den »Bürgerkrieg der Erinnerungen« und in den Zweiten Weltkrieg. In diesen Kriegen waren die Deutschen und ihr Held zu Verlierern geworden. Arminius und sein identitäts- und unheilstiftender Mythos, so konnte man glauben, war 1945 tot.

Deutsch-deutscher Arminius

Nach 1945 konnte Arminius als deutscher Geschichtsmythos nicht in ungebrochener Tradition fortleben: Mit vielen anderen nationalen und nationalistischen Symbolen stand er dem Aufbau eines neuen, einen anderen Deutschland im Wege. Eine »reeducation«, eine Umerziehung im Sinne der siegreichen Alliierten, schien bei diesem Geschichtsmythos kaum denkbar. Stattdessen wurde Arminius nun erst einmal beschwiegen und vergessen – genauso wie die überwiegende Mehrheit der Deutschen zunächst einmal das »Dritte Reich« und ihre eigene jüngste Vergangenheit verdrängte. Der Held Arminius schien in der Tat tot zu sein.

Doch dieser Zustand änderte sich bald: »Auferstanden aus Ruinen« hieß es schon wenige Jahre später, als die junge DDR den historischen Helden von einst wiederentdeckte und unter neuen Vorzeichen zum Vorbild erhob. Grundlage dieser Wiederentdeckung waren – durchaus im Sinne von Staat und Partei – Marx und Engels. Sie hatten gut ein Jahrhundert zuvor dem Cheruskerfürsten durchaus positive Seiten abgewonnen. Karl Marx hatte Arminius einmal einen Diplomaten genannt, die »westfälische Biederkeit«, die man bei ihm erkennen könne, habe ihm in Wahrheit nur als »Maske eines sehr raffinierten Kopfes« gedient.[1]

Der »sehr raffinierte Kopf« erntete fortan sozialistisches Lob für seinen Freiheitswillen. Friedrich Engels, der sich für die unhistorische Gleichsetzung der Germanen mit den Deutschen ebenso erwärmte wie der Großteil seiner Zeitgenossen, hatte von einem »besetzten Teil Deutschlands« gesprochen, in dem der römische Statthalter Varus »den Deutschen das römische Recht aufzwingen wollte«.[2] Aufgrund dieser Situation seien die Germanen berechtigt gewesen, sich gegen die Unterdrücker zur Wehr zu setzen. Dass römische Autoren später angesichts des Plans und des

Hinterhalts von Arminius von Treubruch oder gar Verrat sprachen, war für ihn unhaltbar. Vielmehr habe ein erobertes Volk das Recht, so Engels, Gegner auf jede denkbare Art zu überlisten.[3]

Die Mittel aber, die man zur Unterjochung anwendet, müssen auch gestattet sein zur Abwerfung des Jochs. Solange es ausbeutende und herrschende Völker und Klassen auf einer, ausgebeutete und beherrschte auf der andern Seite gibt, so lange wird die Anwendung der List neben der der Gewalt auf beiden Seiten eine Notwendigkeit sein, gegen die alle Moralpredigt machtlos bleibt.
Friedrich Engels über das Recht der germanischen Stämme zum Widerstand gegen die Römer[4]

Engels verwies nicht nur auf die Bedrohung der germanischen Freiheit durch die Römer, sondern auch auf die drohende Zerstörung einer von ihm ausgemachten spezifisch germanischen Wirtschaftsordnung: Das römische Recht musste »mit seiner klassischen Zergliederung der Privateigentumsverhältnisse« den Germanen widersinnig vorkommen, verfügten diese doch nur über wenig Privatbesitz, da Grund und Boden vor allem Gemeineigentum gewesen sei. Der Freiheit, die Engels als germanisches Ideal schildert, schienen nur dort Grenzen gesetzt, wo ein gleichberechtigter Partner einschritt. Es existierte demnach ein »freies Ding, wo Genossen den Genossen richten«.[5]

Indem die Germanen nunmehr als »Genossen« erschienen – und Arminius in dieser Logik der führende Genosse gewesen wäre –, hatte Engels eine wichtige Vorarbeit für die DDR-Sicht auf die historische Erzählung geliefert. Und so baute die Geschichtsschreibung des »Arbeiter-und-Bauern-Staates« später auf diese Überlegungen auf und pries die »urkommunistischen Eigentumsverhältnisse« der Germanen und deren »auf gleichen Rechten und Pflichten des Einzelnen beruhende gesellschaftliche

Ordnung«. Der germanische Sieg über die Römer 9 n. Chr. war für das offizielle DDR-Geschichtsverständnis auch deshalb von Bedeutung, weil man damit die »Rolle der germanischen Stammesverbände bei der revolutionären Überwindung der Sklavenhaltergesellschaft« belegen konnte.[6]

Die germanischen Stämme östlich des Rheins sicherten durch den Sieg im Teutoburger Wald und durch die erfolgreiche Abwehr weiterer römischer Kriegszüge ihre eigenständige sozialökonomische und ethnische Entwicklung.
Offizielle DDR-Geschichtsschreibung über die Varusschlacht 1979[7]

Arminius als Freiheitsheld und die Varusschlacht als Befreiungsschlacht konnten also aus sozialistischer Perspektive wieder gefeiert werden. In Schulbüchern wurde vom »Freiheitskampf der Germanen« berichtet und der Sieg in der Varusschlacht maßgeblich darauf zurückgeführt, dass die Germanen ihre Freiheit verteidigten – und »deshalb den beutegierigen Söldnern Roms an Tapferkeit und persönlicher Tüchtigkeit weit überlegen« waren.[8] Und auch mit Heinrich von Kleist und seiner »Hermannsschlacht« setzte man sich in der DDR früh und positiv auseinander. So lobten Autoren verschiedener Artikel den Dramatiker der Befreiungskriege als »Dichter des nationalen Widerstands«.[9]

Doch aus DDR-Sicht fand Arminius nicht nur als Kämpfer für die Freiheit, sondern auch wieder als Streiter für die nationale Einheit seinen Platz. Es gab eindeutige Versuche, mit Kleists Drama und der historischen Figur des Arminius im Sinne Ostberlins zu agieren. Bis Ende der 1950er-Jahre verfolgte die SED-Führung das Ziel der deutschen Einheit – freilich unter anderen politischen Vorzeichen, als sich dies die Regierung Adenauer in Bonn und die Westalliierten vorstellten. So wurde in der DDR zu diesem Zeitpunkt noch der Text der Nationalhymne gesungen, in dem von »Deutschland, einig Vaterland« als Ziel allen Strebens die Rede war – erst nach Mauerbau und definitiver Teilung waren diese Zeilen verpönt.

Ganz im Sinne der Deutschlandpolitik der Staats- und Parteiführung brachte Intendant Curt Trepte 1957 mit seinem Ensemble die »Hermannsschlacht« im Rahmen der »Deutschen Festspiele« des Harzer Bergtheaters auf die Bühne. Dem Publikum dürfte dabei nicht die dahintersteckende Absicht verborgen geblieben sein, mit diesem historischen Stück die Herauslösung der Bundesrepublik aus dem westlichen Bündnis und die Gründung eines gesamtdeutschen, wahrhaft demokratischen Deutschland (selbstverständlich nach den Vorstellungen Ostberlins) zu unterstützen. Heinrich von Kleist und sein Appell an Freiheit und Einheit schienen dafür wie geschaffen.[10]

Jetzt ist für das deutsche Volk und insbesondere für seine führende Klasse, die deutsche Arbeiterklasse, die Stunde gekommen, auch das Werk Heinrich von Kleists mit allen seinen Widersprüchen auf der Grundlage jener Erkenntnisse über die nationale Frage, die Lenin und Stalin geschaffen haben, einer objektiven kritischen Würdigung zu unterziehen.
Aus dem Begleitheft der »Deutschen Festspiele« 1957[11]

Dass dieses Stück sich gegen die Teilung des Vaterlandes wandte, war offensichtlich. Wer von den Besuchern die doch so offenkundigen Parallelen zwischen der römischen Besatzung Germaniens und dem westlichen Imperialismus nicht unmittelbar verstand, dem gab das Begleitheft konkrete Erklärungshilfen: »Rom: das ist uns Amerika«, hieß es dort, und die von Rom aufgestachelten und verfeindeten germanischen Stämme seien »die deutschen Arbeiter in West und Ost«. »Derart simple Verrechnungen«, so kommentierte der Medienwissenschaftler Andreas Dörner später diese Renaissance von Kleist Hermannsdrama in der DDR, »haben selbst ärgste Nationalisten kaum anzubieten gewagt.«[12]

Anwesend bei der Premiere war übrigens auch Walter Ulbricht, und da wissen wir nun wenigstens, wie man sich einen echten Nachfahren des Germanenführers vorzustellen hat. Die Spuren der Cherusker nämlich verlieren sich historisch in den Fußstapfen der Sachsen...
Aus einer nachträglichen westdeutschen Theaterkritik über die ostdeutsche Aufführung von 1957[13]

In der Bundesrepublik war man zunächst zurückhaltender, was eine Annäherung an Kleist und seine »Hermannsschlacht« betraf. Dafür musste man sich allerdings mit einem anderen Symbol auseinandersetzen, das – im Gegensatz zu dem Dramatiker – schlecht negiert werden konnte: dem Hermannsdenkmal in Detmold. Obwohl im Krieg beschädigt, grüßte Arminius weiterhin aus luftiger Höhe das Land. Und wenn ihn viele auch nicht mehr als verwendbaren Nationalhelden sehen wollten – als Versammlungsstätte in Sachen deutscher Einheit war das Hermannsdenkmal bald wieder gefragt. Zumindest Anfang der 1950er-Jahre war das Hermannsdenkmal weder zur reinen »Touristenattraktion«[14] verkommen, noch wurde es bereits Zentrum der »Folklorisierung«.[15]

Wie sehr das Hermannsdenkmal als Ort nationaler Prägung bekannt war und genutzt werden konnte, zeigte sich 1950 anlässlich seiner 75-Jahr-Feier. Dabei waren die Verantwortlichen vor Ort bemüht, den Festwochen »keinen politischen Charakter« zu geben. So ehrte man zwar den Denkmalerbauer Ernst von Bandel, konzentrierte sich ansonsten aber auf unverfängliche Veranstaltungen wie den »Kochstreit der Gasgemeinschaft Detmold«, die »Westfalen-Lippe-Fahrt des ADAC« oder die »Tage der Rasenspiele des TSV Detmold«.[16] Ein örtlicher Beobachter zeigte sich enttäuscht, dass dieses Jubiläum niemand zum Anlass nahm, ein »flammendes Bekenntnis zu einem einigen Deutschland abzulegen«. Stattdessen wurde das Ereignis auch publizistisch recht bescheiden gewürdigt: Der Rundfunk übertrug aus der hölzernen »Bandelhütte« im Schatten des Denkmals ein Interview mit dem Detmolder Bürgermeister und einem alten Detmolder, der die Einweihungsfeier 1875 noch miterlebt hatte.[17]

Und doch wurde die nationale Frage bei diesen Festwochen aufgegriffen: 20 000 Flüchtlinge und Vertriebene aus den deutschen Ostgebieten demonstrierten bei dieser Gelegenheit gegen ihre Vertreibung. Der Vorsitzende der Sudetendeutschen Landsmannschaft beklagte »das Potsdamer Diktat«, er erhob die Forderung nach Rückkehr in die Heimat und »Wiedergutmachung des an uns begangenen schreienden Unrechts«.[18]

Das Los der Heimatvertriebenen war in den ersten Jahren nach Kriegsende und in der jungen Bundesrepublik das Symbol für die Problematik der deutschen Einheit. So gesehen hatten die Vertriebenen 1950 mit dem Hermannsdenkmal durchaus den richtigen Platz für ihre Veranstaltung gewählt. Allerdings dürften auch sie bemerkt haben, dass man für eine Demonstration auf der Grotenburg im abgelegenen Detmold weniger öffentliche Resonanz erhielt als für eine gleichartige Kundgebung in einer der großen Städte, in denen sich ebenfalls symbolträchtige Orte finden ließen.

Mit den Unruhen am 17. Juni 1953 rückte in Westdeutschland schnell dieses Datum und damit das Schicksal der Deutschen in der DDR in den Vordergrund. Und auch hier bot sich für manche Zeitgenossen eine Verbindung mit dem Arminiusmythos und dem Hermannsdenkmal an – allen voran für die FDP, deren Führung den Ort nach 1954 für einige Jahre zum zentralen Ausgangspunkt der Forderung nach deutscher Einheit machte. Ein Jahr nach dem 17. Juni 1953 folgten 20 000 Menschen dem Aufruf der

Partei, in Detmold gegen die blutige Niederschlagung des Aufstands zu protestieren und die Wiedervereinigung beider deutscher Staaten zu fordern.

Die Partei, um eine besonders stimmungs- und weihevolle Inszenierung bemüht, griff auf die traditionelle nationale Symbolik zurück. Die Feier begann mit Einbruch der Dunkelheit, das Hermannsdenkmal war in weißes und rotes Licht getaucht (was vor dunklem Hintergrund an das kaiserliche »Schwarz-Weiß-Rot« erinnern musste), Fackeln loderten, die Fahnen der mitteldeutschen und ostdeutschen Länder wurden geschwenkt, und neben anderen Liedern erklang die Weise vom »Guten Kameraden«.[19]

Wenn wir die Flamme entzünden, die damals als die Flamme der Freiheit gegen das düstere Unglück aufbrach, dann deswegen, weil wir den Geist forttragen wollen, der jene Volkserhebung beseelte, forttragen wollen gläubig in die Zukunft. Deutschland wird wieder zu Deutschland finden, und das Reich wird kommen.
Der FDP-Bundesvorsitzende Thomas Dehler am 17. Juni 1954 am Hermannsdenkmal[20]

Für die FDP war die »Kundgebung zur Wiedervereinigung« so erfolgreich, dass sie diese in den beiden folgenden Jahren erneut ausrichtete – mit einer ähnlichen Massenbeteiligung. Die Geschichtswissenschaft hat diese Inszenierungen als Versuch bewertet, eine längst vergangene bürgerlich-liberale Festkultur wiederzubeleben, wobei in abgemilderter Form auch Traditionen aufgegriffen wurden, die aus der nationalsozialistischen Feierkultur bekannt waren.[21]

Dabei präsentierte sich die FDP als entschiedene Verfechterin der deutschen Reichsidee, und Thomas Dehler ließ es sich nicht nehmen, die deutsche Nation und das deutsche Volk im Schatten des Hermannsdenkmals von Schuld reinzuwaschen: »Wir haben uns unserer Geschichte nicht zu schämen«, erklärte er 1955; es sei keineswegs deutsche Schuld, dass das Land permanent in Kriege verwickelt gewesen sei. Die Kriege von 1864 und 1866 erklärte er zu »innerdeutschen Auseinandersetzungen« (was zumindest die Dänen wohl anders beurteilt hätten), die Schuld am Deutsch-Französischen Krieg 1870/71 gab er Napoleon III., in den Ersten Weltkrieg seien die Völker schlicht »hineingeschlittert«, und den Zweiten Weltkrieg habe das deutsche Volk nicht gewollt. Es habe nicht einmal Hitler gewollt, behauptete der FDP-Vorsitzende. Dass die Nationalsozialisten an die Macht gekommen seien, habe ohnehin nicht am deutschen Volk gelegen, sondern »an den Siegermächten von Versailles«.[22] In Dehlers Ausführungen wurden erneut die äußeren Gegner als Widersacher der deutschen Einheit erkennbar, wobei er nicht nur die aktuelle deutsche Teilung als Werk anderer Nationen sah, sondern zugleich eine abenteuerliche Begründung für die nationalsozialistische Herrschaft lieferte.

Doch mit der Einigkeit der Deutschen gab es zu diesem Zeitpunkt andere Probleme, die ebenfalls auf der FDP-Veranstaltung zutage traten: Die protestantisch-nationale Prägung des Hermannsdenkmals war noch immer spürbar, und weiterhin fühlten sich viele Katholiken und ihre Kirche nicht einbezogen, wenn dort die Einheit der Deutschen beschworen wurde. So blieb es protestantischen Geistlichen überlassen, mittels »Feldgottesdiensten« der Veranstaltung göttlichen Beistand zu verschaffen – der Erzbischof von Paderborn hatte katholischen Geistlichen hingegen die Teilnahme untersagt. Offiziell wurde diese Entscheidung mit den kirchenkritischen Äußerungen des Parteivorsitzenden Dehler begründet. Vermutlich dürfte das Erzbistum aber die »antikatholischen Gehalte des Denkmals« im Blick gehabt haben.[23] Tatsächlich wendeten sich FDP-Publikationen scharf gegen die

»rheinisch-katholische« Bundesrepublik, und Hermann der Cherusker avancierte zu einer symbolischen Waffe.[24]

Als die FDP nach wenigen Jahren die Grotenburg als Schauplatz ihrer nationalen Demonstrationen aufgab, verlor der Ort rapide seine überregionale Bedeutung. Das Hermannsdenkmal war in den folgenden Jahrzehnten tatsächlich weniger ein Zentrum politischer Agitation für Einheit und Freiheit der Deutschen als vielmehr ein beliebter Anlaufpunkt der mobiler werdenden bundesdeutschen Bevölkerung. Der schöne Ausblick von der Grotenburg – einst ja auch von Ernst von Bandel bei seiner Standortwahl besonders gelobt – lockte die Touristen in den Teutoburger Wald, ohne dass sie ihren Besuch als politische Demonstration verstanden wissen wollten. Das Hermannsdenkmal war zum Ziel für den sonntäglichen Familienausflug geworden.

Der germanische Aberglaube hat sich endlich überlebt; sein alter Inhalt findet dort, unterhalb der Grotenburg, allenfalls beim Genuss von Germania-Pils und Thusnelda-Schnittchen noch einen angemessenen Ausdruck.
Der Publizist Heinz Ludwig Arnold über einen Besuch des Hermannsdenkmals 1971[25]

Als sich die Einweihung des Hermannsdenkmals 1975 zum 100. Mal jährte, machte stellvertretend für die wissenschaftliche und politische Öffentlichkeit der Münchener Historiker Thomas Nipperdey deutlich, wie sehr das »Denkmal im Walde« im Wesentlichen nur noch Altmodisches oder Skurriles an sich habe. Es fehle aufgrund der gebrochenen nationalen Traditionen der Deutschen an der Fähigkeit, die Erinnerung an die deutsche Einheitsbewegung des 19. Jahrhunderts als ein zentrales Phänomen der Vergangenheit zu bewahren. Dabei scheint der Historiker vor allem bei jüngeren (West-)Deutschen die Tendenz beobachtet zu haben, dass sie vom Hermannsdenkmal und der Einheitsbewegung »mit Spott und Ironie wie von kitschigem altem Gerümpel« sprechen.²⁶ Letztlich, so wohl die Befürchtung, würden Arminius und die Varusschlacht angesichts dieser Tendenzen eines Tages vergessen sein.

Wir leben schließlich in einer Zeit, in der unser Verhältnis zur Geschichte als einer lang zurückreichenden Tradition überhaupt ausgefranst ist, ein Germanenfürst vor fast 2000 Jahren und seine Schlacht – das ist uns nicht mehr wie unseren Urgroßvätern noch geschichtliche Wirklichkeit und – wie verschlissen immer – gemeinsam (beim Bier) gesungenes Lied, es ist nicht einmal mehr Bildungs- und Wissensinhalt.
Der Historiker Thomas Nipperdey 1975²⁷

Auf einer Postkarte anlässlich des hundertjährigen Bestehens des Hermannsdenkmals prangte zwar immer noch die Inschrift von Hermanns überdimensionalem Schwert, der zufolge die deutsche Einigkeit »meine Stärke«, und »meine Stärke Deutschlands Macht« sei²⁸ – doch das Monument schien eindeutig der Vergangenheit anzugehören, ein Ort für Ältere, vielleicht Ewiggestrige. In den Bundesrepublik der 1970er-Jahre hatte dieser Arminius aus Sandstein und Kupfer höchstens noch folkloristischen Wert.

Doch von Geschichtsmächtigkeit, monumentaler Überwältigung, Ehrfurcht, von denen die Berichterstatter vergangener Hermannsfeiern zu erzählen wussten, keine Spur; niemand reagierte unwillig, als einige Trupps frisch entlassener Rekruten angetrunken herumgrölten – das Bier an den Buden fließt unaufhörlich, Würstchen werden reißend verkauft, nicht minder die Souvenirs.
Heinz Ludwig Arnold über den Alltag am Hermannsdenkmal 1971²⁹

Indem das Hermannsdenkmal zunehmend ignoriert wurde, fand auch die historische Figur des Arminius in den Auseinandersetzungen um die Identität der (West-)Deutschen ihren Platz. Doch ganz anders als im Osten des Landes, wo Arminius' Rolle als Überwinder der römischen Sklavenhaltergesellschaft und Befreier vom fremden Joch ihn geradezu zu einem Helden des Sozialismus auf deutschem Boden machte, stand er in der Bundesrepublik lange für ein Defizit: An ihm wurde erkennbar, welche Schwierigkeiten die Deutschen mit ihrer Geschichte hätten. Früh hatte der Philosoph Helmuth Plessner sich in seiner Darstellung »Die verspätete Nation« mit dieser Frage befasst, indem er sich kritische Gedanken über »die politische Verführbarkeit bürgerlichen Geistes« machte. 1953 im niederländischen Exil verfasst, erschien das Werk 1959 in Deutschland. Plessner diagnostizierte eine »Selbstunsicherheit der Deutschen«, die er geschichtlich leicht erklärbar fand: Die Deutschen suchten stets nach einem Halt in ihrer Geschichte, wo sie ihn nicht fänden. Fortwährend forschen sie nach einem mythischen Anfang ihrer historischen Existenz, der sich »im Dunkel unergründlicher Vorzeit verliert« – und ganz am Anfang tauchte nach seinen Beobachtungen Arminius auf.[30]

Deutsches Staatsbewusstsein sucht sich in der Geschichte zu verankern, in einer Perspektive auf die realen Anfänge, aber als Ankergrund bietet sich immer wieder nur naturhafte Ursprünglichkeit. Und wenn es sich, stolz auf sein ewiges Barbarentum, gegen den älteren, glücklicheren, nüchternen Westen verteidigt, scheint es, als bildeten alle großen Aufbrüche deutscher Geschichte: der Krieg gegen Napoleon, Luthers Reformation, Widukinds Widerstand gegen Karl e i n e n Kampf der Riesen gegen Rom, den Armin, der Cherusker, begann.
Der Philosoph Helmuth Plessner über »Die verspätete Nation«[31]

Kleists »Hermannsschlacht« ist das Psychogramm eines brüchigen, modernen Charakters, der im Augenblick des Sieges vor den Trümmern humaner und zivilisatorischer Errungenschaften steht.
Begleitzettel zur Inszenierung der »Hermannschlacht« am Hamburger Schauspielhaus 2007

Hätte es damals in der bundesrepublikanischen Öffentlichkeit den Begriff schon gegeben, man dürfte wohl sagen, dass eine positive Annäherung an Arminius nicht »politically correct« war. Deshalb war eine vorurteilsfreie Beschäftigung mit Heinrich von Kleist und seiner »Hermannsschlacht« auch zunächst nicht vorstellbar. Und so machten, im Gegensatz zu den frühen Versuchen in der DDR, die Theater in Westdeutschland einen großen Bogen um dieses nationale Drama. Zu sehr erschien es als »hasserfülltes Agitationsdrama«, und vielen wäre eine positive oder zumindest abwägende Beurteilung dieses Stückes schlicht »wie eine Sympathiekundgebung für den Nationalsozialismus erschienen«.[32]

Eine regelrechte Revolution ereignete sich im Herbst 1982 in Bochum: Das renommierte Schauspielhaus präsentierte unter dem Intendanten Claus Peymann erstmals die »Hermannsschlacht«. Obwohl »Hermann der Cherusker«, so urteilte ein Theaterkritiker durchaus treffend über dessen Bekanntheitsgrad in der westdeutschen Öffentlichkeit, »heute eben nicht zu den gegenwärtigsten Figuren« zählt[33], wurde die Inszenierung ein riesiger Erfolg: Zwischen November 1982 und April 1986 gab es 86 Vorstellungen, zu denen mehr als 43 000 Menschen strömten. Anhand der Besucherzahl wird ersichtlich, wie umjubelt Peymanns Inszenierung war. Lob gab es vonseiten der Rezensenten, das Fernsehen strahlte eine eigens erstellte Filmversion aus, und die Fachzeitschrift »Theater heute« kürte das Stück zur Inszenierung des Jahres.[34]

Gert Voss als Hermann der Cherusker: Mit dem langen Schlabbermantel, den fettigen Haarsträhnen, die unter der an Ché Guevara oder Rudi Dutschke gemahnenden Mütze vorlugen, mit seinem bleichen, sorgfältig schlecht rasierten Gesicht könnte dieser hagere Mensch dem Klischee eines linken Seminaristen von heute entsprechen.
Ein Theaterkritiker zur Kleistaufführung in Bochum 1982[35]

Peymann hatte den ersten Schritt gewagt: Westdeutsche Bühnen folgten dem Bochumer Beispiel; Kleists »Hermannsschlacht« wurde vielfach aufgeführt. Doch auch wenn über Arminius wieder gesprochen werden konnte, er stieg nie von der Bühne herab in den politischen Raum. Er hatte seine politische Deutungskraft offenbar verloren und bedurfte keiner Tabuisierung mehr – weil ihm niemand mehr Einfluss auf das politische und gesellschaftliche Leben der Gegenwart zutraute.

Auch als die Mauer fiel und viele eine Renaissance des nationalen oder gar nationalistischen Inventars befürchteten, blieb Arminius eine blasse Figur. Und dies, obwohl das Hermannsdenkmal ganz neue Besucher anlockte: Ihre soeben erkämpfte Reisefreiheit führte viele Ostdeutsche nach Detmold. Der niederländische Schriftsteller Cees Nooteboom wunderte sich darüber, während er kurz nach der deutsch-deutschen Vereinigung nachdenklich die Neuankömmlinge auf der Grotenburg betrachtete.

Nun suchte ich also Hermann, und alle wollten mir helfen, ihn zu finden, denn jeder wusste, wo er wohnte, und jeder war freundlich, zuvorkommend, und das war auch gut so, denn Hermann wollte von mir nicht gefunden werden, er versteckte sich hinter immer anderen Hügeln, Waldgrenzen, Regengüssen, bis ich endlich das Auto auf einem riesigen, o so leeren Parkplatz neben einigen Trabis abstellen konnte, die traurig und fröstelnd von einem geilen Mercedes träumten. Wenn

Hermann ihr erstes Reiseziel war, jetzt, wo sie nach so vielen Jahren ihre Umzäunung verlassen durften, was bedeutete das?
Cees Nooteboom in seinen »Berliner Notizen« 1991[36]

Was Nooteboom in nationaler Wendezeit am Hermannsdenkmal erlebte, markierte das Ende des geteilten, des deutsch-deutschen Arminius: Die Westdeutschen hatten ihn seiner mythischen Bedeutung und Wirkungsmächtigkeit entkleidet. Die Ostdeutschen statteten dem Hermannsdenkmal – und damit Arminius – einen nahezu verwandtschaftlichen Besuch ab: Von ihm als Befreier von fremder Unterdrückung hatten sie in der DDR viel gehört, im noch fremden Westdeutschland war er etlichen eine vertraute Figur.

Das Ergebnis dieses Aufeinandertreffens west- und ostdeutscher Arminiustraditionen führte nicht zu einer Vereinigung oder neuen Interpretation des alten Arminiusmythos: Es wuchs nicht zusammen, was zusammengehörte. Vielmehr vollzog sich in geschichtspolitischer Perspektive eher so etwas wie ein Anschluss: Auch die Ostdeutschen trennten sich von dem geschichtspolitischen »Überschuss«, der in der DDR über Jahrzehnte mit Arminius und seiner Freiheitstat gegen die fremden Bedrücker angesammelt worden war. Und das Hermannsdenkmal blieb, was es schon in der alten Bundesrepublik gewesen war: eine reine Touristenattraktion.

Die deutsche Einheit von 1989/90 bringt sinnfällig zum Vorschein, wie dramatisch Arminius über Jahrzehnte an Deutungskraft verloren hatte. Stets hatte er einen festen Platz in den nationalen Debatten der Deutschen besetzt, wenn es um die Einheit der Nation ging: unter der napoleonischen Besatzung, in den Jahren vor der Revolution von 1848, bei der Reichsgründung von 1871 oder in den Weltkriegen des 20. Jahrhunderts. Und jetzt gab es endlich eine friedliche und erfolgreiche deutsche Revolution –

und die fand ohne Arminius statt. Schien dieser deutsche Held mit seinem identitäts- und unheilstiftenden Mythos nach 1945 tot zu sein, so hatte es nun den Anschein, als wäre er just in dem Moment dem Vergessen anheimgefallen, als die nationale Einheit friedlich vollzogen wurde.

Orte der Varusschlacht

Wenn Kinder und Jugendliche in den 1970er-Jahren unweit ihrer Heimatdörfer im Teutoburger Wald auf einen nicht sofort identifizierbaren Gegenstand stießen – das konnte ein eigentümlich gefärbter Stein, die verdreckte Scherbe eines Dachziegels oder ein Stück verrostetes Eisen sein –, dann hoffte jeder von ihnen, er habe endlich die »Schlacht im Teutoburger Wald« entdeckt. Da würden die Eltern staunen! Die Suche nach dem Ort der Varusschlacht – nur ein Abenteuer für findige Kinder?

Weit gefehlt: Tatsächlich war und blieb diese Suche immer schon eine sehr ernsthafte Sache für Erwachsene. Seit der Wiederentdeckung der Tacitusschriften mit der Lokalisierung der Varusschlacht »nicht weit entfernt vom Teutoburger Wald« begannen die Überlegungen, wo sich der antike Schauplatz der Schlacht tatsächlich befand. Aus dem Jahr 1535 stammt eine frühe Annahme – der Autor tippte auf einen Ort »wenig meile von Düsseldorf«.[1] Seither kannte die Fantasie der Wissenschaftler oder Hobbyforscher keine Grenzen.

Besondere Konjunktur erlebte die Suche nach dem Schlachtenort am Beginn des 19. Jahrhunderts. Zusätzlich intensiviert wurde sie durch die 1822 erschienene Schrift »Wo Hermann den Varus schlug«. Der Detmolder »Archivrath« Christian Gottlieb Clostermeier wollte mit diesem Text erreichen, »dass von nun an jeder deutsche Mann die heiligen Stätten« der welthistorisch bedeutsamen Schlacht dankbar aufsuchen möge. Anhand der antiken Texte kam der Autor zu dem Schluss, dass die Pilgerstätte im Fürstentum Lippe zu finden sei. Und dorthin könne man nun auf der Suche nach dem vaterländischen Erbe aufbrechen.[2] Der Lokalisierungsversuch Clostermeiers hatte übrigens eine bemerkenswerte literarische Nebenwirkung: Sein Schwiegersohn, der Dramatiker Christian Dietrich Grabbe, sollte in seinem 1835 geschaffenen Werk »Die Hermannsschlacht« genau diesen geografischen Angaben folgen.

Eine hektische Suche setzte ein – gepaart mit starken Emotionen und oftmals verletzten Heimatgefühlen: Heimatforscher oder ihrer Region verpflichtete Gelehrte waren oft genug Getriebene ihres Lokalpatriotismus. Im Rückblick hat man den Eindruck, dass es in ganz Nordwestdeutschland wohl keinen Landstrich gab, wo die Schlacht nicht schon mindestens einmal vermutet wurde. Dabei erntete so mancher Spurenleser den Spott seiner Zeitgenossen, weil seine Theorien zum »wahren Ort« der Varusschlacht zu abwegig erschienen oder einen ganz alltäglichen Fund als Schlüssel zur archäologischen Sensation deuteten.

Die verzweifelte Versuche nach der Örtlichkeit der Varusschlacht fand auch Eingang in die Literatur. So karikierte etwa der Schriftsteller Karl Leberecht Immermann 1838/39 in seinem satirischen Roman »Münchhausen« den Typus des ewigen Suchers. In diesem Falle handelte es sich um einen ehemaligen kaiserlichen Notar, der sich als Sammler antiker Fundstücke ausgab und seine Mitmenschen mit der Nachricht belustigte, er habe nun »wahrhaftig den Ort gefunden, wo Hermann den Varus schlug«. Er blieb erfolglos; um seine Liebhaberei zu finanzieren, musste er sich das Brot vom Munde absparen und als Schreiber bei einem Gutsherrn verdingen.

Er zog einen großen Knochen aus dem Busen und hielt denselben seinem Widerpart unter die Augen. »He, was ist das?«, fragte er triumphierend. Die Bauern starrten den Knochen verdutzt an. Der Hofschulze antwortete, nachdem er ihn prüfend betrachtet hatte: »Ein Kuhknochen, Herr Schmitz. Sie sind auf einen Schindanger gestoßen und nicht auf das Teutoburger Schlachtfeld.«
Der Schriftsteller Immermann 1838/39 über die verzweifelte Suche nach der »Schlacht im Teutoburger Wald«[3]

An dieser Suche waren keineswegs nur ambitionierte Heimatforscher oder selbst erklärte Kenner der Antike beteiligt. Auch die Altertumswissenschaft beschäftigte sich im 19. Jahrhundert mit dieser Frage. Dabei waren die Forscher in erster Linie auf die antiken Texte angewiesen, die – wie gezeigt – kaum Hilfe bei der Lokalisierung der Schlacht zu bieten vermochten. Deshalb war und blieb man auf spärliche Funde wie römische Münzen angewiesen, die oft genug zufällig gemacht wurden. Von einer gründlichen archäologischen Suche mit modernen Methoden war man noch weit entfernt.

Archäologie – Die Schätze der Archäologen liegen normalerweise in der Erde verborgen: Sie interessieren sich für alle Spuren, die Menschen früherer Zeiten im Boden zurückgelassen haben. Als Wissenschaft etablierte sich die Archäologie in Deutschland seit Beginn des 19. Jahrhunderts. Berühmtester Vertreter des Faches wurde der Geschäftsmann und umstrittene »Hobbyarchäologe« Heinrich Schliemann, der das antike Troja ausgrub. Für die Wissenschaft rückten bald zeitgemäße Grabungstechniken und moderne Dokumentationstechniken in den Vordergrund. Inzwischen beschäftigt sich die Archäologie auch mit dem Mittelalter und der frühen Neuzeit.

Nach den Text- und Funderkenntnissen des 19. und frühen 20. Jahrhunderts lassen sich ernst zu nehmende Lokalisierungsversuche in vier große geografische Gruppen einteilen: Nach der »Lippe'schen Theorie« fand die Schlacht im Teutoburger Wald oder zwischen dem Teutoburger Wald und der Weser statt. Nach der »Münsterländer Theorie« musste sie sich westlich beziehungsweise südwestlich des Teutoburger Waldes ereignet haben. Die »Südtheorie« verlegte den Kampf an den Südrand der Münsterländer Bucht, die »Nordtheorie« schließlich an den Nordrand des Wiehengebirges und des Weserberglands.[4]

Die Anhänger der letzten, der »Nordtheorie«, bekamen Ende des 19. Jahrhunderts prominente Unterstützung: Niemand Geringerer als die unbestrittene Koryphäe der deutschen Altertumswissenschaft, der Berliner Professor und spätere Literaturnobelpreisträger Theodor Mommsen, legte sich 1885 auf das am Nordhang des Wiehengebirges gelegene Kalkriese – genauer: die dortige kleine Bauernschaft Barenau – als wahrscheinlichen Ort der Schlacht fest.

Meines Erachtens gehören die in und bei Barenau gefundenen Münzen zu dem Nachlass der im Jahre 9 n. Chr. im Venner Moore zugrunde gegangenen Armee des Varus.
Der Historiker Theodor Mommsen 1885[5]

Mommsen stützte seine Hypothese auf zahlreiche römische Münzen, die schon seit dem 18. Jahrhundert in diesem Gebiet gefunden worden waren und als »Münzschatz von Barenau« bekannt wurden. Das war eine gewagte wissenschaftliche Kombination. Denn andere Gegenstände, wie etwa Reste militärischer Ausrüstung, die tatsächlich auf eine Anwesenheit römischer Soldaten verwiesen hätten, hatte dort bislang niemand entdeckt. Das wusste selbstverständlich auch Mommsen. Aber der Berliner Professor setzte wenig Hoffnungen auf brauchbare Ausgrabungen von Waffen oder militärischen Ausrüstungsgegenständen. Der Erkenntnisgewinn in dieser Frage hänge von den Münzen ab, erklärte er in seinem 1885 vorgelegten Aufsatz über »die Örtlichkeit der Varusschlacht«. Deshalb forderte er eine präzise wissenschaftliche Dokumentation aller in Deutschland gefundenen römischen Münzen, um angesichts der schier endlosen Debatten um den Ort der Varusschlacht die kleinkarierten Streitigkeiten zwischen »orthodoxen Varusgläubigen« und »den Häretikern« endlich beizulegen.[6]

Zu wünschen wäre wohl, wenn auch kaum zu hoffen, dass die deutschen Localforscher, statt mit den beliebten patriotisch-topographischen Zänkereien die kleinen und grossen Klatschblätter zu füllen und durch Kirchthurmskontroversen die unbefangenen Zuschauer zu erheitern, eine solche Gesammtarbeit in Angriff nähmen und jeder für seinen Theil sie förderte.
Theodor Mommsen über eine wünschenswerte Suche nach dem Ort der Varusschlacht[7]

Nach anfänglicher Akzeptanz erhielt Mommsens These immer weniger Zustimmung, eben weil es an Überresten der Ausrüstung oder der Bewaffnung der Kämpfer fehlte. Auch die Entdeckungen von Münzen bis zu diesem Zeitpunkt schienen nicht ausreichend: Allzu gern hätte man das Kupfergeld römischer Legionäre gefunden, also das »Soldatengeld«. So blieb die professorale Expertise aus dem fernen Berlin lediglich eine – wenngleich prominente – Meinung neben anderen Annahmen zur Örtlichkeit der Varusschlacht. Und so konnte im Jahr 1909, als sich die Schlacht »nicht weit entfernt vom Teutoburger Wald« zum 1900. Mal jährte, ein Beobachter den aktuellen Stand der Bemühungen rekapitulieren, wonach im Wesentlichen drei Schauplätze des historischen Geschehens diskutiert würden: Detmold, Iburg und Barenau. Diese Orte boten weiteren Raum für 14 verschiedene Örtlichkeiten.[8] Und doch gab es entschiedene Befürworter der Mommsen'schen Theorie. So findet sich seine These vom Schlachtort Barenau kurze Zeit später bereits in dem schon damals gut recherchierten »Baedeker« für den Raum Nordwestdeutschland.

5 St. N. von Osnabrück liegt das Dorf Barenau. ... Hier, wie in dem ganzen dem N.W.-Abhang des Wiehengebirges vorgelagerten Venner Moor, werden seit alters vielfach römische Gold- und Silbermünzen aus augusteischer Zeit gefunden, wie sie sonst in Deutschland nicht vorkommen: ein Umstand, der im Verein mit militärisch-örtlichen Berechnungen es wahrscheinlich macht, dass hier im Spätherbst des J. 9 nach Chr. das Heer des Varus ... von den Germanen unter Arminius vernichtet worden ist.
Aus dem »Baedeker« für Nordwestdeutschland 1889[9]

Es ist nicht erstaunlich, dass ein Schlachtenort fast zwei Jahrtausende nach dem Geschehen nicht mehr aufzufinden war (außerdem waren die schriftlichen Hinweise für eine Suche ja denkbar dürftig). Was aber bis heute verwundert, ist, mit welcher Verbissenheit und Unversöhnlichkeit sich die Anhänger der verschiedenen Theorien zur Örtlichkeit der Varusschlacht gegenüberstehen. Dafür sorgten vor allem die von Mommsen so bezeichneten zänkischen Lokalforscher, die ihren ganzen Lokalpatriotismus in die Debatte warfen. Von ihnen fanden nur wenige zu der gelassenen Erkenntnis, dass der eigentliche Ort des Geschehens – genauer: die verzweifelte Suche nach ihm – gar nicht so wichtig sei, sondern dass die Schlacht selbst, ihr Verlauf und ihre Bedeutung, für den Fortgang der Geschichte eigentlich entscheidend sei.

Ob Varus bei Detmold oder bei Barenau, bei Iburg oder sonst wo sich in sein Schwert gestürzt hat, ist wirklich so wichtig nicht, dass man sich darum mit seinem Mitmenschen verzanken sollte.
Ein auffallend nüchterner Beobachter der Diskussionen um die Örtlichkeit der Varusschlacht im Jahr 1908[10]

In der Tat hatten sich die meisten Zeitgenossen – Wissenschaftler wie historisch interessierte Laien – bald damit abgefunden, dass man den Ort der »Schlacht im Teutoburger Wald« wohl niemals finden würde. Und so kamen die Historiker auch ohne Fundstätte lange Zeit gut zurecht: Sie konnten die römische Germanienpolitik und den dadurch provozierten Widerstand der germanischen Stämme auch mit dieser »Leerstelle« plausibel nachzeichnen. Was über Arminius, Varus und die Schlacht 9 n. Chr. zusammenzutragen war, vereinigte sich schon längst zu einem stimmigen Gesamtbild. Man tritt der Fachwissenschaft wohl nicht zu nahe, wenn man die Vermutung äußert, dass niemand mehr in den letzten Jahren und Jahrzehnten des 20. Jahrhunderts ernsthaft damit rechnete, dass der Schauplatz der Schlacht dereinst wirklich noch gefunden würde.

Doch einige Zufälle kamen zusammen, die in Deutschland eine Renaissance des Arminius gerade zu der Zeit bewirkten, als der Mythos des Cheruskers eigentlich längst vergessen schien. Diese Wiederentdeckung beginnt mit dem Umstand, dass der britische Major Tony Clunn 1987 nach Deutschland gekommen war, genauer: Er wurde als Offizier bei der britischen Armee im niedersächsischen Osnabrück stationiert. Der Hobbyarchäologe hatte sich vorgenommen, mithilfe eines Metalldetektors nach römischen Münzen zu suchen, auch in der Umgebung seines neuen Standorts. Zuvor wandte er sich an den zuständigen Osnabrücker Stadt- und Kreisarchäologen Wolfgang Schlüter, der sich von seinem Besucher angetan zeigte, weil »er, bevor er etwas unternahm, um eine Genehmigung nachsuchte«.[11] Schließlich ist die systematische Suche nach archäologischen Objekten in Deutschland gemäß den Denkmalschutzgesetzen der Bundesländer nur Fachleuten vorbehalten oder mit deren Zustimmung erlaubt. Das hat gute Gründe, denn Amateure können bei ihren Grabungen wichtige Funde beschädigen, zerstören oder der wissenschaftlichen Auswertung und damit der kollektiven Erinnerung entziehen. Schließlich gibt es einen lukrativen schwarzen Markt für antike Fundstücke.

Wer in der Erde oder im Wasser Sachen oder Spuren findet, bei denen Anlass zu der Annahme gegeben ist, dass sie Kulturdenkmale sind (Bodenfunde), hat dies unverzüglich einer Denkmalbehörde, der Gemeinde oder einem Beauftragten für die archäologische Denkmalpflege anzuzeigen.
§ 14 Niedersächsisches Denkmalschutzgesetz vom 30. Mai 1978

Weil Tony Clunn zunächst beim zuständigen Kreisarchäologen vorstellig wurde, erhielt er nicht nur die erforderliche Erlaubnis für seine Suche, sondern die letztlich entscheidende Empfehlung, »die Forschungen etwa zwanzig Kilometer nördlich der Stadt zu beginnen, da diese Gegend, wie er meinte, näherer Untersuchungen wert wäre«.[12]

Die Erde war schwarz, torfig und noch recht feucht für die Jahreszeit. Es war Sonntag, der 5. Juli 1987, gegen zwei Uhr nachmittags. Ich schwenkte meinen Metalldetektor über das kleine Loch, das ich gegraben hatte, und noch einmal hörte ich das klare doppelte Klingeln in meinen Kopfhörern, das auf einen massiven, runden Gegenstand hinweist. ... Mit klopfendem Herzen durchsuchte ich behutsam die schwarze Erde, und dann, noch immer ungläubig, hatte ich den flüchtigen Eindruck eines silbernen Glitzerns, das durch die ge-

schwärzte Oberfläche eines tadellos erhaltenen römischen Denares schimmerte.

Tony Clunn über seine Entdeckung in Kalkriese bei Osnabrück[13]

Die römischen Denare, die der britische Offizier nach kurzer Zeit zutage förderte, stellten zwar einen schönen Fund dar. Doch waren auch sie »nur« Geldstücke, die schon Theodor Mommsen als Beleg für seine Theorie zur Örtlichkeit der Varusschlacht gedient hatten. Weiterhin fehlten Reste militärischer Ausrüstung oder eben die Kupfermünzen, das »Soldatengeld«. Auch eine rasch vorgenommene archäologische Ausgrabung brachte lediglich weitere Münzen zum Vorschein. Doch Clunn blieb hartnäckig und setzte auch in den folgenden Monaten seine Suche fort. Im Sommer 1988 stieß er tatsächlich auf militärische Relikte: An drei verschiedenen Orten entdeckte er jeweils ein Schleudergeschoss aus Blei. In wissenschaftlichen Kreisen war bekannt, dass Hilfstruppen der Römer im Mittelmeerraum diese Schleuderbleie benutzt hatten. Dass sie nun in Kalkriese aus dem Boden gezogen wurden, stellte die Forschung vor die Frage, ob die bis zu diesem Zeitpunkt registrierten Münzfunde mehr als Relikte römisch-germanischer Handelsbeziehungen darstellten. Waren etwa römische Einheiten in Kalkriese gewesen? Jetzt war eine gründliche archäologische Begutachtung des Geländes unausweichlich.

Es dauerte nicht lange, und den Archäologen glückte eine wachsende Anzahl von Funden, welche auf die Anwesenheit der Römer und eine militärische Auseinandersetzung an diesem Ort hinwiesen. Neben Münzen und Resten militärischer Ausrüstungsgegenstände römischer Soldaten legten die Archäologen auch Spuren einer Wallanlage frei, von der aus germanische Krieger ihre Attacken durchgeführt haben könnten. Auch Knochen von Menschen und Tieren kamen bald ans Tageslicht, wobei an den menschlichen Überresten deutliche Merkmale gewalttätiger

Auseinandersetzungen zu erkennen waren. In der Summe wurde deutlich: Am Kalkrieser Berg hatten Römer und Germanen gegeneinander gekämpft. Aber war es wirklich im Jahr 9 n. Chr.? Handelte es sich um die Varusschlacht? Aus Kalkriese kamen in den folgenden Jahren vorsichtige Signale: Die Münzfunde bewiesen, dass zwischen 7 und 10 n. Chr. Römer an diesem Ort gewesen seien, hieß es, und »für diesen Zeitraum ist nur eine Schlacht überliefert: die Varusschlacht«.[14]

Nach den spektakulären Funden war es mit der Ruhe in dem kleinen Flecken Kalkriese vorbei. Mit den Jahren entstand ein moderner Forschungs- und Museumsstandort, der – verkehrsmäßig günstig unweit der viel befahrenen Autobahn 1 zwischen Osnabrück und Bremen gelegen – nicht nur zahlreiche Besucher lockte, sondern auch in den Genuss privater Spenden und öffentlicher Förderung kam. Dieser Umstand hätte für eine archäologische Grabungsstätte dieser Bedeutung eigentlich eine Selbstverständlichkeit sein müssen, sollte man meinen – doch die besonderen Funde und die Entstehung eines publikumsträchtigen Museumsstandorts riefen Neider auf den Plan. Die Auseinandersetzungen um die Frage, ob wirklich Kalkriese das Rennen um den Ort der Varusschlacht machen würde, waren und sind keineswegs nur wissenschaftlicher Natur. Wie schon Jahrhunderte zuvor spielen lokalpatriotische Empfindlichkeiten ebenso eine Rolle wie landespolitische Interessen oder persönliche Profilierungsversuche einzelner Akteure. So kennzeichnet die Debatte der folgenden Jahre bis in das Jubiläumsjahr 2009 hinein eine gewisse »rhetorische Gewalttätigkeit«...

Gekämpft wird allerdings bis heute, wenn auch in anderer Besetzung. ... Vor allem das benachbarte Detmold neidet dem 850-Seelen-Örtchen Kalkriese, Stadtteil von Bramsche in Niedersachsen, seinen Ruhm. Und weil zwischen beiden Rivalen die Landesgrenze liegt,

streiten jetzt Nordrhein-Westfalen gegen Niedersachsen, das Lipper gegen das Osnabrücker Land, Wissenschaftler gegen Hobbyforscher. Blut fließt dabei nicht, die Gegner beharken sich allein mit Worten.
Aus der Wochenzeitung »Die Zeit« im Jahr 2007[15]

Ein Beobachter sprach halb spottend, halb erschöpft von »aktuellen Varusschlachten«. Wie bei der Auseinandersetzung um diese Schlacht nicht anders zu erwarten, »sind auch von Erregtheit geprägte Entgleisungen zu verzeichnen«.[16] Wenn man die lokalpatriotisch motivierten Scharmützel einmal ausklammert, lässt sich festhalten, dass viele Wissenschaftler heute Kalkriese für den wahrscheinlichen Ort der Varusschlacht halten. Zumindest stellt niemand infrage, dass hier die Stätte einer großen Schlacht liegt.

Ernst genommen werden müssen indes Einwände, die die Schlacht von Kalkriese nicht mit der Varusschlacht im Jahr 9 n. Chr., sondern mit der sogenannten Caecinaschlacht des Jahres 15 n. Chr. in Zusammenhang bringen. Dabei entkam der römische Legat Aulus Caecina mit seinen Legionen vermutlich zwischen Weser und Ems einem germanischen Hinterhalt nur unter großen Verlusten. Die überlieferten topografischen Schilderungen scheinen sich mit den Gegebenheiten von Kalkriese zu decken. Dass in Kalkriese keine Münzen gefunden wurden, die später als 9 n. Chr. geprägt wurden, lassen gleichermaßen die Varusschlacht wie die Caecinaschlacht als Möglichkeiten zu. Denn wir wissen nicht, welche Wege frisch geprägte Münzen vor 2000 Jahren vom Ort ihrer Fertigung bis zu Soldaten in Germanien nahmen. Es ist vorstellbar, dass auch noch im Jahr 15 n. Chr. Soldaten mit »alten«, also lange im Umlauf befindlichen Münzen bezahlt wurden – und somit belegen die Münzfunde in Kalkriese zwar eine »römisch-germanische Auseinandersetzung von grundlegender Bedeutung«, doch noch nicht, welche der beiden Schlachten hier geschlagen wurde.[17] In Kalkriese wird weitergesucht – und somit bleibt die Hoffnung, die Geschehnisse am Kalkrieser Berg in den nächsten Jahren klären zu können.

Bis dahin ist Kalkriese das Maß aller Dinge – zumindest was die touristische Vermarktung angeht. Schon im 19. Jahrhundert galt: »Wer Arminius hat, hat auch die Touristen.« Seinerzeit war es das Hermannsdenkmal, das als Ort des Arminiusmythos für reichlich Besucher sorgte – für das Städtchen Detmold und das Fürstentum Lippe abseits der großen Ereignisse im Deutschen Reich eine lohnenswerte Sache. Und wer nicht um Einheit und Freiheit der Deutschen willen den Weg zur Grotenburg fand, den lockten zeitgenössische Reiseführer wie der »Baedeker« 1889 eben mit der Bemerkung zum Hermannsdenkmal, von der Galerie des Denkmals habe man »eine weite treffliche Rundsicht«.[18]

So oder so – Arminius war ein Ausflugsziel für Besucher von nah und fern. Und wo Touristen waren, waren auch die Geschäftemacher. Sie brachten Andenken und Devotionalien aller Art unters Volk, etwa bei der Einweihung des Hermannsdenkmals 1875. Dabei erschienen unter dem Markenzeichen »Hermann« Anzeigen für jedes erdenkliche Produkt, und eine »unglaubliche Menge an Kitsch« wurde unters Volk gebracht.[19] Manchem Beobachter war dieses geschäftige Treiben angesichts des eigentlich erhabenen nationalen Anlasses viel zu viel wirtschaftlicher Rummel...

Auch ist es nicht zu verwundern, daß wir im Festorte Hermanns-Denkmünzen, in Alabaster, Elfenbein, Gyps und Stein, Hermanns-Monumente, Hermanns-Pfeiffen und -Cigarrenspitzen, Hermanns-Taschenmesser und -Bleistifte, Hermanns-Spazierstöcke, -Cigarren und -Taschenfeuerzeuge finden. Aber daß man uns hier auch Hermanns-Sonnenschirme und einen deutschen Hermanns-Bitter anbietet, den die betreffende Firma als ausgezeichnetes Präparat »allen

Deutschen mit deutschem Gruß« empfiehlt, das ist denn doch wohl mehr, als selbst ein Mann von der Bedeutung unseres Nationalhelden zu seinen Ehren beanspruchen kann.
Aus einem Zeitungsartikel im August 1875[20]

Dabei ist erstaunlich, wie »modern« die Einfälle der Andenkenhändler des Kaiserreichs waren. Fast möchte man meinen, diese seien die Grundlage für das heutige Marketing gewesen, mit dem heutzutage sich die Besucher der Schlachtstätte von Kalkriese konfrontiert sehen. Auch hier besteht die Möglichkeit, sich mit Devotionalien aller Art einzudecken. Das Angebot sollte man nicht vordergründig als eine der wenigen (und völlig legitimen) Refinanzierungsmöglichkeiten eines Museums- und Forschungsstandorts abtun, sondern die Nachfrage zugleich als ein Indiz für den Stellenwert des Arminiusmythos in unserer Gegenwart werten. So hat der Historiker Dieter Timpe angesichts der Tatsache, dass Kalkriese heute eine umfangreich genutzte Freizeitattraktion darstellt, darauf hingewiesen, dass dies wohl kaum möglich wäre »ohne die Erbschaft an Popularität, die der Hermannsmythos hinterlassen hat«.[21]

Harter Hermann. Luftgetrocknete Mettwurst, naturgereift – Premium Qualität! 200 g. Preis in Euro inkl. Ust (19%): 3,50 €.
Thusneldas Beste. Fruchtaufstrich aus ganzen Erdbeeren. 200 g. Preis in Euro inkl. Ust (19%): 3,30 €.
Angebote im Museumsshop Kalkriese

Abseits von Museen (und Museumsläden) hat sich längst ein anderer Ort der Debatten um Arminius und die Varusschlacht etabliert – das Internet. Eine ganz eigene Welt der Beschäftigung mit dem Thema öffnet sich. Wer etwa im Videoportal »youtube« das Stichwort »Varusschlacht« eingibt und neben den dort platzierten

Videos auch die zahlreichen Kommentare studiert, der findet sich schnell in einem Kosmos längst vergessen geglaubter Germanenbegeisterung wieder. In der virtuellen Welt lebt Arminius als »erster deutscher Held« weiter. Die Germanen heißen auch schon einmal »Odins Volk«. Und ein Kommentator bekennt, wie stolz er sei, Nachkomme von Arminius zu sein (was bei einer ernsthaft vorgenommenen Ahnenrecherche wohl zu erheblichen Schwierigkeiten führen würde).

Zugleich ist das Internet mehr als ein Tummelplatz für alte und neue Germanenbegeisterte. Es dient ebenso als Ort, an dem aktuelle Debatten um die Örtlichkeit der Varusschlacht geführt werden. An diesen Diskussionen sind zwar wie schon zu Theodor Mommsens Zeiten lokalpatriotisch motivierte Hobbyforscher und selbst ernannte Römerexperten beteiligt, jedoch lassen sich hier auch wichtige Ergebnisse und zentrale Thesen von Wissenschaftlern finden. Selbst wenn der Gehalt vieler Äußerungen in den Blogs eher aufgeregten Charakters ist und zur historischen Unterrichtung wenig beiträgt, so wird aus der Vielzahl der Internetbeiträge vor allem eines ersichtlich: Der Arminiusmythos, der die Deutschen seit fünf Jahrhunderten in unterschiedlichen Phasen des Interesses begleitet, lebt im Internet unserer Tage wieder auf. Die Diskussionen, die mit den ersten Funden in Kalkriese ausgelöst wurden, haben Arminius und die Varusschlacht in einem zuvor wohl nie erwarteten Maße in die deutsche Öffentlichkeit zurückgebracht.

Bei dieser Renaissance mit dem historischen Ereignis steht auch heute noch die Frage zur Debatte, ob und inwieweit die Varusschlacht als Wendepunkt der Weltgeschichte bezeichnet werden kann. Über Jahrhunderte galt, dass dieses Ereignis den Verlauf der Weltgeschichte entscheidend verändert habe. Nach der Schlacht sei nichts mehr so gewesen wie zuvor – die »deutsche« Geschichte habe ihren entscheidenden Wendepunkt erfahren. Von diesem Tag an, so erklärte ein Autor anlässlich des 1900-jährigen Jubiläums der Schlacht, »ging es abwärts mit der Macht des Römischen Reiches«.²² Durch diesen Sieg seien die Germanen der »Romanisierung« entgangen. »Dass wir heute Deutsch sprechen«, so hieß es 1945 mit Blick auf Arminius, »geht letzten Endes auf ihn und seine Tat zurück.«²³ Vor diesem Hintergrund ist verständlich, dass die hypothetische Frage »Was wäre gewesen, wenn...?« ebenfalls schon lange die Debatte um die Varusschlacht begleitet, und noch heute schwelgt manch ein Zeitgenosse in Fantasien, wie die europäische Geschichte wohl verlaufen wäre, hätten 9 n. Chr. die Römer den Sieg davongetragen.

Wäre jener Rückschlag des Jahres 9 nicht eingetreten, so wäre wohl – um einmal in irrealen Bedingungssätzen zu sprechen, die in der Geschichte freilich mit Recht verpönt sind! –, so wäre wohl Germanien einer allmählichen Romanisierung verfallen, deren Spuren auch die Völkerverschiebungen der folgenden Zeit nicht ganz verwischt haben würden.
Ein Kommentar aus dem Jahr 1908²⁴

Tatsächlich zeigt sich an solchen Spekulationen das erstaunliche – aber durchaus zu erklärende – Missverhältnis zwischen dem historischen Ereignis der Varusschlacht und dem Mythos, der sich seit dem 16. Jahrhundert daraus entwickelte. Arminius wurde zum deutschen Nationalhelden, die Varusschlacht gilt bis heute vielen als ein Wendepunkt der Geschichte – vielleicht sogar der Weltgeschichte –, und dies, obwohl die historischen Tatsachen solche Vorstellungen keineswegs stützen.

Aber wir alle, die wir Deutsche sind, haben Grund und Recht, die Schlacht zu feiern, die unserer Ahnen Freiheit rettete und damit deutsches Wesen, an dem die Welt genesen sollte. Glorreicher hat sich

kein anderes Volk in die Geschichte eingeführt als unsere Vorfahren durch diesen Sieg über die Herren der Welt.
Betrachtung zur 1900-jährigen Wiederkehr der Varusschlacht im Jahr 1909[25]

Diese historische Wirkung war und ist größer gewesen als das Handeln des Arminius und das Ergebnis der Varusschlacht selbst.
Der Historiker Horst Callies 1975[26]

Die germanischen Stämme – von *den* Germanen als Volk ließ sich ja noch nicht sprechen – waren keineswegs die ersten Deutschen und Arminius auch nicht »der erste Deutsche«. Auch hat er die Stämme der Germanen nicht vereint. Und die Varusschlacht war lediglich eine, wenngleich große Schlacht neben anderen, die Römer und Germanen gegeneinander austrugen. Zur Entscheidung Roms, seine Legionen an den Rhein zurückzuziehen, mag sie beigetragen haben. Der alleinige Grund dafür war sie aber sicher nicht.

Doch ein Mythos besitzt nun einmal die Eigenschaft, dass er eben nicht auf historische Tatsachen angewiesen ist: Er nährt sich von den Wünschen und Bedürfnissen der Zeitgenossen, die im geschichtspolitischen Zugriff auf die Vergangenheit ihre Helden und ihre Heldengeschichten finden und formen. Bei der Mythenbildung ist es geradezu von Vorteil, wenn das tatsächliche historische Wissen dürftig ist – umso mehr lässt sich erzählerisch hinzufügen. Und so stieg Arminius, über den die verfügbaren antiken Quellen nur wenig berichteten, wie kein anderer zum Helden und zur Heilsfigur auf. Wann immer es seit der Frühen Neuzeit um die deutsche Nation ging, um die Schwierigkeiten der deutschen Einheit und Freiheit, wurde der Cherusker als historisches Argument ins Feld geführt und agierte als »fiktionaler Nothelfer«.[27]

Arminius hat die Frage nach der deutschen Nation durch die Jahrhunderte getreulich begleitet: Gegen die deutsche Kleinstaaterei wurde er eingesetzt, gegen die Uneinigkeit der deutschen Fürsten ebenso wie gegen die Feinde von außen, seien es die Türken oder die Franzosen. Und immer wurde er auch für den Kampf gegen die »inneren Feinde« herbeizitiert: gegen Katholiken und Sozialisten, gegen Juden oder Demokraten. So wie das Hermannsdenkmal bei Detmold zu einer »Drohgebärde« wurde, »die der unsicheren Suche nach der deutschen Identität einen Halt gab«[28], so wurde Arminius zu einer drohenden Gestalt, mit der eine notorisch unsichere Nation zur Attacke gegen innere und äußere Feinde blies.

Die Varusschlacht wurde in dieser Sicht der Dinge zur weltgeschichtlichen Befreiungstat stilisiert. Mit dieser Schlacht sei die germanische Freiheit gegen römische Unterdrückung verteidigt worden – und da die unhistorische Gleichsetzung von Germanen und Deutschen weitverbreitet war, bedeutete diese Vorstellung zugleich, dass diese Schlacht als Geburtsstunde Deutschlands galt: also als der Tag, an dem Deutschland entstand. Das mag zwar historisch unzutreffend sein, aber für die Deutschen war und ist dies eine plausible Vorstellung. Und so modellierten sie »ihren« Arminius stets aufs Neue nach ihren Vorstellungen – und machten ihn zu einem nationalen Helden, der er in Wirklichkeit niemals war.

Dank

Dieses Buch hat in seiner Entstehung unverzichtbare Unterstützung erfahren. Der Dank dafür richtet sich an Johannes Sträter, Woody Rutkowski, Dr. Thomas Mittmann, Urs Koethner, Dr. Thomas Bedorf, Marie Hilber, Attila Mihaly sowie an Andreas Barz (Landesarchiv Nordrhein-Westfalen). Dr. Dirk Schlinkert hat das Manuskript kenntnisreich kommentiert. Ohne die freundschaftliche und kollegiale Unterstützung von Dr. Arnd Hoffmann wäre das Buch nicht entstanden.

Anmerkungen

Vorwort: »Die Unglücksstätte, grässlich anzusehen ...«

1 Tacitus, Annalen 1,61.
2 Ebd., 1,62.
3 So überschrieb Sebastian Fischer-Fabian 1975 seinen publikumsträchtigen »Bericht über das rätselhafte Volk der Germanen«.

Die Schlacht ...

Durch Germanien

1 Jahn, Der Römisch-Germanische Krieg, S. 128 f.
2 Dreyer, Zum Verlauf der Varusniederlage, S. 386.
3 Junkelmann, Die Legionen des Augustus, S. 91 ff.
4 Cassius Dio, Römische Geschichte, 56,20,2.
5 Junkelmann, a. a. O., S. 127.
6 Ebd.
7 Ebd., S. 233 f.
8 Jahn, a. a. O, S. 120.
9 Wolfram, Die Germanen, S. 25.
10 Wolters, Die Römer in Germanien, S. 17 f.
11 Cäsar, Der Gallische Krieg, 4,3,1.
12 Giebel, Nachwort in: Velleius Paterculus, Historia Romana, S. 364.
13 C. Velleius Paterculus, Historia Romana, 2,119,1.
14 Vgl. als Einführung zu Tacitus und seinem Werk zuletzt: Schmal, Tacitus.
15 Dazu ausführlich: Callies, Bemerkungen zu Aussagen und Aussagehaltung antiker Quellen und neuerer Literatur zur Varusschlacht und ihrer Lokalisierung, S. 177.

16 Maurach, Die literarische Form des Arminiusschlacht-Berichts, S. 170f.
17 Dreyer, Zum Verlauf der Varusniederlage, S. 387f.
18 So die Einschätzung bei Jahn, Krieg, S. 169.
19 Riemer, Die römische Germanienpolitik, S. 11.
20 Tacitus, Germania, 23.
21 Ebd., 22.
22 Wolfram, a. a. O., S. 69.
23 Riemer, a. a. O., S. 13.
24 C. Velleius Paterculus, a. a. O., 2,118,1.
25 Cäsar, a. a. O., 6,21,1.
26 Tacitus, a. a. O, 9.
27 Wolfram, a. a. O., S. 59.
28 Ebd., S. 63f.
29 Tacitus, a. a. O., 8.
30 Simek, Götter und Kulte der Germanen, S. 108.
31 Wiegels, »Es war das tapferste Heer von allen ...«, S. 9.
32 Tacitus, a. a. O., 5.
33 Timpe, Geographische Faktoren und politische Entscheidungen in der Geschichte der Varuszeit, S. 18.
34 Ebd., S. 19.
35 Jahn, a. a. O., S. 24.
36 Nenninger, Die Römer und der Wald, S. 212f.
37 Küster, Geschichte der Landschaft in Europa, S. 152.
38 Steuer, Besiedlungsdichte, Bevölkerungsgrößen und Heeresstärken während der älteren Römischen Kaiserzeit in der Germania magna, S. 338.
39 Ebd., S. 339.
40 Tacitus, a. a. O., 16.
41 Jahn, a. a. O., S. 65.
42 Moosbauer u. a., Kommunikationslinien, S. 44.
43 So die These bei Steuer, a. a. O., S. 358.
44 Timpe, a. a. O., S. 17.
45 Cassius Dio, a. a. O., 56,20,3.
46 Ebd., 56,21,3.
47 So die Formulierung bei Jahn, a. a. O., S. 1.
48 Jahn, a. a. O., S. 21.
49 Ebd., S. 29.
50 Ebd., S. 37.
51 Wierschowski, Non sexus, non aetas miserationem attulit, S. 214.
52 C. Velleius Paterculus, a. a. O., 2,97,4.
53 Florus, 2,30,27b, zit. nach Kestermann, Quellensammlung, S. 14.
54 Jahn, a. a. O., S. 56.
55 Florus, 2,30,29, a. a. O., S. 14.

56 Wolters, S. 48.
57 Ebd.
58 Jahn, a. a. O., S. 40f.
59 Ebd., S. 48.

Varus und Arminius

1 Wolters, Art. Varus, S. 81.
2 Ebd.
3 Ebd.
4 Wickevoort Crommelin, Quinctilius Varus – Das Bild des Verlierers, S. 6.
5 Wolters, Art. Varus, S. 83.
6 C. Velleius Paterculus, Historia Romana, 2,117,2
7 Wolters, Art. Varus, S. 82.
8 C. Velleius Paterculus, ebd.
9 Mommsen, Römische Geschichte, Bd. 6, S. 49.
10 Jahn, Der Römisch-Germanische Krieg, S. 67.
11 Wolters, Die Römer in Germanien, S. 49.
12 Mommsen, ebd.
13 Wolters, Art. Varus, S. 82.
14 Cassius Dio, Römische Geschichte, 56,18,3.
15 C. Velleius Paterculus, a. a. O., 2,117,3.
16 Jahn, a. a. O., S. 77.
17 So die Vermutung bei Jahn, a. a. O., S. 107.
18 Jahn, a. a. O., S. 106.
19 Ebd., S. 105.
20 Tacitus, Annalen, 4,72.
21 Jahn, a. a. O., S. 106.
22 Ebd.
23 C. Velleius Paterculus, a. a. O., 2,118,1.
24 Losemann, Art. Arminius, Sp. 14.
25 C. Velleius Paterculus, a. a. O., 2,118,2.
26 Petrikovits, Arminius, S. 177.
27 Wiegels, Die Varusschlacht – ein unlösbares Rätsel?, S. 21.
28 Petrikovits, a. a. O., S. 178.
29 Tacitus, a. a. O., 2,9.
30 Ebd., 1,55.
31 Ebd.
32 Petrikovits, a. a. O., S. 185.
33 Timpe, Die Schlacht im Teutoburger Wald: Geschichte, Tradition. Mythos, S. 437.
34 Vgl. Wolters, Art. Varus, S. 82.

35 Callies, Art. Arminius, S. 419.
36 Petrikovits, a. a. O., S. 186.
37 Timpe, Geographische Faktoren und politische Entscheidungen in der Geschichte der Varuszeit, S. 19 f.

Römer gegen Germanen

1 Jahn, Der Römisch-Germanische Krieg, S. 121 ff.
2 Junkelmann, Die Legionen des Augustus, S. 103.
3 Wierschowski, Non sexus, non aetas miserationem attulit, S. 218.
4 Ebd., S. 218 f.
5 Junkelmann, a. a. O., S. 123.
6 Ebd., S. 154 ff.
7 Ebd., S. 160.
8 Ebd., S. 188 f.
9 Cäsar, Der Gallische Krieg, 1,25,3.
10 Junkelmann, a. a. O., S. 174 ff.
11 Ebd., S. 180 ff.
12 Ebd., S. 185.
13 Tacitus, Annalen, 2,14.
14 Ebd., 2,21.
15 Junkelmann, a. a. O., S. 196 ff.
16 Ebd., S. 198 f.
17 Ebd., S. 128.
18 Ebd., S. 128 f.
19 Flavius Josephus, Jüdischer Krieg 3,5,1.
20 Junkelmann, a. a. O., S. 131 ff.
21 Cäsar, Der Bürgerkrieg, 1,64.
22 Junkelmann, a. a. O., S. 122.
23 Tacitus, Historien, 1,46,2.
24 Jahn, a. a. O., S. 135.
25 Junkelmann, a. a. O., S. 123 f.
26 Ebd., S. 219 ff.
27 Ebd., S. 219–228.
28 Ebd., S. 132.
29 Ebd., S. 236.
30 Flavius Josephus, a. a. O., 3,5,4.
31 Junkelmann, a. a. O., S. 241 ff.
32 Ebd., S. 193 ff.
33 Ebd., S. 194.
34 Ebd., S. 236 f.
35 Zit. nach Junkelmann, a. a. O., S. 237.

36 Junkelmann, a. a. O., S. 246 ff.
37 Timpe, Arminius-Studien, S. 79.
38 Wolfram, Die Germanen, S. 18 f.
39 Ebd., S. 18.
40 Wierschowski, a. a. O., S. 220.
41 Wolfram, a. a. O., S. 20.
42 Timpe, Zur Geschichte und Überlieferung der Okkupation Germaniens unter Augustus, S. 282 f.
43 Tacitus, Germania, 6.
44 Ebd.
45 Ein Vergleich römischer und germanischer Waffen findet sich bei Jahn, a. a. O., S. 295.
46 Wolfram, a. a. O., S. 17.
47 Tacitus, Germania, 14.
48 Ebd., 43,3.
49 Steuer, Besiedlungsdichte, Bevölkerungsgrößen und Heeresstärken während der älteren Römischen Kaiserzeit in der Germania magna, S. 338.
50 So bei Jahn, a. a. O., S 167.
51 C. Velleius Paterculus, Historia Romana, 2,118,3.
52 Ebd., 2,118,4.
53 Cassius Dio, Römische Geschichte, 56,19, 3.
54 Wolters, Die Römer in Germanien, S. 51.
55 Timpe, Arminius-Studien, S. 108 ff.
56 Broder, Verrat muss sein, S. 3.
57 Timpe, Arminius-Studien, S. 101.

Die Tage des Kampfes

1 Cassius Dio, Römische Geschichte, 56,19,4.
2 Vgl. dazu die Berechnungen bei Jahn, Der Römisch-Germanische Krieg, S. 120.
3 Cassius Dio, a. a. O., 56,20,1.
4 Jahn, a. a. O., S. 153.
5 Ebd., S. 151.
6 Junkelmann, Die Legionen des Augustus, S. 202.
7 Jahn, a. a. O., S. 151.
8 Cäsar, Der Gallische Krieg, 2,21, 5-6.
9 Jahn, a. a. O., S. 156.
10 Cassius Dio, a. a. O., 56,20,4.
11 Junkelmann, a. a. O., S. 186.
12 Jahn, ebd.
13 Ebd.

14 Timpe, Römisch-germanische Begegnung in der späten Republik und frühen Kaiserzeit, S. 135.
15 Junkelmann, a. a. O., S. 256 f.
16 Ebd., S. 257.
17 Kleist, »Die Hermannsschlacht«, S. 74.
18 Cassius Dio, a. a. O., 56,20,5.
19 Junkelmann, a. a. O., S. 257.
20 Jahn, a. a. O., S. 156.
21 Zit. nach Junkelmann, a. a. O., S. 219.
22 Jahn, a. a. O., S. 163.
23 Fischer, Art. Medizin, S. 183.
24 Junkelmann, a. a. O., S. 250.
25 Dreyer, Zum Verlauf der Varusniederlage, S. 387.
26 Cassius Dio, a. a. O., 56,21,1.
27 Jahn, a. a. O., S. 157.
28 Cassius Dio, a. a. O., 56, 21,2.
29 Kleist, a. a. O., S. 78.
30 Tacitus, Annalen, 1,60.
31 Varusschlacht im Osnabrücker Land GmbH/Derks: Kalkriese – 15 Jahre Archäologie. Kalkriese, S. 69.
32 Vgl. dazu die Argumentation bei Jahn, a. a. O., S. 139 f.
33 Dreyer, a. a. O., S. 395 f. Dreyer vermutet, dass die Kämpfe im Engpass von Kalkriese stattfanden, »nach dem entscheidenden zweiten Kampftag, allerdings vor dem Tod des Varus«.
34 Dreyer, a. a. O., S. 387.
35 Tacitus, a. a. O., 1,61.
36 Wolters, Die Römer in Germanien, S. 53.
37 Mommsen, »Die Örtlichkeit der Varusschlacht«, S. 242 f.
38 Moosbauer/Wilbers-Rost, Kalkriese – Ort der Varusschlacht?, S. 27 f.
39 Ebd. S. 28.
40 Jahn, a. a. O., S. 147.
41 Moosbauer/Wilbers-Rost, a. a. O., S. 28.
42 Jahn, a. a. O., S. 148.
43 Ebd., S. 160 ff.
44 Cassius Dio, a. a. O., 56,21,4.
45 Ebd., 56,21,3.
46 C. Velleius Paterculus, Historia Romana, 2,119,2.
47 Cassius Dio, a. a. O., 56,21,5.
48 Ebd., 56,22,1.
49 C. Velleius Paterculus, a. a. O., 2,119,4.
50 Petrikovits, Arminius, S. 181.
51 Cassius Dio., a. a. O., 56,22,3.

52 Sofsky, Zeiten des Schreckens, S. 118 f.
53 Ebd., S. 119.
54 Jahn, a. a. O., S. 171
55 Ebd.
56 Mommsen, Römische Geschichte, Bd. 6, S. 52.
57 Jahn, a. a. O., S. 164 ff.
58 Wiegels, »Es war das tapferste Heer von allen ...«, S. 7. Jahn (a. a. O., S. 167) stimmt dieser Einschätzung ausdrücklich zu.
59 C. Velleius Paterculus, a.a.O., 2,119,5.

Nach Sieg und Niederlage

1 Sueton, Augustus 23,2b, zit. nach Kestermann, Quellensammlung, S. 23.
2 So die Berechnung bei Jahn, Der Römisch-Germanische Krieg, S. 128 f.
3 Cassius Dio, Römische Geschichte, 56,23,1.
4 Jahn, a. a. O., S. 190.
5 Ebd., S. 189.
6 Ebd., S. 176.
7 Riemer, Die römische Germanienpolitik, S. 57
8 C. Velleius Paterculus, Historia Romana, 2,120,1-2.
9 Kehne, Art. Germanicus, S. 438.
10 Riemer, a. a. O., S. 59 f.
11 Wierschowski, Non sexus, non aetas miserationem attulit, S. 219.
12 Tacitus, Annalen, 1,51.
13 Lehmann, Das Ende der römischen Herrschaft über das »westelbische« Germanien, S. 129.
14 Wiegels, Geraubt – Verloren – Wiedergefunden, S. 7.
15 Tacitus, a. a. O., 2,25.
16 Wiegels, ebd.
17 Petrikovits, Arminius, S. 187.
18 Tacitus, a. a. O., 2,88.
19 Timpe, Arminius-Studien, S. 80.
20 Timpe, Die Schlacht im Teutoburger Wald, S. 433.
21 Jahn, a. a. O., S. 190.
22 Timpe, Zur Geschichte und Überlieferung der Okkupation Germaniens unter Augustus, S. 290.
23 Wolters, Art. Varus, S. 84
24 C. Velleius Paterculus, a. a. O., 2,119,3.
25 Timpe, Arminius-Studien, S. 124.
26 Mommsen, Römische Geschichte, Bd. 6, S. 48 f.
27 Mommsen, a. a. O., S. 50 f.
28 Jahn, a. a. O., S. 169.

29 Beck u. a. (Hrsg.): Germanen, Germania, germanische Altertumskunde, S. 43.
30 Mommsen, a. a. O., S. 136.

... und was daraus wurde

Hermann wird erfunden

1 Zur Überlieferungsgeschichte der Werke von Tacitus vgl. Pralle, Wiederentdeckung, sowie Römer, Forschungsbericht. Einen aktuellen Überblick über Tacitus und sein Werk liefert Schmal, Tacitus.
2 Zit. nach: Varusschlacht, gesprochen – geschrieben – gedruckt, S. 16.
3 Ebd., S. 26.
4 Tacitus, Annalen, 2,88.
5 Wiegels, »Varusschlacht« und »Hermann«-Mythos, S. 521.
6 Schmal, Tacitus, S. 172.
7 Doyé, Arminius, S. 587.
8 So die gelungene Formulierung bei Schmal, a. a. O., S. 9.
9 Doyé, ebd.
10 Roloff, Der Arminius des Ulrich von Hutten, S. 214.
11 Zit. nach Roloff, a. a. O., S. 235.
12 Roloff, a. a. O., S. 216 ff.
13 Zit. nach Roloff, a. a. O., S. 237 f.
14 Zimmermann, Die kritische Replik der deutschen Spätaufklärung und Klassik auf Arminius-Enthusiasmus und Germanen-Utopie der Epoche, S. 110.
15 Timpe, Die Schlacht im Teutoburger Wald: Geschichte, Tradition, Mythos, S. 440.
16 Lutz, Das Ringen um deutsche Einheit und kirchliche Erneuerung. S. 80.
17 Ridé, Arminius aus der Sicht der deutschen Reformatoren, S. 239 f.
18 Ridé, a. a. O., S. 241.
19 Timpe, a. a. O., S. 440.
20 Ridé, a. a. O., S. 244 ff..
21 Zit. nach Ridé, a. a. O., S. 246.
22 Spellberg, Daniel Caspar von Lohensteins Arminius-Roman, S. 250.
23 Ebd., S. 249 f., S. 257.
24 Henschen, »Groszmüthiger Feldherr Arminius oder Herrmann«, S. 545.
25 Spellberg, a. a. O., S. 257.
26 Henschen, ebd.

Der Held auf der Bühne

1 Zimmermann, Die kritische Replik der deutschen Spätaufklärung und Klassik auf Arminius-Enthusiasmus und Germanen-Utopie der Epoche, S. 114, S. 109.
2 Krebs, Von der Liebestragödie zum politisch-vaterländischen Drama, S. 291.
3 Nipperdey, Hermannsdenkmal und nationale Tradition, S. 189.
4 Zimmermann, a. a. O., S. 115.
5 Ebd., S. 116.
6 Möser, Die Kunst unter den alten Deutschen, in: Patriotische Phantasien.
7 Stauf, Germanenmythos und Griechenmythos als nationale Identitätsmythen bei Möser und Winckelmann, S. 313.
8 Niedermeier, Klopstock, Hermann, der Harz und der Hain, S. 117.
9 Ebd., S. 126.
10 Zit. nach Engelbert, Ein Jahrhundert Hermannsdenkmal 1875–1975, S. 89.
11 Düwel/Zimmermann, Germanenbild und Patriotismus in der deutschen Literatur des 18. Jahrhunderts, S. 395.
12 Zimmermann, a. a. O., S. 121.
13 Ebd., S. 121 ff.
14 Stegmann, Art. Hermanns Schlacht, S. 516.
15 Sandow, Vorläufer des Detmolder Hermannsdenkmals unter besonderer Berücksichtigung des Hermannsdenkmals im Seifendorfer Tal bei Dresden, S. 111 ff.
16 Goethe, Werke, Bd. 9: Dichtung und Wahrheit, 3. Teil, 12. Buch, S. 535.
17 Düwel/Zimmermann, a. a. O., S. 382 f.
18 Nipperdey, Deutsche Geschichte 1800–1866, S. 30.
19 Zit. nach Dörner, Politischer Mythos und symbolische Politik, S. 100.
20 Springer, Friedrich Christoph Dahlmann, S. 455 ff. Zu Dahlmanns Leben und Werk vgl. Bleek, Dahlmann.
21 Kleist, Die Hermannsschlacht, S. 5.
22 Hermand, »Das ganze Deutschland soll es sein!« Heinrich von Kleists Hermannsschlacht (1808), S. 221.
23 Schreiben Dahlmanns an Gervinus, 26. Oktober 1840; in: Ippel, Briefwechsel, S. 197 ff., hier S. 198.
24 Hermand, a. a. O., S. 221 f., S. 333.
25 Kleist, a. a. O., S. 15.
26 Kleist, a. a. O., S. 104.
27 Hermand, a. a. O., S. 222.
28 Tacke, Denkmal im sozialen Raum, S. 73.
29 Hermand, a. a. O., S. 222 f.
30 Ebd., S. 223.

31 Sembdner, Heinrich von Kleists Nachruhm, S. 355.
32 Zit. nach Sembdner, a. a. O., S. 155.
33 Ehrlich, Christian Dietrich Grabbes Hermannsschlacht, S. 393.
34 Heine, Deutschland. Ein Wintermärchen, S. 40.
35 Ebd.
36 Ebd., S. 41 f.
37 Woesler, »Enkel Hermans und Thusneldens«, S. 401.

Das Denkmal

1 Unverfehrt, Ernst von Bandels Hermannsdenkmal, S. 131.
2 Bandel, Erinnerungen aus meinem Leben, S. 22.
3 Dörner, Politischer Mythos und symbolische Politik, S. 161.
4 Bandel, a. a. O., S. 259.
5 Ebd., S. 262.
6 Ebd., S. 263.
7 Zit. nach Tacke, Denkmal im sozialen Raum, S. 65.
8 Bemmann, Arminius und die Deutschen, S. 217.
9 Schmidt, »... dann müssen Andere sich der Sache annehmen ...«, S. 152 ff.
10 Tacke, a. a. O., S. 80, S. 196.
11 Unverfehrt, a. a. O., S. 134 ff.
12 Ebd.
13 Ebd.
14 Bandel, a. a. O., S. 278.
15 Ebd., S. 280.
16 Ebd., S. 291.
17 Bemmann, a. a. O., S. 218.
18 Schmidt, a. a. O., S. 155.
19 Tacke, a. a. O., S. 71 f.
20 Nipperdey, Zum Jubiläum des Hermannsdenkmals, S. 15.
21 Doyé, Arminius, S. 597.
22 Bandel, a. a. O., S. 294.
23 Zit. nach Görtemaker, Deutschland im 19. Jahrhundert, S. 92 f.
24 Nipperdey, Zum Jubiläum des Hermannsdenkmals, S. 14.
25 Zit. nach Nipperdey, Hermannsdenkmal und nationale Tradition, S. 191 ff.
26 Ebd.
27 Ebd.
28 Zit. nach Nipperdey, ebd.
29 Dörner, a. a. O., S. 168 f.
30 Ebd.
31 Callies, Art. Arminius, S. 41 f.

32 Von See, »Hermann der Cherusker« in der deutschen Germanenideologie, S. 89.
33 Ebd.
34 Ebd., S. 92.
35 Sembdner, Heinrich von Kleists Nachruhm, S. 323.
36 Mommsen, Römische Geschichte, Bd. 6, S. 48.
37 Marx/Engels, Werke, Bd. 31, S. 298.
38 Engels, Zur Urgeschichte der Deutschen, S. 447.
39 Marx/Engels, ebd.
40 Engels, a. a. O., S. 442 f.
41 Stenografische Berichte über die Verhandlungen des Deutschen Reichstags, S. 561 ff.
42 Ebd.
43 Ebd.
44 Ebd.
45 Dörner, a. a. O., S. 173.
46 Zit. nach Veddeler, Nationale Feiern am Hermannsdenkmal in früherer Zeit, S. 170.
47 Ebd., S. 171.
48 Ebd.
49 Dörner, a. a. O., S. 181 f.
50 Ebd.
51 Mellies, Die Einweihungsfeier des Hermannsdenkmals 1875 und das Jubiläum der Schlacht im Teutoburger Wald 1909, S. 393 f.
52 Veddeler, a. a. O., S. 172.
53 Zit. nach Veddeler, ebd.
54 Mellies, a. a. O., S. 389.
55 Zit. nach Mellies, ebd.
56 Zit. nach Doyé, a. a. O., S. 598.
57 Nipperdey, Deutsche Geschichte 1866–1918, Bd. 1, S. 529.
58 Bandel, a. a. O., S. 191.
59 Dörner, a. a. O., S. 182.
60 Mellies, a. a. O., S. 390.
61 Von See, a. a. O., S. 81.
62 Veddeler, a. a. O., S. 172.
63 Mellies, a. a. O., S. 391.
64 Zit. nach Mellies, ebd.
65 Ebd., S. 390 ff.
66 Nipperdey, Der Kölner Dom als Nationaldenkmal, S. 157.
67 Doyé, a. a. O., S. 599.
68 Mellies, a. a. O., S. 396.
69 Zit. nach Mellies, ebd.

70 Mellies, a. a. O., S. 399.
71 Veddeler, a. a. O., S. 173.
72 Zit. nach Veddeler, a. a. O., S. 174.
73 Egelhaaf, Die Schlacht im Teutoburger Walde, S. 409.
74 Bennhold, »Hermann – der erste Deutsche«, S. 257.
75 Von See, a. a. O., S. 89 ff..
76 Ebd., S. 99 f.

Wieder in die Kriege

1 Timpe, Die Schlacht im Teutoburger Wald, S. 451.
2 Mellies, Die Einweihungsfeier des Hermannsdenkmals 1875 und das Jubiläum der Schlacht im Teutoburger Wald 1909, S. 409.
3 Doyé, Arminius, S. 599.
4 Egelhaaf, Die Schlacht im Teutoburger Walde, S. 423.
5 Von See, »Hermann der Cherusker« in der deutschen Germanenideologie, S. 75; vgl. auch Seeba, »Hermanns Kampf für Deutschlands Not«, S. 64 f.
6 Paeschke, Heinrich von Kleists »Hermannsschlacht« als Freilichtspiel, in: »Die Woche«, Nr. 30, 30. Juli 1921, S. 659 f., hier S. 659; zit. nach Busch, Kleist-Rezeption, Anhang, S. 52.
7 Paeschke, ebd.
8 Flasch, Die geistige Mobilmachung, S. 273 ff.
9 Dörner, Politischer Mythos und symbolische Politik, S. 236.
10 Jungnickel, Das lachende Soldatenbuch, zit. nach Sembdner, Heinrich von Kleists Nachruhm, S. 342.
11 Ebd.
12 Zit. nach Dörner, a. a. O., S. 231.
13 Wolfrum, Geschichte als Waffe, S. 37.
14 Dörner, a. a. O., S. 235 f.
15 Losemann, »Varuskatastrophe« und »Befreiungstat des Arminius«, S. 35.
16 Dörner, a. a. O., S. 236.
17 Schwilk, Ernst Jünger. Ein Jahrhundertleben, S. 302.
18 Losemann, a. a. O., S. 35.
19 Klenke, Der singende »deutsche Mann«, S. 183.
20 Zit. nach Klenke, ebd.
21 Veddeler, Nationale Feiern am Hermannsdenkmal in früherer Zeit, S. 178 f.
22 Pfeiffer, Hermannsfeier und Hermannslauf der Deutschen Turnerschaft im Jahre 1925, S. 138 f.
23 Unverfehrt, Arminius als nationale Leitfigur, S. 336.
24 Pfeiffer, a. a. O., S. 139.
25 Zit. nach Pfeiffer, a. a. O., S. 141.
26 Dörner, a. a. O., S. 250 f..

27 Ebd.
28 Brandt, Nationaldenkmäler – Relikte einer überwundenen Epoche oder Symbole ungebrochener nationaler Tradition und Identität?, S. 276.
29 Müller, Conrad: Die Kleistausstellung der Berliner Staatsbibliothek, in: »Der Reichsbote«, 29. Okt. 1927 (lit. Beilage); zit. nach Busch, a. a. O., Anhang, S. 49.
30 Förster, Paul: Hermannsschlacht, in: »Die Krone«, Zeitschrift zur Pflege des monarchischen Gedankens und der nationalen Überlieferung im Sinne Steins und Bismarcks, 1921, H. 20 (2. Oktoberheft, Beiblatt), S. 715; zit. nach Busch, a. a. O., Anhang S. 26.
31 Grunewald, Maria: Heinrich von Kleist. 4. Die Hermannsschlacht, in: »Deutsches Adelsblatt«, Jg. 43, Nr. 13, 1. Mai 1925, S. 349 ff., hier S. 349 f.; zit. nach Busch, a. a. O., Anhang, S. 32.
32 Stodte, Die Idee der »Hermannsschlacht«, in: »Deutsches Volkstum«, Okt. 1930 (Kleistheft), S. 739 ff., hier S. 743; zit. nach Busch, a. a. O., Anhang, S. 60.
33 Moeller van den Bruck, Scheiternde Deutsche, S. 15 ff.
34 Ebd., S. 21.
35 Ebd., S. 32.
36 Rosenberg 1927 im »Völkischen Beobachter« über die Aufführung der »Hermannsschlacht« von Kleist im Münchener Prinzregententheater; zit. nach Rühle, Theater für die Republik, S. 823.
37 Ebd.
38 Mellies, »Blickt auf den Recken, den Hermann dort oben...«, S. 559.
39 Kershaw, Hitler 1889–1936, S. 515.
40 Zit. nach Mellies, a. a. O., S. 563.
41 Ebd., S. 559 f.
42 Ebd., S. 562.
43 Ebd., S. 560.
44 Doyé, a. a. O., S. 600.
45 Losemann, a. a. O., S. 35.
46 Fest, Hitler, S. 515.
47 Vgl. Mohler, Konservative Revolution, S. 455 f.
48 Wolfrum, a. a. O., S. 40.
49 Seeba, »Hermanns Kampf für Deutschlands Not«, S. 69.
50 Ehrlich, Christian Dietrich Grabbes Hermannsschlacht, S. 395.
51 Sembdner, Heinrich von Kleists Nachruhm, S. 389.
52 Seeba, a. a. O., S. 70.
53 Zit. nach ebd.
54 Dörner, a. a. O., S. 253.
55 Schimmel-Falkenau, »Kleist: Die Hermannsschlacht. Theater im Admiralspalast«, in: »Völkischer Beobachter«, 21. Sept. 1933, 2. Beiblatt; zit. nach Busch, a. a. O., Anhang, S. 122.

56 Doyé, a. a. O., S. 599.
57 Kumsteller, Geschichtsbuch für die deutsche Jugend, S. 31.
58 Ebd., S. 30 f.
59 Wittkowski, Arminius aktuell: Kleists Hermannsschlacht und Goethes Hermann, S. 367.
60 Rohrbach, Kleist in der Oberstufe, in: Nationalsozialistisches Bildungswesen, München, Okt. 1940, S. 337–354, hier S. 342; zit. nach Busch, a. a. O., Anhang, S. 119.
61 Fassbinder, Heinrich von Kleist, Die Hermannsschlacht (Wege zu Dichtern und ihren Werken, H. 2), Paderborn 1941, S. 40 ff.; zit. nach Busch, a. a. O., Anhang, S. 79.
62 Kindermann, Das Werden des Hermann-Mythus von Hutten zu Grabbe, S. 49 f.
63 Drews, Art. »Die Hermannsschlacht«, S. 757.
64 Zit. nach Mellies, Recken, S. 564.
65 Ebd.

Deutsch-deutscher Arminius

1 Marx an Engels, 7. Mai 1867, in: Marx/Engels, Werke, Bd. 31., S. 298.
2 Engels, Zur Urgeschichte der Deutschen, S. 442.
3 Ebd., S. 446.
4 Ebd.
5 Ebd., S. 442.
6 Zentralinstitut für Geschichte der Akademie der Wissenschaften der DDR, Grundriss der deutschen Geschichte, S. 44.
7 Ebd.
8 Lehrbuch für den Geschichtsunterricht, Altertum, 9. Schuljahr, S. 263.
9 Hermand, »Das ganze Deutschland soll es sein!« Heinrich von Kleists Hermannsschlacht (1808), S. 224.
10 Dörner, Politischer Mythos und symbolische Politik, S. 258 ff.
11 Zit. nach Dörner, ebd.
12 Ebd.
13 Becker, Hermann und Thusnelda, S. 8.
14 So die Einschätzung bei Veddeler, Nationale Feiern am Hermannsdenkmal in früherer Zeit, S. 181.
15 So bei Dörner, a. a. O., S. 256.
16 Veddeler, a. a. O., S. 180 f.
17 Ebd., S. 182.
18 Ebd., S. 181.
19 Wolfrum, Geschichtspolitik in der Bundesrepublik Deutschland, S. 125.
20 Zit. nach Wolfrum, ebd., S. 126.

21 Ebd.
22 Ebd., S. 129.
23 Ebd., S. 128.
24 Ebd., S. 130.
25 Arnold, Der germanische Hermann im Teutoburger Wald, S. 19.
26 Nipperdey, Zum Jubiläum des Hermannsdenkmals, S. 11.
27 Ebd.
28 Vgl. Seeba, »Hermanns Kampf für Deutschlands Not«, S. 65.
29 Arnold, a. a. O., S. 18.
30 Plessner, Die verspätete Nation, S. 57.
31 Ebd.
32 Hermand, a. a. O., S. 225.
33 Becker, a. a. O., S. 8
34 Dörner, a. a. O., S. 261.
35 Becker, a. a. O., S. 8 ff.
36 Nooteboom, Berliner Notizen, S. 139.

Orte der Varusschlacht

1 So die Vermutung des Luther-Vertrauten Georg Spalatin; vgl. Ridé, Arminius aus der Sicht der deutschen Reformatoren, S. 241.
2 Clostermeier, Wo Hermann den Varus schlug, S. 6.
3 Immermann, Münchhausen (1838/39), S. 149.
4 Petrikovits, Arminius, S. 179.
5 Mommsen, Die Örtlichkeit der Varusschlacht, S. 234.
6 Ebd., S. 202.
7 Ebd.
8 Egelhaaf, Die Schlacht im Teutoburger Walde, S. 417.
9 Baedeker, Nordwestdeutschland, S. 30.
10 Koepp, Varusschlacht und Aliso, S. 11.
11 Wolfgang Schlüter, Geleitwort zu Clunn, Auf der Suche nach den verlorenen Legionen, S. 7.
12 Clunn, Auf der Suche nach den verlorenen Legionen, S. 29.
13 Ebd., S. 17 f.
14 Varusschlacht im Osnabrücker Land gGmbH/Heidrun Derks: Kalkriese – 15 Jahre Archäologie, S. 69.
15 Hellwig, »Das letzte Gefecht«, S. 11.
16 Berger: Unverändert, S. 113 ff., hier S. 114.
17 Wolters, Die Römer in Germanien, S. 53 f.
18 Baedeker, a. a. O., S. 43.
19 Mellies, Die Einweihungsfeier des Hermannsdenkmals 1875 und das Jubiläum der Schlacht im Teutoburger Wald 1909, S. 394.

20 Zit. nach Mellies, ebd., S. 395.
21 Timpe, Die Schlacht im Teutoburger Wald, S. 454.
22 Koepp, a. a. O., S. 11.
23 Kesting, Der Befreier Arminius im Lichte der geschichtlichen Quellen und der wissenschaftlichen Forschung, S. 13.
24 Koepp, a. a. O., S. 12.
25 Ebd., S. 5 f.
26 Callies, Art. Arminius, S. 42.
27 Seeba, »Hermanns Kampf für Deutschlands Not«, S. 67 f.
28 Ebd.

Literatur

Arnold, Heinz Ludwig: Der germanische Hermann im Teutoburger Wald. Das Hermannsdenkmal bei Detmold. In: Wallfahrtsstätten der Nation. Vom Völkerschlachtdenkmal zur Bavaria. Frankfurt/Main 1971, S. 7–19.
Baedeker, K.: Nordwestdeutschland (Von der Elbe und der Westgrenze Sachsen an). Handbuch für Reisende. Leipzig ^{23}1889.
Bandel, Ernst von: Erinnerungen aus meinem Leben. Hrsg. von Adolf Gregorius. Detmold 1937.
Beck, Heinrich, u. a. (Hrsg.): Germanen, Germania, germanische Altertumskunde (Reallexikon der germanischen Altertumskunde. Die Germanen). Berlin/NewYork ^{2}1998.
Becker, Peter von: Hermann und Thusnelda. Kein deutsches Nachtgedicht: Kleists und Peymanns »Hermannsschlacht« in Bochum – die mögliche Uraufführung eines unmöglichen Stücks. In: »Theater heute«, 12/82, S. 7 ff.
Bemmann, Klaus: Arminius und die Deutschen. Essen 2002.
Bennhold, Martin: »Hermann – der erste Deutsche«. Zur Funktion des Hermann-Mythos bei der Konstruktion eines völkischen Deutschtums im 19. und 20. Jahrhundert. In: Hildebrandt, Hans-Jürgen: Selbstwahrnehmung und Fremdwahrnehmung. Ethnologisch-soziologische Beiträge zur Wissenschaftsgeschichte und Theorienbildung. Mammendorf 1996, S. 235–262.
Berger, Frank: Unverändert: Die Datierung der Varusschlacht. In: Lehmann/Wiegels: Römische Präsenz, S. 113 ff., hier S. 114.
Bleek, Wilhelm: Friedrich Christoph Dahlmann und sein Werk über »Die Politik«. In: Ders. (Hrsg.): Friedrich Christoph Dahlmann: Die Politik. Frankfurt am Main/Leipzig 1997, S. 271–322.
Brandt, Friedrich: Nationaldenkmäler. Relikte einer überwundenen Epoche oder Symbole ungebrochener nationaler Tradition und Identität? Zur Position des Hermannsdenkmals. In: »Lippische Mitteilungen aus Geschichte und Landeskunde«, Jg. 1994 (63), S. 253–283.
Broder, Henryk M.: Verrat muss sein. In: »Kursbuch 116« (Verräter), Juni 1994, S. 1 ff.

Busch, Rolf: Imperialistische und faschistische Kleist-Rezeption 1890–1945. Eine ideologiekritische Untersuchung. Frankfurt/Main 1974.
Callies, Horst: Art. Arminius. In: Reallexikon der Germanischen Altertumskunde, Bd. 1. 1973, S. 417 ff.
Ders.: Bemerkungen zu Aussagen und Aussagehaltung antiker Quellen und neuerer Literatur zur Varusschlacht und ihrer Lokalisierung. In: Wiegels/ Woesler, S. 175–183.
Ders.: Arminius – Held der Deutschen. In: Engelbert, S. 33–42.
Cäsar, Gaius Julius: Der Bürgerkrieg. Übersetzt von Marieluise Deissmann. Ditzingen 2004.
Ders.: Der Gallische Krieg. Übersetzt und herausgegeben von Marieluise Deissmann. Ditzingen 2006.
Cassius Dio: Römische Geschichte. 5 Bde., übersetzt von Otto Veh. Düsseldorf 2007.
Clostermeier, Christian Gottlieb: Wo Hermann den Varus schlug. Drei verschiedene, durch die neuesten Untersuchungen über diesen Gegenstand veranlasste Aufsätze. Lemgo 1822.
Clunn, Tony: Auf der Suche nach den verlorenen Legionen. Bramsche ⁴2000.
Dörner, Andreas: Politischer Mythos und symbolische Politik. Der Hermannmythos: Zur Entstehung des Nationalbewusstseins der Deutschen. Reinbek 1996.
Doyé, Werner M.: Arminius. In: François, Etienne/Schulze, Hagen (Hrsg.): Deutsche Erinnerungsorte, Bd. III. München 2001, S. 587–602.
Dreyer, Boris: Zum Verlauf der Varusniederlage. Die Einordnung der Ausgrabungen von Kalkriese. In: Lehmann/Wiegels, S. 363–397.
Drews, Jörg/Redaktion Kindlers Literatur Lexikon: Art. Die Hermannsschlacht. In: Kindlers Neues Literatur Lexikon, Bd. 6. München 1996, S. 756 f., hier S. 757.
Düwel, K./Zimmermann, H.: Germanenbild und Patriotismus in der deutschen Literatur des 18. Jahrhunderts. In: Beck, Heinrich (Hrsg.): Germanenprobleme in heutiger Sicht. Berlin/New York 1986, S. 358–395.
Egelhaaf, Gottlob: Die Schlacht im Teutoburger Walde. In: »Deutsche Rundschau«, 140 (1909), S. 409–423.
Ehrlich, Lothar: Christian Dietrich Grabbes Hermannsschlacht. Werk und Mythos. In: Wiegels/Woesler, S. 389–397.
Engelbert, Günther (Hrsg.): Ein Jahrhundert Hermannsdenkmal 1875–1975 (Sonderveröffentlichungen des naturwissenschaftlichen und historischen Vereins für das Land Lippe, Bd. 23). Detmold 1975.
Engels, Friedrich: Zur Urgeschichte der Deutschen. In: Marx, Karl/Engels, Friedrich: Werke. Hrsg. vom Institut für Marxismus-Leninismus beim ZK der SED, Bd. 19. Berlin 1962, S. 440 ff.
Fest, Joachim C.: Hitler. Eine Biographie. Frankfurt am Main/Berlin ²1991.

Fischer, Thomas (Hrsg.): Die römischen Provinzen. Stuttgart 2001.
Fischer-Fabian, Sebastian: Die ersten Deutschen. Der Bericht über das rätselhafte Volk der Germanen. München 1975.
Flasch, Kurt: Die geistige Mobilmachung. Die deutschen Intellektuellen und der Erste Weltkrieg. Ein Versuch. Berlin 2000.
Görtemaker, Manfred: Deutschland im 19. Jahrhundert. Entwicklungslinien. Bonn ³1989.
Goethe, Johann Wolfgang von: Werke, Hamburger Ausgabe, Bd. 9, Autobiographische Schriften I. München ¹⁴2002.
Goetz, Hans-Werner/Welwei, Karl-Wilhelm (Hrsg.): Altes Germanien. Auszüge aus den antiken Quellen über die Germanen und ihre Beziehungen zum Römischen Reich. Quellen der alten Geschichte bis zum Jahre 238 n. Chr., Erster Teil. Darmstadt 1995.
Heine, Heinrich: Deutschland. Ein Wintermärchen. Frankfurt/Main 1983.
Hellwig, Silke: »Das letzte Gefecht«. In: »Die Zeit«, 29. März 2007 (Nr. 14), S. 11.
Henschen, Hans-Horst: Art. »Groszmüthiger Feldherr Arminius oder Herrmann«. In: Kindlers Neues Literatur Lexikon, Bd. 10. München 1996, S. 544 ff.
Hermand, Jost: »Das ganze Deutschland soll es sein!« Heinrich von Kleists Hermannsschlacht (1808). In: Ders./Niedermaier, Michael (Hrsg.): Revolutio germanica. Die Sehnsucht nach der »alten Freiheit« der Germanen, 1750–1820 (Berliner Beiträge zur Wissenschaftsgeschichte, Bd. 5). Frankfurt/Main u. a. 2002, S. 221–237.
Hohl, Ernst: Zur Lebensgeschichte des Siegers im Teutoburger Wald. In: »Historische Zeitschrift«, 167 (1943), S. 457–475.
Immermann, Karl: Münchhausen (1838/39). In: Werke in fünf Bänden, hrsg. von Benno von Wiese, Bd. 3. Frankfurt/Main 1972.
Ippel, Eduard (Hrsg.): Briefwechsel zwischen Jacob und Wilhelm Grimm, Dahlmann und Gervinius, 2. Bd. Berlin 1886.
Jahn, Ralf G.: Der Römisch-Germanische Krieg (9–16 n. Chr.). Bonn 2001.
Junkelmann, Marcus: Die Legionen des Augustus. Der römische Soldat im archäologischen Experiment (Kulturgeschichte der antiken Welt, Bd. 33). Mainz ⁶1994.
Kehne, Peter: Art. Germanicus. In: Reallexikon der Germanischen Altertumskunde, Bd. 11. Berlin 2000, S. 438–448.
Kershaw, Ian: Hitler, 1889–1936. Stuttgart ²1998.
Kestermann, Dieter: Quellensammlung zur Varus-Niederlage und den germanisch-römischen Kriegen. Bochum ²2002.
Kesting, Hermann: Der Befreier Arminius im Lichte der geschichtlichen Quellen und der wissenschaftlichen Forschung. Detmold ¹¹,¹²1976.
Kindermann, Heinz: Das Werden des Hermann-Mythus von Hutten zu Grabbe. In: Jahrbuch der Grabbe-Gesellschaft, 3. Bd. Detmold 1940, S. 26–50.
Kleist, Heinrich von: Die Hermannsschlacht. Ein Drama. Ditzingen 2007.

Klenke, Dietmar: Der singende »deutsche Mann«. Gesangvereine und deutsches Nationalbewusstsein von Napoleon bis Hitler. Münster/New York/München/Berlin 1998.
Koepp, Friedrich: Varusschlacht und Aliso. Vorträge und Nachreden aus drei Jahrzehnten. Münster 1940.
Krebs, Roland: Von der Liebestragödie zum politisch-vaterländischen Drama. Der Hermannstoff im Kontext der deutsch-französischen Beziehungen. Zu Johann Elias Schlegels und Justus Mösers Hermannstücken. In: Wiegels/Woesler, S. 291–308.
Kumsteller, Bernhard: Geschichtsbuch für die deutsche Jugend. Volksschulausgabe, bearbeitet von Ernst Ziemann, 1. Heft. Leipzig ¹⁹1939.
Küster, Hansjörg: Geschichte der Landschaft in Europa. Von der Eiszeit bis zur Gegenwart. München 1999.
Lehmann, Gustav Adolf: Das Ende der römischen Herrschaft über das »westelbische« Germanien – Von der Varus-Katastrophe zur Abberufung des Germanicus Caesar 16/7 n. Chr. In: Wiegels/Woesler, S. 123–141.
Ders./Wiegels, Rainer (Hrsg.): Römische Präsenz und Herrschaft im Germanien der augusteischen Zeit. Der Fundplatz von Kalkriese im Kontext neuerer Forschungen und Ausgrabungsbefunde (Abhandlungen der Akademie der Wissenschaften zu Göttingen, Philologisch-Historische Klasse, Dritte Folge, Bd. 279). Göttingen 2007.
Lehrbuch für den Geschichtsunterricht. Altertum, 9. Schuljahr. Berlin 1955.
Losemann, Volker: »Varuskatastrophe« und »Befreiungstat des Arminius«. Die Germanienpolitik des Augustus in antiker und moderner Sicht. In: Varusschlacht und Germanenmythos. Oldenburg 1994, S. 25–44.
Ders.: Art. Arminius. In: Der Neue Pauly, Bd. 2. Stuttgart 1997, Sp. 14–16.
Lutz, Heinrich: Das Ringen um deutsche Einheit und kirchliche Erneuerung. Von Maximilian I. bis zum Westfälischen Frieden 1490 bis 1648. Frankfurt am Main/Berlin 1987.
Marx, Karl/Engels, Friedrich: Werke. Hrsg. vom Institut für Marxismus-Leninismus beim ZK der SED, Bd. 31. Berlin 1973.
Maurach, Gregor: Die literarische Form des Arminiusschlacht-Berichts. In: Wiegels/Woesler, S. 167–173.
Mellies, Dirk: »Blickt auf den Recken, den Hermann dort oben…« Das Hermannsdenkmal im »Dritten Reich«. In: Nationalsozialismus in Detmold. Dokumentation eines stadtgeschichtlichen Projekts. Hrsg. von der Stadt Detmold in Zusammenarbeit mit dem Naturwissenschaftlichen und Historischen Verein für das Land Lippe. Bielefeld 1998, S. 556–570.
Ders.: Die Einweihungsfeier des Hermannsdenkmals 1875 und das Jubiläum der Schlacht im Teutoburger Wald 1909 – Ein Denkmal zwischen Politik und Kommerz. In: Detmold um 1900. Dokumentation eines stadtgeschichtlichen Projekts. Hrsg. von der Stadt Detmold in Zusammenarbeit

mit dem Naturwissenschaftlichen und Historischen Verein für das Land Lippe. Bielefeld 2003, S. 385–416.
Moeller van den Bruck, Arthur: Scheiternde Deutsche. Vom Tragischen. Armin. Alarich – Friedrich der Erste – Maximilian der Erste – Stein. Scheiternde Gegenwart. Minden 1909.
Mohler, Armin: Die Konservative Revolution in Deutschland 1918–1932. Darmstadt ⁴1994.
Mommsen, Theodor: Die Örtlichkeit der Varusschlacht. In: Ders.: Gesammelte Schriften. Bd. 4,1: Historische Schriften. Berlin 1906, S. 200–246.
Ders.: Römische Geschichte. 8 Bde., München ⁶2001.
Moosbauer, Günther / Kühlborn, Johann-Sebastian / Rasbach, Gabriele: Kommunikationslinien. In: Wiegels, Varusschlacht, S. 44 ff.
Ders. / Wilbers-Rost, Susanne: Kalkriese – Ort der Varusschlacht? In: Wiegels, Varusschlacht, S. 23–36.
Möser, Justus: Patriotische Phantasien. Leipzig 1986.
Nenninger, Marcus: Die Römer und der Wald. Untersuchungen zum Umgang mit einem Naturraum am Beispiel der römischen Nordwestprovinzen. Stuttgart 2001.
Niedermeier, Michael: »... weil wir dem Blocksberge zu nahe wohnen« – Klopstock, Hermann, der Harz und der Hain. In: Hermand, Jost/Niedermaier, Michael (Hrsg.): Revolutio germanica. Die Sehnsucht nach der »alten Freiheit« der Germanen, 1750–1820 (Berliner Beiträge zur Wissenschaftsgeschichte, Bd. 5). Frankfurt/Main u. a. 2002, S. 117–158.
Nipperdey, Thomas: Der Kölner Dom als Nationaldenkmal. In: Ders.: Nachdenken über die deutsche Geschichte – Essays. München ²1986, S. 156 bis 171.
Ders.: Deutsche Geschichte 1800–1866. Bürgerwelt und starker Staat. München ⁴1987.
Ders.: Deutsche Geschichte 1866–1918. Bd. 1: Arbeitswelt und Bürgergeist. München 1990.
Ders.: Hermannsdenkmal und nationale Tradition. In: »Heimatland Lippe«, Zeitschrift des Lippischen Heimatbundes und des Landesverbandes Lippe, Detmold 1975. Bd. 68, S. 188-200.
Ders.: Zum Jubiläum des Hermannsdenkmals. In: Engelbert, S. 11–31.
Nooteboom, Cees: Berliner Notizen. Frankfurt/Main 1991.
Petrikovits, Harald von: Arminius. In: Bonner Jahrbücher, Bd. 166. Bonn 1966, S. 175–193.
Pfeiffer, Lorenz: Hermannsfeier und Hermannslauf der Deutschen Turnerschaft im Jahre 1925. In: Stadion. Internationale Zeitschrift für Geschichte des Sports, 12/13, 1986/87, S. 137–142.
Plessner, Helmuth: Die verspätete Nation. Über die politische Verführbarkeit bürgerlichen Geistes. Stuttgart ⁴1966.

Pralle, Ludwig: Die Wiederentdeckung des Tacitus. Ein Beitrag zur Geistesgeschichte Fuldas und zur Biographie des jungen Cusanus. Fulda 1952.

Ridé, Jacques: Arminius aus der Sicht der deutschen Reformatoren. In: Wiegels/Woesler, S. 239–248.

Riemer, Ulrike: Die römische Germanienpolitik. Von Cäsar bis Commodus. Darmstadt 2006.

Römer, Franz: Kritischer Problem- und Forschungsbericht zur Überlieferung der taciteischen Schriften. In: Aufstieg und Niedergang der Römischen Welt, 2,33,3, hrsg. von Wolfgang Haase. Berlin/New York 1991, S. 2299-2339.

Roloff, Hans-Gert: Der Arminius des Ulrich von Hutten. In: Wiegels/Woesler, S. 211–238.

Rühle, Günther: Theater für die Republik: 1917-1933 im Spiegel der Kritik. Bd. 2, 1926–1933. Frankfurt/Main 1988.

Sandow, Erich: Vorläufer des Detmolder Hermannsdenkmals unter besonderer Berücksichtigung des Hermannsdenkmals im Seifendorfer Tal bei Dresden. In: Engelbert, S. 105–127.

Schmal, Stephan: Tacitus. Hildesheim/Zürich/New York 2005.

Schmidt, Heinz: »... dann müssen Andere sich der Sache annehmen...« – Die Verwaltung des Hermannsdenkmals durch den »Verein für das Hermannsdenkmal«, die Lippische Regierung und das »Kuratorium der Hermannsdenkmal-Stiftung«. In: Engelbert, S. 151–165.

Schwilk, Heimo: Ernst Jünger – Ein Jahrhundertleben. Die Biografie. München/Zürich 2007.

See, Klaus von: »Hermann der Cherusker« in der deutschen Germanenideologie. In: Ders.: Texte und Thesen – Streitfragen der deutschen und skandinavischen Geschichte. Heidelberg 2003, S. 63–100.

Seeba, Hinrich C.: »Hermanns Kampf für Deutschlands Not«. Zur Topographie der nationalen Identität. In: Deutsche Nationaldenkmale 1790–1990. Hrsg. vom Sekretariat für Kulturelle Zusammenarbeit nichttheatertragender Städte und Gemeinden in Nordrhein-Westfalen. Bielefeld 1993, S. 61–75.

Sembdner, Helmut (Hrsg.): Heinrich von Kleists Nachruhm. Eine Wirkungsgeschichte in Dokumenten. Dokumente zu Kleist, Bd. 2. Frankfurt/Main 1984.

Simek, Rudolf: Götter und Kulte der Germanen. München ²2006.

Sofsky, Wolfgang: Zeiten des Schreckens. Amok, Terror, Krieg. Frankfurt/Main 2002.

Spellerberg, Gerhard: Daniel Caspers von Lohenstein Arminius-Roman – Frühes Zeugnis des deutschen Chauvinismus oder Beispiel eines barockhumanistischen Patriotismus? In: Wiegels/Woesler, S. 249–263.

Springer, Anton: Friedrich Christoph Dahlmann, Bd. 1. Leipzig 1870.

Stauf, Renate: »... und die kleinen städtischen Republiken der Griechen waren gewiss nur Puppenwerke gegen die nordischen Staaten...« – Germanenmythos und Griechenmythos als nationale Identitätsmythen bei Möser und Winckelmann. In: Wiegels/Woesler, S. 309–322.

Stegmann, Werner von/Redaktion Kindlers Literatur Lexikon: Art. »Hermanns Schlacht«. In: Kindlers Neues Literatur Lexikon, Bd. 9. München 1996, S. 515 ff.

Stenographische Berichte über die Verhandlungen des Deutschen Reichstages. Bd. 23, 1. Legislaturperiode, 1. Session 1871.

Steuer, Heiko: Besiedlungsdichte, Bevölkerungsgrößen und Heeresstärken während der älteren Römischen Kaiserzeit in der Germania magna. In: Lehmann/Wiegels, S. 337–362.

Tacitus, P. Cornelius: Annalen. 2 Bde. Übersetzung, Einleitung und Anmerkungen von Walther Sontheimer. Ditzingen 2003.

Ders.: Germania, lateinisch/deutsch. Übersetzt, erläutert und mit einem Nachwort herausgegeben von Manfred Fuhrmann. Ditzingen 2007.

Ders.: Historien. Übersetzt und herausgegeben von Helmuth Vretska. Ditzingen 2003.

Tacke, Charlotte: Denkmal im sozialen Raum. Nationale Symbole in Deutschland und Frankreich im 19. Jahrhundert. Göttingen 1995.

Timpe, Dieter: Arminius-Studien (Bibliothek der Klassischen Altertumswissenschaften. Neue Folge, 2. Reihe, Bd. 34). Heidelberg 1970.

Ders.: Geographische Faktoren und politische Entscheidungen in der Geschichte der Varuszeit. In: Wiegels/Woesler, S. 13–27.

Ders.: Die Schlacht im Teutoburger Wald: Geschichte, Tradition. Mythos. In: Ders.: Römisch-germanische Begegnung in der späten Republik und frühen Kaiserzeit. Voraussetzungen – Konfrontationen – Wirkungen. Gesammelte Studien. München/Leipzig 2006, S. 429–456.

Ders.: Zur Geschichte und Überlieferung der Okkupation Germaniens unter Augustus. In: »Saeculum«, 18. 1967, S. 278–293.

Unverfehrt, Gerd: Arminius als nationale Leitfigur. Anmerkungen zu Entstehung und Wandel eines Reichssymbols. In: Mai, Ekkehard/Waetzold, Stephan (Hrsg.): Kunstverwaltung, Bau- und Denkmal-Politik im Kaiserreich. Berlin 1981, S. 315–340.

Ders.: Ernst von Bandels Hermannsdenkmal. Ein ikonographischer Versuch. In: Engelbert, S. 129–149.

Varusschlacht im Osnabrücker Land GmbH/Heidrun Derks: Kalkriese – 15 Jahre Archäologie. Eine Entdeckung und ihre Folgen. Osnabrück 2005.

Veddeler, Peter: Nationale Feiern am Hermannsdenkmal in früherer Zeit. In: Engelbert (siehe dort), S. 167–182.

C. Velleius Paterculus: Historia Romana – Römische Geschichte, lateinisch/deutsch. Übersetzt und herausgegeben von Marion Giebel. Ditzingen 2004.

Wickevoort Crommelin, B. van: P. Quinctilius Varus – Das Bild des Verlierers. In: Osnabrücker Online-Beiträge zu den Altertumswissenschaften, 2/1999.

Wiegels, Rainer (Hrsg.): Die Varusschlacht. Wendepunkt der Geschichte? Stuttgart 2008

Ders.: Die Varusschlacht – ein unlösbares Rätsel? In: Wiegels, Varusschlacht, S. 8–22.

Ders.: »Es war das tapferste Heer von allen…«. In: »Varus-Kurier«, Bd. 3, H. 2. 1997, S. 6 ff.

Ders.: »Varusschlacht« und »Hermann«-Mythos. In: Stein-Hölkeskamp, Elke/ Hölkeskamp, Karl-Joachim (Hrsg.): Erinnerungsorte der Antike – Die römische Welt. München 2006, S. 503–525.

Ders.: Geraubt – verloren – wiedergefunden. Die Adler der Varus-Legionen. In: »Varus-Kurier«, Bd. 5, H. 1. 1999, S. 6 ff.

Ders./Woesler, Winfried (Hrsg.): Arminius und die Varusschlacht. Geschichte – Mythos – Literatur. Paderborn/München/Wien/Zürich ³2003.

Wierschowski, Lothar: Non sexus, non aetas miserationem attulit (Tacitus, Annalen 1,51,1) – »Nicht Alter, nicht Geschlecht brachten Erbarmen«. Zur Kriegführung der Römer in Germanien 14–16 n. Chr. in: Spickermann, Wolfgang (Hrsg.): Rom, Germanien und das Reich. Festschrift für Rainer Wiegels. Sankt Katharinen 2005, S. 210–223.

Wittkowski, Wolfgang: Arminius aktuell – Kleists Hermannschlacht und Goethes Hermann. In: Wiegels/Woesler, S. 367–388.

Woesler, Winfried: »Enkel Hermans und Thusneldens«. Heines Kritik an der Funktionalisierung des Hermann-Mythos. In: Wiegels/Woesler, S. 399–409.

Wolfram, Herwig: Die Germanen. München ⁸2005.

Wolfrum, Edgar: Geschichte als Waffe. Vom Kaiserreich bis zur Wiedervereinigung. Göttingen 2001.

Ders.: Geschichtspolitik in der Bundesrepublik Deutschland. Der Weg zur bundesrepublikanischen Erinnerung 1948–1990. Darmstadt 1999.

Wolters, Reinhard: Art. Varus. In: Reallexikon der Germanischen Altertumskunde, Bd. 32. Berlin/New York 2006, S. 81–86.

Ders.: Die Römer in Germanien. München ⁵2006.

Zentralinstitut für Geschichte der Akademie der Wissenschaften der DDR (Hrsg.): Grundriss der deutschen Geschichte. Von den Anfängen der Geschichte des deutschen Volkes bis zur Gestaltung der entwickelten sozialistischen Gesellschaft in der Deutschen Demokratischen Republik. Klassenkampf – Tradition – Sozialismus,. Berlin ²1979.

Zimmermann, Rolf Christian: Die kritische Replik der deutschen Spätaufklärung und Klassik auf Arminius-Enthusiasmus und Germanen-Utopie der Epoche. In: Wittkowski, Wolfgang (Hrsg.): Verantwortung und Utopie – Zur Literatur der Goethezeit. Ein Symposium. Tübingen 1988, S. 109–131.

Personenregister

Kursiv gesetzte Ziffern verweisen auf den Abbildungsteil.

A
Agrippa 43
Alexander (der Große) 134 f.
Arminius (Hermann der Cherusker) 8, 10, 21, 41–62, 79, 82–87, 94, 100, 103, 109 f., 112 f., 115 f., 120 ff., 124 ff., 132–145, 148, 155 ff., 160 f., 164–171, 173 f., 177, 179–190, 192–197, 199, 204–218, 223 f., 229–234, *27 ff.*, *36*, *40*, *45*, *49*, *52 f.*
Arndt, Ernst Moritz 148
Arnold, Heinz Ludwig 212 f.
Augustus, Kaiser 35 ff., 40, 42 ff., 47 f., 55, 63, 113–117, 122, *7*

B
Bandel, Ernst von 157–164, 166 ff., 170 f., 173 ff., 177, 182, 208, 212, *32 f.*
Bismarck, Otto von 153, 174 f., 185, 199
Bracciolini, Poggio 130
Broder, Henryk M. 86
Brutus 42

C
Caecina, Aulus 228
Callies, Horst 233
Cäsar, Gaius Julius 17 ff., 24 ff., 28, 35 f., 42 f., 64, 70, 91, 135
Cassius 42
Clostermeier, Christian Gottlieb 218 f.
Clunn, Tony 224 ff.

D
Dahlmann, Friedrich Christoph 149, 151
Dehler, Thomas 210 f.
Dio, Cassius 15, 22 f., 32, 50, 84, 88, 92, 95, 98 f., 105 f., 108 f., 114
Dörner, Andreas 207
Dove (Abgeordnete) 171
Drusus, Nero Claudius 28, 36, 56, 63, 117

E
Ehrhardt, Hermann 189
Eisner, Kurt 168
Engels, Friedrich 169, 187, 204 f.

F

Fichte, Johann Gottlieb 148
Flavus 57, 189
Fleischer, Oskar 186
Florus 37 f.
Follen, Karl 166
Freiligrath, Ferdinand 159, 166
Friedrich Wilhelm IV., König 161, 180

G

Goebbels, Joseph 189, 196 f.
Goethe, Johann Wolfgang von 146
Göring, Hermann 196
Grabbe, Christian Dietrich 154, 202, 219
Grote, Hans Henning von 199
Guillaume, Günter 85

H

Heine, Heinrich 155 f.
Herder, Johann Gottfried 146
Hermann (der Cherusker) *siehe auch* Arminius 10, 56, 129–142, 144 ff., 148, 151–156, 161, 164, 166, 174, 180–183, 186, 188, 192, 195, 199, 201, 212, 215–219, 229 f.
Herodes, König 45
Hessen-Homburg, Friedrich Ludwig von 157
Heyse, Paul 154
Hitler, Adolf 34, 195–199, 201 ff., 211
Hoffmann von Fallersleben, August Heinrich 153
Hussein, Saddam 157
Hutten, Ulrich von 133–136

I

Immermann, Karl Leberecht 219 f.

J

Jesus von Nazareth 45, 85
Joseph II., Kaiser 144, 146
Josephus, Flavius 70, 75
Jünger, Ernst 189

K

Karl (der Große) 214
Kindermann, Heinz 202
Kleist, Heinrich von 94, 100, 147–154, 158, 168, 175, 185 ff., 192, 195, 199–202, 206 ff., 214 ff.
Klopstock, Friedrich Gottlieb 144 ff., 157

L

Lenin, Vladímir Iljítsch 207
Leo X., Papst 131
Leopold I., Kaiser 140
Leopold II. 160
Livius 96
Lohenstein, Daniel Caspar von 138–141, *28*
Ludwig I., König von Bayern 161
Ludwig XIV., Sonnenkönig 140
Luther, Martin 134, 136 f., 179, 199, 214, *36*

M

Marbod, König 47, 112 f., 115
Maroboduus 121
Marx, Karl 169, 171, 204
Medici, Giovanni de' (später Papst Leo X.) 130 f.
Melanchthon, Philipp 131, 137
Moeller van den Bruck, Arthur 193 f.
Mommsen, Theodor 46, 48, 50, 103, 111, 123, 125, 168 f., 171, 221 ff., 226, 231

Möser, Justus 143, 145
Mussolini, Benito 198

N

Napoleon I. Bonaparte, Kaiser 34, 146–150, 157, 167, 175, 176
Niccoli, Niccolo 130
Nipperdey, Thomas 166, 213
Nooteboom, Cees 216 f.

O

Octavia 43
Oktavian (*später* Augustus) 42 f.

P

Paeschke, Georg 186
Paterculus, Velleius 21, 23, 25, 37, 46, 51, 54, 56, 82 f., 106, 108, 112, 116, 123, 123, 133 f., 169
Paulinus, M. Lollius 35
Peymann, Claus 215 f.
Plessner, Helmuth 214
Pulchra, Claudia 43

R

Reichensperger, August 170 f.
Rosenberg, Alfred 189, 195

S

Schinkel, Karl Friedrich 157, 161
Schliemann, Heinrich 220
Schlösser, Rainer 199 f.
Schlüter, Wolfgang 224
Scipio 134
Segestes 58 f., 83 f., 121
Segimer (Vater des Arminius) 58
Siebenpfeiffer, Philipp Jakob 165
Sofsky, Wolfgang 110
Stalin, Josef 207
Steinfeld, Hermann von 137

Stodte, Hermann 193
Storm, Theodor 154
Sueton 113

T

Tacitus, Publius Cornelius 7 ff., 21–27, 30, 53, 57, 59, 68, 71, 79 ff., 100 ff., 118 f., 121, 129–134, 137, 142, 155, 218
Thumelicus (Sohn des Arminius) 58, *31*
Thusnelda (Gattin des Arminius) 58 f., 142, 144, 160, 183, 212, 230, *29, 31, 40*
Tiberius 36 ff., 43, 47 f., 57, 115 ff., 119 f., 123
Timpe, Dieter 184, 230
Treitschke, Heinrich von 152
Trepte, Curt 207
Treviranus, Gottfried Reinhold 190

V

Vala, Numonius 108
Varus, Publius Quinctilius 8, 21, 41–62, 65, 74, 76, 81–84, 86–89, 94 f., 98, 100 ff., 106 ff., 112–115, 117 f., 122–125, 155, 159, 169, 204, 218, 221–224, *6, 27*
Veleda (weise Frau) 26
Vespasian 26
Voss, Gert 216

W

Waldis, Burkhard 137 f., *27*
Widukind 214
Wilhelm I., Kaiser 152, 168, 172, 174, 179, 185, *33 f.*
Wilhelm II., Kaiser 184 f.
Wittkowski, Wolfgang 201
Wolfrum, Edgar 188

Orts- und Sachregister

Kursiv gesetzte Ziffern verweisen auf den Abbildungsteil.

A
Abgaben 49, 51 ff.
»Alldeutscher Verband« 181
Alpen 20, 65, 133, 198
Amisia 101
Andenken 229
Angeln 20
Angrivarierwall 119
Annalen (Tacitus) 22, 100, 129–133
Arbeiter-und-Bauern-Staat 205 siehe auch DDR
Archäologie 19, 97, 220
Arminius (U. v. Hutten) 134
Arminius-Kult 137, 155, 165, 170, 184
Aspern 149
Aufstand der Friesen (28 n. Chr.) 53
Auxiliareinheiten 54 f., 57, 75, 77, 89, 124

B
»Baedeker« 171, 223, 229
Bagdad 157
Barbaren 7, 23, 48, 51, 53, 56, 68, 97, 109, 122, 133, 146, 214
Barenau 103, 221, 223 f.
Befehlskette 95
Befreiungskriege gegen Napoleon 150
Bellum Gallicum (J. Cäsar) 19
Belohnungen/Auszeichnungen 55, 69
Berlin 153, 160 f., 185, 197–200, 206 f., 222
Berliner Hoftheater 153
Berliner Notizen (C. Nooteboom) 217
Beute 35, 64, 98 f., 105, 108 ff., 117
Bewaffnung 64, 66, 68, 80, 97, 118, 222
Bewegungskrieg 97
Bielefeld 158, 172
Bochumer Kleist-Wochen 200
Böhmen 47, 113
Bonn (*ehemals* Bonna) 74
Bonna (*später* Bonn) 74
Britannien 14
Brukterer 20, 37, 101, 119

Brutalität 117
Bühnenheld 142–156
Burgunder 20
Burschenschaften 166

C
Caecina-Schlacht (15 n. Chr.) 228
Caligae (Stiefel-Sandale) 65, *10*
Chatten 20
Chauken 20, 37, 57
Cherusker 8, 20, 28, 37, 56f., 59f., 82f., 85f., 89, 121, 125, 150, 208
Chinesen 139
Christenum 21
Confluentes (*heute* Koblenz) 36
Corvey (an der Weser), Kloster 129–133
Cremona 41

D
Dänemark 144, 152, 168
DDR-Geschichtsschreibung 205f.
DDR 204ff., 208f., 215, 217
De origine et moribus Germanorum (dt.: *Über Ursprung und Gebräuche der Germanen*; P. C. Tacitus) 22, 131
Dekadenz 46
Denkmalbau, Finanzierung 160
Denkmal(kult) 157
Denkmalschutzgesetz (Niedersachsen) 225
Desertion 108
Detmold 10, 151, 156, 158, 160, 164, 166f., 169, 172f., 177, 181f., 189–192, 196f., 208ff., 216, 223f., 227, 229, 234, *39f.*
»Deutsche Arbeitsfront« 198
»Deutsche Festspiele« (1957) 207
»Deutsche Kolonialgesellschaft« 181
»Deutsche Turnerschaft« 191f., *43*
Deutscher Automobil-Club 197
Deutscher Bund 160f.
Deutscher Sängerbund 189f.
Deutsches Reich 136, 171, 173, 175, 178f., 190f., 203, 210, 229
»Deutsche-Social-Reform-Bewegung« 192
Deutsch-Französischer Krieg (1870/71) 172, 211
Deutschland. Ein Wintermärchen (H. Heine) 155f.
Devotionalien 229f.
Dienstzeit, Römer 63
Disziplin/-losigkeit 33, 51, 69ff., 73, 91, 107ff.
Dolchstoßlegende 187f., 201
Donau 20, 38, 47, 73
Dresden 149
»Drittes Reich« 193, 199, 202
Druiden 25f.

E
Einheit (nationale) 78, 134, 136, 143, 146, 152, 154, 164f., 168, 171, 175f., 180, 182, 184f., 191, 206–209, 211f., 218, 229, 233
–, deutsche (1989/90) 141, 153, 217
Einigkeit 10, 153, 176, 183f., 200, 211, 213
Einigungskriege 152, 167, 170
Elbe 19f., 36, 57, 64, 120
Emmaus 45
Ems 14, 38, 103, 228
Euphrat 44
Euphratheer 45

F
FDP 209–212, *51*
Fehde 60, 78, 125, 183
Feldzeichen 91, 110 f., 188
Fernwaffe 80
Flucht 69, 93 f., 103, 105, 108, 118
Flüchtlinge 209
Frankfurt (am Main) 149
Freiheit 52, 78, 134, 136, 141, 145 f., 148 f., 153, 155, 165 f., 171, 175 f., 181–184, 189, 191, 200, 205 ff., 210, 212, 229, 232 ff.
Freiheitsbewegung 147, 197
Freimaurer(logen) 168
Frieden von Tilsit (1807) 147
Friesen 20, 52 f., 57
–, Aufstand der (28 n. Chr.) 53
Fulda, Benediktinerkloster 132

G
Gallia Narbonensis (*heute* Südfrankreich)
Gallien 91, *1*
Gallischer Krieg 17 f., 25, 91
Garnison 72
Germanenoffensive (12 v. Chr.) 39
Germanicus 65, 100, 117 ff., 142
Germanien/Germanen 7–10, 13 f., 16–31, 33–41, 43, 47–54, 56, 58, 60, 62–89, 97–100, 103 ff., 107–112, 114–122, 131, 138, 142–146, 158, 181, 183, 185, 188, 193 f., 198 f., 201, 204 ff., 223, 227 f., 231–234, *1–5, 22, 25*
Geschichtspolitik/geschichtspolitisch 141, 145, 154, 217, 233
Geschichtsschreibung, deutsche 123
Getreideversorgung 114
Gewalt 38, 40, 44, 60, 106 f., 120, 205

Gladiatoren 92
»Gladius« 67 f., 80
Götter 25 f., 52
Griechenland/Griechen 23, 42, 139, 148
Grotenburg 159 f., 164, 172 ff., 179, 195, 196 ff., 209, 212, 216, 229, *44*
Guerillaattacken 93

H
Habsburger (Herrschergeschlecht) 140
Hambacher Fest (1832) 164 f.
Handel 30
Handschriftenjäger 129
Hannibal 134 f., 139
Hannover 160, 167–170, 190
Harier 81
Harzer Bergtheater 207
Heiliges Römisches Reich 140, 147
Heimatvertriebene 209
Hermann-Mythos/-Kult 164, 168 f., 202
Hermann und die Fürsten (F. G. Klopstock) 144
»Hermann zur Beständigkeit«, Loge 168
Hermanns Tod (F. G. Klopstock) 144
Hermannsdenkmal, Detmold 10, 156–159, 164, 167, 170 f., 173, 175–185, 188–192, 195–198, 203, 208–214, 216 f., 229, 234
»Hermannslauf« 191
Hermannsschlacht, Die
 – C. D. Grabbe 219
 – H. v. Kleist 94, 100, 147–153, 168, 175, 185 f., 192 f., 199 f., 202, 208, 215 f., *52 f.*, 55
»Hermannssöhne« (»sons of Herman«) 183

Hitlerjugend 198
Humanismus 131
Hungerrevolten 114
Hygiene 96

I
Iburg 223, 225
Iden des März 17
Idistaviso 119
Illustrierte Reichschronik (B. Waldis) 137
Infanterie/Infanteristen 14, 40, 65, 67, 75 ff.

J
Juden 45, 177, 180, 184, 192, 195, 234
Jüdischer Krieg (F. Josephus) 70
Jurisdiktion 51 f. *siehe auch* Rechtsprechung

K
Kalkriese 100–105, 111, 221, 226–231, *13, 22 ff.*
Kalkrieser-Niewedder Senke 102
Kampfeslust 25
Kampfmoral 33, 70
Katholiken 176 ff., 184, 211, 234
Kindersterblichkeit 78
Kladderadatsch (Zeitschrift) 179
Koblenz (*ehemals* Confluentes) 36
Kohorte 63, 75, 117
Köln (*ehemals* Oppidum Uviorum) 13, 137, 180
»Kolonialkrieg« 118
Kommunikation 34, 36, 39, 82
»Konservative Revolution« 193
Konsulat 43
Körpergröße 80
Krieg
 – gegen Dänemark (1864) 168
 – gegen Österreich (1866) 168
»Krieg-in-Sicht-Krise« (1875) 175
Kulturkampf 177, 179, 184

L
lachende Soldatenbuch, Das 187
Lager, Legion 73
Lagerbau 40, 68
Langobarden 20, 37
Lasten, Transport 14 f., 98
Lazarettwesen 73, 96 f.
Legion 15, 62 ff., 69, 73, 76, 94, 111, 119, 125, *2 f.*
Legionär(e) 7 f., 13–17, 26, 28, 32 f., 39 f., 63–77, 80, 86, 89–93, 95 ff., 100, 102 f., 106, 108–112, 118 f., 132, 157, 122, *8, 18–21*
Legionsadler (»aquila«) 111, 119, *26*
Lesen/Schreiben, Germanien 20 f.
Libyen 44
Lied der Deutschen (H. v. Fallersleben) 153
Lippe
 – Fluss 13, 38,
 – Fürstentum 158, 177, 196 f., 219, 229
Lupia 101

M
Macht 10, 19, 26, 34, 48, 52, 61, 121, 147, 175 f., 178 f., 193, 197, 211, 213, 232
Machtergreifung, Hitler 196
Machtverhältnisse, Rom 123
»Maiestas«-Prozesse 123
Markomannen 47, 113, 115
Märsche/marschieren 15 f., 20, 22, 27, 32, 62, 66–69, 73 f., 76, 89–92, 95, 98, 102, 104, 106, 117

Marschlager 73, 99
Marser 118 f.
Medea 139
Meininger Hoftheater 153
Meldeverfahren 93
Militärlager 36, 73 f.
»Mischehe« 177
Moral/moralisch 76, 108, 205
Mosel 73, 173
Münchhausen (K. L. Immermann) 219
»Münsterlander Theorie« 221
Münzen 71 f., 101, 110, 220–224, 226, 228 f.
»Münzschatz von Barenau« 221
Mut 25, 78, 123, 158 siehe auch Tapferkeit

N
Nahkampf 67, 77, 92
Napoleon III. 211, 214
Nation, deutsche 10, 136, 141, 143, 146, 148, 154, 156, 167, 172, 182, 197, 210, 214, 217, 233 f.
Nationalgefühl/-bewusstsein 138, 147
Nationalhelden 144, 156, 208, 230, 232
Nationalhymne 172, 206
Nazis/Nationalsozialisten/nationalsozialistisch 154, 189, 193, 195–200, 202 f., 210 f., 215
Nervierschlacht 91
1900-Jahr-Feier, Varusschlacht 182, 233
Neuss (*ehemals* Novaesium) 36, 74
New Ulm, Minnesota 183, *37*
Niedersachsen 57, 227 f.
Nomaden 77
Nordafrika 14

Norddeutsche Tiefebene 29
Nordrhein-Westfalen 228
Nordsee 19 f., 39
»Nordtheorie« 221
Novaesium (*heute* Neuss) 36, 74
NSDAP 195 f., 202, *45*, *47*

O
Oberwesel (*ehemals* Vosolvia) 36
»Odins Volk« 231
Opern 142
Oppidum Uviorum (*heute* Köln) 13
Orientierung 100
Osnabrück 100, 143, 223 f., 226 ff.
Österreich/Österreicher 147, 149 f., 152, 168
Ostsee 19

P
Pannonien/Pannonier 38, 40, 43, 47 f., 114, 117
Papsttum 134, 136
Patriotismus 149, 219, 223
Paulskirchenversammlung 149
Perser 139
Phalanx 67, 92
»Pilum« 66 ff., 73, 75, 80, 90, 92, *8*, *11*
Plünderung/Plündern 35, 45 f., 52, 109–112
Pressefreiheit 165
Preußen 147, 150, 152, 174, 176
Priester 26, 111
Propagandaministerium 197 f.
Protestanten/protestantisch 33, 176 ff., 180, 211

R
Rasensodenmauer 103
Rassegedanken 193, 200

Rechtsprechung 50–53, 60 siehe auch Jurisdiktion
Reformation/Reformatoren 131, 136f., 141f., 179, 214
Regen siehe Wetter(lage)
»Reichsfeinde« 177f., 180, 184, 192
Reichsgründung (1871) 152f., 170, 177, 182, 184, 217
»Reichsverband zur Bekämpfung der Sozialdemokratie« 181
»Reisebedingungen« 15 siehe auch Märsche/marschieren
Revolution(en) 166, 215– 1948
217– 1918 158
Rhein 13, 17, 19f., 34ff., 38, 40f., 43, 47ff., 55, 63f., 73, 88, 108, 114–117, 119, 122, 124, 152, 172, 233
Rheinbundstaaten 150
Rivalitäten 61, 78
Rom 7f., 25, 34, 36–40, 42–45, 47–50, 52f., 56, 58f., 85ff., 113–116, 119, 122–126, 130, 132ff., 150, 152, 167, 177ff., 194, 198, 207, 214
Römische Geschichte
– C. Dio 22
– T. Mommsen 46, 111, 169
– V. Paterculus 25
Römisches Reich 42f., 45, 53, 115, 140, 147, 232
Runen 20
Russlandfeldzüge 34

S

Sachsen 20, 208
Sanitäter (»capsarii«) 97
Schande 24, 81, 111f., 190
»Schandvertrag« 189 siehe auch Versailler Vertrag
Schanzarbeit(en) 61, 73f., 91

Schauspiele 142
Schicksalsbuch des deutschen Volkes – Von Hermann dem Cherusker bis Adolf Hitler,
Das (H. H. von Grote) 199
Schlacht bei Philippi 42
Schlachtfeld 8, 67, 97, 106f., 109, 111f., 186, 220
Schlaufenschleuder 75
Schleuderbleie 76, 226, 16
Schreiben/Lesen, Germanien 20f.
Seherinnen 26
Selbstmord/Suizid 107
Semnonen 20
Siedlungsweise, Germanen 30
Sioux 183
Sklaven/Sklaverei 14f., 50, 60, 64, 69, 112, 118, 148
Sklavenhaltergesellschaft 206, 214
Sold 69, 71, 110
Soldatenalltag 71
»Soldatengeld« 72, 222, 226
Sozialdemokraten 177, 180f., 184
»Sozialistengesetz« 177
Spanien 14, 147
Sparchkultur 136
SPD 180f.
Stammesgesellschaft, germanische 59f.
Stärke 10, 25, 36, 196, 213
Statthalter(schaft) 17, 28, 35, 41, 44–52, 54f., 60, 62, 82, 113, 115, 122f., 169, 204
Stiefel-Sandale siehe Caligae
Strafen 69f.
Sudetendeutsche Landsmannschaft 209
Sugambrer 35
Syrien 14, 44–47, 50

T

Taktik 61, 79, 102
Tapferkeit 25, 78, 81, 206
  siehe auch Mut
Tataren 139
Tenkterer 20, 35
Teutoburger Wald 8, 10, 101, 123, 155 f., 158 f., 174, 181 f., 188, 201, 206, 212, 218, 220 ff., 224
»Thusnelda-Logen« 183
Tiber 31, 57
Transport(e)/transportieren 14 f., 68, 72, 98, 172
Treuebruch 85
Tribut(auflagen/-pflicht) 49 f., 52 f.
Tunesien 44
Tunika 64 f.
Türken 140, 234
Türkenkrieg (1684) 140

U

Überlebenswille 108
»Ultramontanismus« 179
Usipeter 35

V

Varusschlacht, Lokalisierung 218
Vereinigung der Antisemiten Deutschlands 180, 192
Vergangenheitsutopie (F. G. Klopstock) 145
Vergeltungsmaßnahmen 116, 193
Verrat 79, 83, 85 ff., 94, 118, 121 f., 189, 200, 205
Versailler Vertrag 189 ff., 211
Versammlungsfreiheit 165
Vertriebene 209
Vetera (*heute* Xanten) 13, 74
Völkerschlachtdenkmal 153
»Völkischer Beobachter« 195, 200
»Völkischer Kurier« 189
»Volksaufstand« 82
Vosolvia (*heute* Oberwesel) 36

W

Waffen 7, 9, 24, 32 ff., 66, 68, 70, 72, 96, 106, 108, 110, 182, 201, 222
Wald/Wälder 16, 27–31, 39, 85, 92 f., 99 f., 105 f., 151, 194, 212, 216
Walhalla 161
Weichsel 19 f.
Weimarer Republik 188 f., 192, 195, 203
Welsch 136, 175 f., 201
Weltkrieg
  –, Erster 184, 186, 189, 191 f., 201, 203, 211
  –, Zweiter 148, 201 ff., 211, 217
Weser 13 f., 20, 38, 57, 64, 129, 221, 228
Weserbergland 221
Westfalen, Königreich 147
Wetter(lage) 15 f., 31–34, 46, 64, 93, 124
Widerstand 7, 18, 37, 50, 53, 57, 86, 89, 107 f., 121, 147, 189, 205 f., 214, 224
Widerstand(swille, römischer) 107 f., 206
Wiehengebirge 14, 100, 102 f., 221, 223
Wurfspieß 66

X

Xanten (*ehemals* Vetera) 13, 36, 74

Z

Zeit«, »Die (Wochenzeitung) 228
Zenturie 63

Abbildungsnachweis

Nr. 1, 23: Ralf Bitter
Nr. 2: Agentur Focus, Hamburg (Uwe H. Martin)
Nr. 3: FaberCourtial ©Gruppe 5 Filmproduktion, Köln
Nr. 4, 5, 7, 13, 15, 16, 17, 25, 26, 39: akg-images, Berlin
Nr. 6: Bildarchiv Preußischer Kulturbesitz, Berlin, Münzkabinett, Staatliche Museen zu Berlin
Nr. 8: www.legio8augusta.de
Nr. 9: Römisch-Germanisches Zentralmuseum, Mainz
Nr. 10: Horst R. Bürger, Foto: Johannes Hähnel
Nr. 11: Museum für Kunst und Kulturgeschichte, Dortmund
Nr. 12: Bayerisches Armeemuseum, Ingolstadt
Nr. 14: Agentur Focus, Hamburg (Heiner Müller-Elsner)
Nr. 18, 19, 20: Johannes Keh, ag4Medien, Bamberg
Nr. 21: Picture Alliance, Frankfurt (dpa/Bernd Thissen)
Nr. 22: Heinz Hermann Maria Hoppe
Nr. 24: Hermann Puntermann
Nr. 27: The Bridgeman Art Library
Nr. 28: Herzog August Bibliothek, Wolfenbüttel (P 532a4° Helmst. im 2. Theil, Titelkupfer)
Nr. 29: Hessisches Landesmuseum, Darmstadt (GK 1353), Foto: Wolfgang Fuhrmannek
Nr. 30, 51: Ullstein Bild, Berlin
Nr. 31: Artothek, Weilheim (Blauel/Gnamm)
Nr. 32, 34, 40, 41, 42, 43, 44, 46, 47, 48: Lippische Landesbibliothek, Detmold, Fotosammlung des Landesverbandes Lippe
Nr. 33, 36: Bildarchiv Preußischer Kulturbesitz, Berlin
Nr. 35, 45, 49, 50: Lippische Landesbibliothek, Detmold, Lippe-Bildsammlung
Nr. 37: From the Collection of the Brown County Historical Society, New Ulm, MN
Nr. 38: AP, Frankfurt, Main (Jim Mone)

Nr. 52: Meininger Museen, Kulturstiftung Meiningen, Theatermuseum
Nr. 53: Heinrich von Kleist: Die Herrmannsschlacht. Inszenierung am Harzer Bergtheater zu Thale 1957; Regie: Curt Trepte. Szenenphotos (Foto-Kittel, Quedlinburg). Kleist-Museum, Frankfurt (Oder)
Nr. 54: SZ-Photo, München (Scherl)
Nr. 55: Heinrich von Kleist: Die Herrmannsschlacht. Inszenierung am Schauspielhaus Bochum 1982; Regie: Claus Peymann. Plakat (Photo: Winfried Mausolf). Kleist-Museum, Frankfurt (Oder)
Nr. 56: AP, Frankfurt, Main (Fabian Bimmer)